我要上京當官

明朝一點都不鐵飯碗之公務員人生

陳一中——著

第一章｜明代的各種當官途徑

第二章｜科舉旅途即將啓程，想當官的旅客請上車

第三章 當官先修指南，先來官場實習、搞懂遊戲規則吧

第四章 歡迎正式來到官場，請準備好一顆強心臟

當官不簡單！對上對下都難做人 275

附錄

作者序——明朝當官的酸甜苦辣，都在這裡了

明代中期，許多江南的家族以農務起家，之後轉向經商，累積了可觀的財富，便鼓勵子弟進學，往仕途方面發展，上海浦東的陸氏家族就是典型的例子。陸深的父親陸平繼承了家族的貿易生意，長年遠遊經商，而陸深的兄長陸沔便扛起家計，主持家中的農牧產業。陸家將科舉的希望都放在了陸深上，因此陸深自幼受到良好的教育，文章與書法在鄉里中頗有名氣。

弘治十四年，陸深應鄉試，其中策論出了一道時事題：「宗室日繁，而祿入不繼。」陸深以恩義角度立說，認為皇家若無力澤被後世，應當以義斷恩，果決地裁省經費，過分的恩澤對宗室不是好事。此論點獲得主考官的激賞，將其評定為解元（鄉試第一）。陸深所在的考區為南直隸應天府，是全國最大的鄉試考場，亦是江南英才匯聚之處，能夠考取第一，實屬不易。

弘治十五年，陸深入京會試，結交了幾位年紀相仿的朋友，包括名列「吳中四才子」之一的徐禎卿，此後兩人經常互相切磋詩文；另一位好友名為嚴嵩，此人在嘉靖晚期擔任內閣首輔，與其子嚴世蕃聯手把持朝政，權傾一時。不過當時三人皆榜上無名，嚴嵩遂與陸深相約下次再來。三年後，三人俱高中進士，且皆列名二甲，是相當不錯的成績。

殿試結束後，還會進行一項考核，在三百餘名進士中拔擢約三十位文采出眾之人，任命為「庶吉士」，進入翰林院實習，儲訓為朝廷未來的重臣。館選庶吉士的工作，一般由內閣大學士主持，但孝宗對其中兩位進士特別感興趣，派了宦官去打探，其中一位是陸深，另一位是徐禎卿。宦官向孝宗回報，徐禎卿樣貌不好看，所以孝宗只欽點陸深為庶吉士。

明朝中期有「非進士不入翰林；非翰林不入內閣」慣例，要成為內閣大學士，必須先經過翰林院培養。換言之，在翰林院任職，且學問極好的陸深，仕途理應平步青雲，但他的性格剛直，不願與宦官劉瑾沆瀣一氣，因而遭外放至南京擔任閒差。劉瑾伏誅後，陸深才有機會回到京師任職，先後擔任國子監司業（副首長）、祭酒（首長），並充任經筵講官。

嘉靖八年三月，陸深為世宗講《孟子》時，講綱被大學士桂萼擅改，令陸深非常不悅。其實大學士本來就會審定講綱，因為經筵是隆重的場合，適合講古聖先賢的美事，不宜宣講過於激烈或不吉利的內容。世宗認為桂萼並沒有錯，陸深卻堅持己見，上疏主張講官應當闡述自己對經典的見解，不可淪為閣臣之口，否則官員有事不敢言，皇帝就容易遭到蒙蔽。世宗讀了陸深的奏疏，批評他險詐，以不敬為由，謫貶至福建擔任延平府同知。

《孟子》雖為儒家經典，但涉及「以民為貴」的思想，講學若有不慎，猶恐觸怒皇帝，講官大多不敢暢言。可是陸深選讀的段落〈伊尹以割烹要湯〉是講述夏朝末年，本為廚師的伊尹，利用烹調的機會接近君主商湯，後來成為重臣。這並沒有民貴君輕的內容，為何世宗會批評陸深險詐呢？

原來世宗繼位皇帝的過程，並不是常見的「父死子繼」，而是採取「兄終弟及」。孝宗傳位給武宗，武宗沒有子嗣，內閣大學士遂挑選了武宗的堂弟入繼大統，因此衍生了一個問題，繼位的世宗該認誰做父？多數官員認為世宗繼承了帝位，就應該稱孝宗為嗣父；少數官員則主張繼統不繼嗣，世宗的生父不變，只須認孝宗為伯父。桂萼屬於後者，很稱世宗心意，升遷的速度極快。顯然世宗與桂萼都看出陸深的言外之意了，所以斥責他不敬。

這場禮儀風波稱為「大禮議」，世宗登基後的前幾年屢屢因此與朝臣產生矛盾，規模最大的諫諍行動發生在嘉靖三年七月，兩百餘名官員集體於左順門外伏跪、哭嚎，世宗命司禮監太監勸離，但群臣不理會勸阻，反而愈哭愈大聲。世宗一怒之下，將他們逮捕治罪，四品以上官員停俸、五品以下官員處以杖刑，有十六位官員被打死。自此以後，就很少有官員敢再上諫禮儀問題了。

正德十六年，陸深因父親逝世，而回到家鄉服喪與養病，直到嘉靖七年才被召回京師。君臣牴牾最為激烈時候，陸深雖不在朝堂，但必定對於左順門案有所耳聞，尤其翰林院的同僚都受到了嚴厲的處分，陸深遂利用經筵的機會借題發揮。

或許是因為「伊尹負鼎」的隱喻，僅提醒皇帝注意別有心機的官員，並未挑動到最為敏感的禮儀之爭，所以陸深沒有被嚴厲的處分。他很快地就從同知（輔佐知府的官職）轉任提學官（主持地方教育的官職），接著又高升參政（輔佐布政使的），最後當到了布政使（地方的民政首長）。因政績出色，陸深於嘉靖十五年再度受到起用，先後擔任光祿寺卿、太常寺卿、詹事府詹事等職，並扈駕南巡，至湖北視察顯陵（世宗生父母陵墓）。在京任職五年後，六十五歲的陸深光榮地退休返鄉。

陸深育有子女十餘人，多因病早夭，只有一子一女長大成人，其子名為陸楫，自幼聰穎伶俐，讀書過目不忘。陸深非常渴望陸楫能追隨他的步伐，通過科舉入仕，以維持家運。因此他提供各種資源幫助陸楫，經常將蒐集到的書籍、試卷寄回家鄉，並親自挑選名師指導陸楫課業，但陸楫的文運不佳，陸深懷疑是家鄉的文風不盛所致，所以用了一個巧妙的方式幫助他。

嘉靖十八年，世宗立皇太子，在京三品以上官員可用「恩廕」的方式，讓一位家族子弟進入國子監就學，陸深選擇讓已有生員功名的陸楫入監，他認為陸楫有了北京的學籍，鄉試從競爭程度較高的應天考場，轉換至順天考場，應當能獲取佳績，對家族也是一件好事。可惜陸楫始終未取得更高的功名，陸氏家族自陸深後，直至明朝覆滅也沒有再出過一個進士，只有旁系的陸起龍考中舉人，其餘不過生員而已。

明朝國祚二百七十六年，產生了近兩萬五千名進士，陸深作為其中一員，相較於同榜的嚴嵩，其影響力可謂微不足道。但陸氏家族的故事正是明朝科舉制度的縮影，許多江南的士大夫家族，本來以務農為主，當土地開發飽和、人口壓力增大，收益難以維持家計時，便尋找新的出路，紛紛投入商業貿易，致富後鞭策子弟讀書，期盼取得功名，以官僚身分的特權維持家聲不墜。

但舉業（為應參加科舉而準備的學業）談何容易？要參加科舉必須先接受官學教育與考核，許多讀書人連最基礎的童試（官學入學考試）都無法通過，朝廷為此開了一扇方便之門——捐納制度，既可緩解財政壓力，又可滿足讀書人的入學心願，有不少人都是捐錢進入國子監後，才考中科舉的。即使如此，像陸深這樣年紀輕輕就高中進士的學生宛如鳳毛麟角，鄉試錄取的比例大約為三十取一，在陸深所處的時代，每次約取中一千兩百人，他們還得與歷年落第的舉人一同競爭，最後只有三百餘人能夠成為進士。

陸楫雖然少習家學，展現了讀書的天分，卻無法達到父親的期待，這是為什麼呢？因為考試除了實力以外，運氣也是十分重要的。陸深鄉試大發異論，正好與主考官的想法相符，所以被評為第一名。而陸楫亦是一位不落窠臼的人，他有一個著名的論點，主張奢侈可以帶動消費，促進經濟發展。倘若陸楫以如此標新取異的方式作文，大概不容易獲得主考官的青睞吧！如何窺探出題旨趣，寫出一篇令考官讚賞的文章，也是考生要面對的難題。

說到了運氣，可不僅是指考運，更包含了人生際遇，徐禎卿是個有名望的才子，已經高中進士了，卻因為相貌不佳，與庶吉士失之交臂；陸深的考運固然不錯，但官運可就顛簸多了，先後經歷宦官劉瑾亂政與大禮議餘波，從清貴的翰林官謫遷至邊區，所幸絕處逢生，在遲暮之年又回任翰林院。反觀嚴嵩，雖無才略，卻很會迎合皇帝，因此入閣成為首輔，長期把持朝政。可見在官場上，如何小心翼翼地侍奉皇帝，以及和宦官集團共處，是京官不可不學的求生之道。

以上由陸氏家族的故事，概略地介紹了明朝讀書人從求學、應舉、任官，乃至退休的旅程，其中提到捐納、國子監、恩蔭、庶吉士、內閣首輔等詞彙，讀者可能一知半解，但不必擔心，書中會有詳細的解釋。明朝讀書人為了中式，想出了各種千奇百怪的方法；及在中式以後，任官的酸甜苦辣，便是本書將要闡述的內容。

最後要向每一位協助本書的貴人表達由衷的謝意，本書得以付梓，首要感謝悅知文化提供出版的機會，以及楊玲宜、黃莀肴等編輯細心的校訂。暨南國際大學圖書館浩如煙海的館藏，讓我有機會寓目不少明代筆記史料，而唐立宗教授更賜示《館閣舊事》、《兩闈類記》、《大司馬張海虹先生文集》，《海昌張待軒先生遺集》等珍貴的材料，使我在舉業的趣聞能有較多著墨。至於制度史方面，大多是奠基於前賢的研究成果，包括吳宣德教授詳實的進士資料統計數據、伍躍教授的捐納制度、汪維真教授的解額制度、林麗月教授的國子監生研究、濱島敦俊教授的士大夫家族研究，及邱仲麟教授關於試職、京官朝參、鄉飲酒禮的研究，深受啟發，不勝感激。

陳一中

第一章 明代的各種當官途徑

明代讀書人任官有許多途徑，明初亟需人才，朱元璋想盡辦法廣納賢人，拜訪學識淵博的高人並邀請出仕。並興建學校「國子監」作育英才，當然，更少不了當官最主流的「科舉制度」，想當官，就得先闖關！

多途並進，納賢才、入國子監、考科舉

當官途徑1：快出來當官！廣納天下賢才的朱元璋

一三六八年，年屆不惑的朱元璋（一三二八—一三九八）在應天（今南京）登基，大明王朝迎來第一個春天。連日的陰霾，在登基大典這天一掃而空，溫暖的陽光灑落在朱元璋的肩上，當他行告祭禮儀的時候，晴朗的天空看不見一朵烏雲，觀禮的人們都露出愉快的面容。

然而，朱元璋的考驗才正要開始，此時王朝尚未一統，元順帝（一三二〇—一三七〇）的勢力盤據大都（北京）；四方仍不時傳來水、旱災的消息；許多人民流離失所，未能回到家鄉耕墾，又或者當他們返鄉後，發現原來的田地已被占據。於是朱元璋說：「因為逃避兵亂而離開家鄉的人民，若田產已被有力之家耕墾，官府應給予附近的荒田讓原本的田主耕種。至於其他的荒田，也應允給人民耕作，並免除他們三年的徭役（每年的義務性勞役）。」

因天災導致無法繳納稅糧的農民，朱元璋不但免除了他們的稅，並借貸米糧。官員若是隱匿災情，或是怠慢救荒進度，被朱元璋知道了，無不處以重刑。出身貧困的朱元璋，想起從前目睹百姓飢寒受迫，幾欲求死的慘況，心中總充滿無限悲痛。所以，他的思緒比許多讀書人更清晰，他要求官員別像迂腐的儒者高談闊論，當務之急是開闢耕地、減輕賦稅與徭役，使民休養生息、戶口增長。

朱元璋一方面安頓百姓，一方面也急著招攬人才，他徵求天下賢才到京師（南京），安排這些賢才擔任地方官。又聽說有些學問淵博、才德兼俱的高人對於新政權心存顧慮，隱居於山林，朱元璋特地請官員前去訪查，邀請他們出仕。其實這些人是沒有選擇的，倘若拒絕朱元璋的好意，就是犯了「寰中士夫不為君用」的刑法，要被殺頭、抄沒家產。江西有位名為夏伯啟的儒士，不願意出仕，竟將自己的手指剁掉，令朱元璋很不高興，便找個藉口將他給殺了。另有位名為楊維楨的老儒，是元朝的進士，當明朝官員找到他時，他哀求道：「哪有行將就木的老婦，又要梳妝出嫁的呢？」當時楊維楨已經七十多歲了，仍被召集去編修禮樂制度。

朱元璋又派大將軍徐達（一三三二—一三八五）赴濟寧（今山東省濟寧市），務必要將孔子（前五五一—四七九）五十五代嫡長孫孔克堅（一三一六—一三七〇）請出來做官，孔克堅稱病不出，讓兒子孔希學代替，朱元璋懷疑生病是推託之詞，又傳了敕諭：「天命所在，凡人不應違背。聽說你身體不適，是真的嗎？若沒有疾病而裝病，是不可以的，你再思量吧！」孔克堅只好跟著徐達回京城。不久，朱元璋在謹身殿召見孔克堅，對他說：

爾年雖未耄，而疾嬰之，今不煩爾官，但爾家先聖之後，為子孫者不可以不務學。朕觀爾子資質溫厚，必能承家，爾更加誨諭，俾知進學，以振揚爾祖之道，則有光於儒教。

這段文謅謅的話是經過史官潤飾的文字，孔克堅憑藉著過人的記憶力，將原話記了下來，當時的對話，頗為生動。原來朱元璋召見時，先是問道：「老秀才，近前來，您多少年紀也？」孔克堅回答：「五十三歲。」朱元璋又說道：

我看您是個有福快活的人，不委付您勾當，您常常寫書與您的孩兒，我看他資質也溫厚，是成家的人。您祖宗留下三綱五常、垂憲萬世的好法度，您家裡不讀書是不守您祖宗法度，如何中用？您老也常寫書教訓者，休怠惰了。於我朝代裡，您家裡再出一個好人呵不好？

朱元璋不要求孔克堅當官，只要他讀書立榜樣，又賜給他一棟宅、一匹馬，每個月給米二十石，約相當於三品官的薪俸。[1]孔克堅深受感動，後來在謝恩的奏疏中提到要將皇帝講的話詳細寫成文章，表彰於後世，朱元璋聽了非常高興，命官員傳話：「道與他，少喫酒，多讀書。」於是這幾段帶有鳳陽方言的口語聖旨全被孔克堅抄下來，刻在山東孔府的石碑上，朱元璋務實豪爽的個性也由此可見一斑。

當官途徑2：中央成立的學校「國子監」

除了廣求天下之才，朱元璋又在洪武二年命工部增築國子監（原名國子學）的學舍，他說：「朕在困頓疲憊的時候，仍首先想到設立太學，招聘儒者來教育學生。現在已經聚集眾多學者，校舍變得擁擠，不足以生活。所以令工部增修，必定要蓋得明亮寬敞，使講習、休息都有足夠的空間，期盼培養出通達事理的人才。」

增築國子監學舍的同年，朱元璋又下令各地方政府設立學校，延攬儒者講授聖人之道。目的除了使百姓革除前朝蒙古人的風俗，恢復舊有的禮制，也與國子監相同，皆是作為培訓人才的一個管道。一如歷代的統治者，朱元璋告訴天下臣民：「農業是衣食的根源；學

1.《太祖實錄》校勘記載：「二十石：廣本二作一。寶訓與館本同。」若為十石，則約相當於六品官。

業是求得學問的渠道。」他要求官員善盡督導之職，使百姓勤奮於農業，學生不要怠惰於學業，當百姓豐衣足食，通曉道理，國家也就步入正軌了。

國子監位於京師，是中央成立的學校，等級屬於最高級，而各地方的學校，則依照明代的三級行政制度，設有府學、州學、縣學，其學力均屬同一等級。《明史・選舉志》寫道：「科舉必定經由學校，而學校起家可不一定經由科舉。學校有兩種，第一種是國子監；第二種是府、州、縣學。府、州、縣學的學生進入國子監，就可以得官，沒有進入者不能得官。」這段記載的意思是說，考科舉的人一定是通過地方學校考試的生員（俗稱秀才），不過生員要當官則不一定經由科舉，進入國子監後，也有機會授予官職。

事實上，「科舉必定經由學校」這句話不盡正確，《明史》是許多學者合力編寫的，難免會出現一點矛盾之處，《明史・選舉志》後面又說道：「讀書人而沒有進入官學者，稱為童生。當考試的年分，偶爾收一、兩名資質特別好的，通過官學三場考試，就可以與生員一起入場考鄉試，稱為充場儒士。」這就是沒有經過學校就直接參加科舉的例外，但畢竟不是主流，人數也相對較少。

當官途徑3：科舉制度

入仕為官最主流的管道就屬科舉制度，自隋代創立制度後，近八百年來將知識分子與王朝緊密地維繫在一起，透過一層一層的選拔，使最優秀的人才得以參與政府的運作。當學校制度確立後，朱元璋隨即在洪武三年設科取士，詔書略載：

朕現在統一天下了，才與老百姓們共享太平日子。擔心任用到不正確的官員，會對於百姓有害，但願有賢人君子來為民服務。從今年八月開始，特別設立科舉，以招納胸懷才能、持守正道的人士。謀求通曉經學、品德端正、博通古今，文采和本質皆好、名聲與實學相符之人。其入選的，朕將親自測驗他，觀察他的學識，評定他的名次，而任用他為官。有才學出眾的人，便將他大力擢升，使全部的官員都經由科舉來選用，非科舉之人，不能為官。那些不務正業、急於求取名利之人，自然會改正他們的行為。

洪武三年八月初九開始舉辦鄉試，三天考一場，共考三場，預計在全國各地錄取五百一十人，但若某地的人才特別多，則可不拘泥額數，多錄取幾位。考中的士子，翌年赴京師考會試，廷試（或稱殿試）則由朱元璋親自測驗，最後錄取了一百二十人。較為特別的是，有三名高麗人（今韓國）來應考，不過只有一位名為金濤的考生中式，授山東東昌府安丘縣丞，由於不通華語，三人皆請求返回高麗，於是朱元璋給予豐厚的路費，遣派船舟載送回國。

科舉制度原定三年一舉，但天下初定，官多缺員，迫切地需要人才，因此從洪武三年開科後，接下來連兩年也都有鄉試，但不舉辦會試，中式的舉人直接到京師等候任官。直至洪武六年，朱元璋告訴中書省（明初最高行政機構，統領六部）的官員說：

朕設立科舉，是要求得天下賢才，謀取通曉經書、品性端正、文采與本質都好的人士來任用，現在官員所選取的多是缺乏經驗的少年。觀察他們的文詞，感覺有些能夠有所作為，但到了任用的時候，能把所學付諸實踐的人卻非常少。朕是真心要招納賢才，卻換得不切實際的文藻，這不是朕求取賢才的本意。現在各地的科舉應當暫停，另外再吩咐官員推薦賢才，務必以有德行的人士優先，文采則是其次。或許可以使天下的學者知道方向，使讀書人回歸到學習的基本精神。

科舉暫停之後，朱元璋又將求取人才的方向改回「薦舉」，這回他要求「德行第一，文采其次」，鎖定聰明正直、賢良方正、孝順努力、通曉儒學、德高望重的人，把他們徵集到京師，按年紀給予工作。值得一提的是，這次授官對象大多都是四十歲以上的人士，人數高達三千七百多名。至於前幾年考中的年輕舉人們，都被送入國子監再教育了。

科舉制度暫停了近十年，朱元璋在洪武十五年命令禮部（負責典章制度與考試的機構）辦理重開科舉事宜，要各地方學校準備。並於洪武十七年八月舉辦鄉試，規則與第一次相同，皆為三天考一科，共考三科，往後每三年一舉，考試的年分稱為「大比」。中舉的士子可獲得路費補助，翌年二月赴禮部參加會試，會試的科目與鄉試一樣，會試中者，三月再參加廷試。

當官途徑4：胥吏也能當官

明代讀書人任官有許多途徑，明初亟需人才，故朱元璋多次命官員「薦舉」人才，自「科舉」穩定實施後，舉人、進士成為官員的主要來源，沒有獲取更高功名的生員，也能經由禮部選拔成為國子監生，謀得一官半職，稱之為「舉貢」。此外，還有一種稱為「吏員」（又稱雜流）的任官途徑，是考核各級機構中的胥吏，將其升為官員。

科舉、薦舉、舉貢、吏員是任官的四種途徑，明代初期四種任官途徑都一樣被器重，到了明代中期以後，卻只重視進士出身，既不流行薦舉，而舉貢所授的官職都是屬於較為低階的。至於胥吏的地位就更加低下了，其早在洪武四年就被朱元璋批評心術已壞，不許應科舉。[2]成化年間，甚至有吏員經過考核，等待任用，但過了十二、三年都沒有授職。如此看來，想要當官最妥當的方法就是科舉了，接下來將告訴大家該如何考科舉。

2. 吏員不許應鄉試的規定並非絕對禁止，許多史籍中零星可見吏員中式的記載。

別讓孩子輸在起跑點：明代的童蒙教育

孩子的教育要從小開始：社學與族學

國子監與各級學校統稱為「官學」（或稱儒學），顧名思義，就是由官府所興辦。除此之外，朱元璋多次下令全國設立「社學」，社學是一種民間興辦的學校，招募十五歲以下的子弟讀書，講授禮俗、律令等內容，美其名是使幼童沐受儒家文化的薰陶，其實也是宣傳政令的一種形式。從官方的政令中發現，朝廷屢屢要求地方重建社學，可推測社學並不成功，有些地方官失職，讓酷吏收取費用，強逼民眾入學，失去了興學的美意；有些地方則受限經費短缺，設立不久後就廢棄了。

若以科舉入仕為目標，作為預備教育的蒙學，主要以宗族興辦的「族學」，或私人興辦的「塾學」為主，尤其又以族學最具代表性，宗族領袖會將一部分族田的收入作為興學之用，因為讓族人入仕為官，是維繫宗族勢力最好的方法，所以就算是經商之家，也會培養一、兩名子弟學習文理，準備科舉。也有些富裕的家庭自行聘請館師來家中指導，或者由具備文學涵養的長輩直接教導，這在文風鼎盛的江南相當常見。族學一般只收納宗族成員與近親子弟，課堂人數約在十人左右，既有教育族人的目的，自然不太需要煩惱學費，良好的族學擁有完善的膳宿制度，飲食、課桌、文具、衣物等必需品一應俱全，表現優秀的學生另有額外獎勵。

童蒙教育學什麼？

童蒙教育依程度分成「蒙館」、「經館」兩種，前者是提供識字、生活知識一類的基礎教育；後者則是為了參加科舉而設。授課時間依學生而有所不同，農家子弟只能在農閒的季節上課，這種課程被稱為「冬學」；不必忙碌農事的蒙學約在三月開學，秋季結束，亦有在冬季結束的，例如清代中期一本名為《訓蒙條例》的蒙學要點指出，為了使童子定心讀書，建議從正月十五日開課至十二月二十五日才結束，期間除掃墓祭祖、繳稅納糧暫停上課，其餘十個月的課程不宜中斷。當然，這也僅是理想規劃，大概只有富貴家庭能達到如此完善的教育目標。

《新編對相四言》書影，出自香港大學出版社

蒙學教育每日上課的時間和農業社會的作息一致，除少數夜間課程，大多是從日出到日落。《易經》記載：「蒙以養正，聖功也。」係指當萬物初始的時候，將其引導至正確的方向，是一件睿智的事情。童蒙教育也是人格培養的基礎，所以特別講究禮儀，要求學童孝順父母、敬愛兄長、落實經典上的禮制，其次才是傳授知識。授課先從識字開始，讀《三字經》、《千字文》等「小學」讀物，教師分段講解大意與生字，有時在木片上寫幾個生字，懸掛在牆壁，像單字卡一樣讓學童反覆練習。每日放學前，學童須抄寫及朗誦今日學習的文章，複

習過後才准放學。這些讀物多帶有韻腳，利於學童朗誦，即使當下不能理解也無妨，趁著記憶力好的時候先背起來，待年紀稍長，便能融會貫通。

學童稍微識字以後，便開始學習寫字，臨摹唐代顏真卿、柳公權等名家的字帖，體會他們的心境。寫字就像人品，一點一畫務必莊嚴方正，絕不能輕佻，而紙張剪裁應當不偏不倚，磨墨則不宜急躁，書法的每個環節，彷彿蘊含著為人處事的哲理。若將來成為一位學行兼優的名士，隻字片紙都會成為人們爭相收藏的翰寶，所以書法是蒙學教育中非常重要的一環。

明代初期，用人強調實學，科舉答題不拘格式，只要能根據儒家經典作答，要寫成散文或對句都沒有關係。大約在成化晚期，科舉考試的應答才有公式套路，稱之為「八股文」。相傳八股文的流行與一位名叫王鏊（一四五〇—一五二四）的官員有關，在王鏊縱橫官場之際，他擅長的文體受到朝野一致的推崇，逐漸變成一種作文楷模，最後成為科舉的定式，所以明代中期以後的科舉考試不但須嫻熟儒家經典，還要遵守八股格式。蒙學教育也特別注重作文，一個有志於科舉的學童，五歲學習寫字，十一歲左右就要熟背四書五經，開始作八股文，直到他考中進士之前，每一次的應試都離不開八股文。

孩童學詩，竟是荒廢學業？

宋代與清代科舉皆有詩賦，清代測驗的詩稱為「試帖詩」，比起古詩還是有些不同，倒與八股文有幾分類似，皆有很嚴格的格式，除了韻腳、對仗之外，還要把題目的若干字填進詩裡面才算合格。因此明清時代的蒙學課程中有一堂專門的「對課」，學習做對子，先從簡單的詞句開始，例如教師說「天」，學生答「地」；教師說「猛虎」，學生答「神龍」，掌握技巧後，便逐漸複雜起來。為了幫助學生作詩應對，市場上通行的《七家詩》、《小題正鵠》等詩歌範本，都是常見的參考用書。

明代科舉雖不測驗詩賦，童蒙教育難道就不學詩了嗎？倒也不盡然。思想家王守仁（號陽明子，一四七二－一五二九）認為詩歌可以幫助學童抒發情緒，對學習發聲也有益助。且《三字經》、《百家姓》、《千字文》之類的幼學教材都帶有韻腳，以利幼童記誦，《幼學瓊林》甚至是駢文對句，這些教材都是創作能量的積累，可是家長總認為學詩是妨礙學業的歧途，禁止學童沉溺其中。浙江文人薛岡替人作書序時，就寫道：

現在的詩人看不起科舉，不是真的看不起，其實是考不上。而現在考上科舉的人又有作詩會妨礙科舉的說法，這些都是因為個人好惡所產生的偏見。我小時

候準備考科舉時，也喜歡作詩，教師卻以妨礙科舉為由，禁止我作詩。我只好偶爾偷偷地寫一些，其實讀書與作詩就像是風聲與雷鳴交互激盪，掌握了方法就能互相貫通。

薛岡的經驗想必是許多讀書人的縮影，不少學子在幼年時已能寫出令人激賞的詩詞，卻不被師長所鼓勵，待年長時回憶起當年情景，不免會有所感慨。作詩不僅是才華的展現，也是一種生活情趣，詩詞可化為情感宣洩的出口，且容易引發士人群體的共鳴。許多人在舉業無成後，寄託於詩藝，舉辦詩社交遊，建構出一個獨特的文藝聚會，在其中尋找另一種人生目標。

明朝文官向來視武官為莽夫，抗倭名將戚繼光（一五二八—一五八七）之所以能夠與文官往來酬對，正是因為他幼時就喜愛讀書，能夠寫出風格豪邁的詩句，人們認為他的文采與當朝最有名氣的文人王世貞、汪道昆不相上下，尊其為「詞宗先生」。不只是武將，連商人群體中，也有一派擅於作詩的「儒商」，藉由文學創作，打破士商隔閡，提升商人的社會地位。可見詩詞雖然在蒙學中不被鼓勵，並不減其在社交活動中的重要性。

蒙學教師的真心話：當老師，好累啊！

蒙學的教師通常有一、兩位，教導班上年齡各異（約五歲至十五歲）的子弟，遵循著孔子「因材施教」的理念，根據學習進度而調整課程。優秀的教師以有效學習為目的，授書內容在精不在多，假如學童每日能學習兩百字，只教一百字，避免學童產生壓力。有些教師把簡單輕快的詩歌彙編成一書，在學童倦怠時，讓他們朗誦詩歌，使其恢復精神。

要將好動的幼童調教成知書達禮，不是件容易的事情，清代初期的小說家蒲松齡（一六四〇—一七一五）科舉屢屢落第，長年執業於教館，寫了好幾篇抱怨的詩文，例如他在〈教書詞〉寫道：「教幾個村童賽如猴精，白日裡費盡心機，到晚來依舊懵懂，《三字經》嚎的俺喉嚨疼。」又在〈塾師四苦〉裡寫道：「人言教書樂，我道教書苦。」為什麼教書苦呢？蒲松齡列舉四個理由，一是工作的時間長，上課又勞累；二是教書的環境差，教室與桌椅不備；三是生活居所克難，枕席與蚊帳殘破不堪；四是膳食粗糙，經常都吃青菜豆腐。約同時期的書畫家鄭燮（號板橋，一六九三—一七六五）也寫了一首〈教館詩〉，生動地描述他考中科舉前，在教館的悲慘生活，詩云：

教館本來是下流，傍人門戶渡春秋。半飢半飽清閑客，無鎖無枷自在囚。
課少父兄嫌懶惰，功多子弟結冤仇。而今幸得青雲步，遮卻當年一半羞。

鄭燮形容館師是件下流的工作，客寄在他人屋簷下過著慘澹的生活，活像是個沒有枷鎖的囚犯。若教學輕鬆，家長嫌他懶惰；功課多的時候，又惹得子弟不高興，幸好他考中科舉，才可以脫離這種令他感到羞愧的生活。

除了有幸獲聘至豪門巨賈之家，否則明清時代的塾師待遇大多差強人意，每年收入依學生多寡、塾師資歷等標準，有著不小的差距，少者不到十兩，多者則達五十兩。多數塾師大概都如蒲松齡、鄭燮一般，只能勉強溫飽，教課之餘，還替人署婚書、寫狀子、打官司，多賺取一點業外收入。

因此，讀書人絕不會把塾師當成一種嚮往的志業，固然有些名士被禮聘到家塾執教，但許多塾師是由還在考科舉的士子兼職。只有自知再考不上的生員，實在不得已了，才把教書當作一種行業。萬曆年間的福建文人謝肇淛，在筆記《五雜組》裡寫道：

現在讀書時固然常常看到不認識的字，但就算是平常的字，也有許多人會讀錯，尤其是音調的第三聲和第四聲很容易混淆。之所以會這樣，是因為小時候教書的塾師是村裡面的學究，傳播了不正確的知識，學生長大之後也難以改變

了。讀書人寫了幾篇八股文以考取科舉，對於儒家的經書典籍都棄置不管，誰還會去費力探討呢？即使知道一、二個不對的地方，可是周圍的人都流傳著錯誤的讀音，就看不到被改正的情形了。

「學究」是科舉中「學究一經」的簡稱，指精通一種經書的意思，後來也泛指儒生，在明清時代則有淺陋迂腐的負面意涵。謝肇淛這段話，說明許多塾師的學問不佳，傳遞不正確的知識，反而誤人子弟。

晚明的笑話掌故集《解慍編》記載了不少教師學疏才淺的諷刺故事，其中一則是主家以五十石（等於五千升）穀物為束脩聘請館師，約定每誤讀一個字就扣穀一升，一年結算下來竟全部扣光了，不禁令人莞爾，大概是瞧不起塾師之人所編織的故事吧！

在官學讀書，生活是什麼樣子？

官學跟你想的不一樣：學生濫收，老師好窮？

在講述明代的任官途徑時，曾提及有少數的「充場儒士」不必就讀官學就能考科舉，但多數童生仍須由「童子試」（童試）取得「生員」資格，進入地方官學就讀，才能更進一步考科舉。

童試儼然如小規模的科舉，要經過縣試、府試和院試等三層關卡，有些學子在此階段就屢屢受挫，終其一生未能參加科舉。不過在明代中期，官銜和考試資格都可以用錢買得，童生只要花費幾兩銀子便可以參加院試，沒有錢尋求知名人士引薦的童生反而不容易錄取。湖州府長興縣的生員曾做一首諷刺詩：「湖州有一舅，烏程添一秀。」暗指某生倚靠妻舅的權勢入學，所以當時的讀書人將府試稱為「府關」，有幸通過這關，要成為生員就像拔草一樣簡單了。

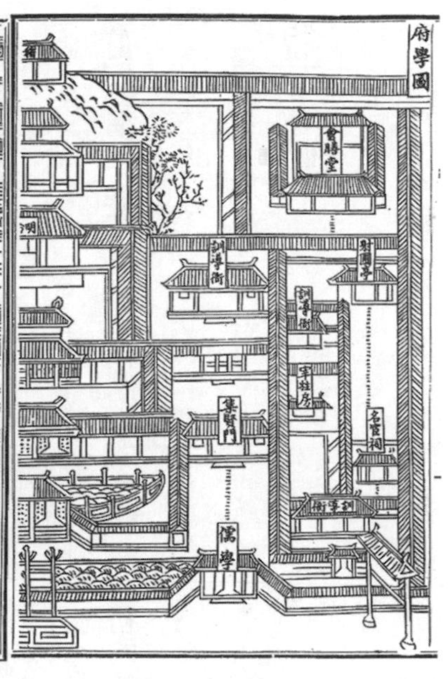

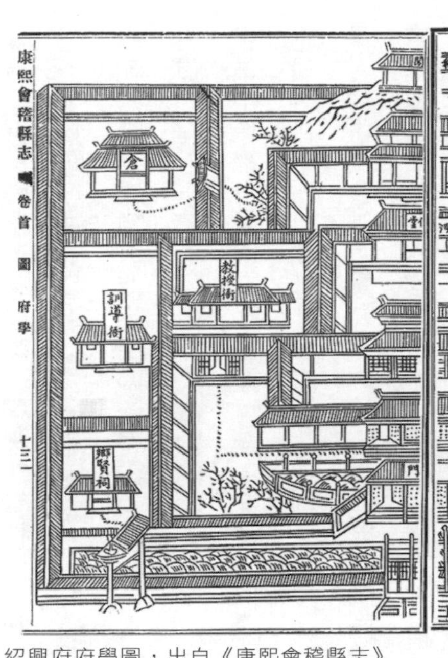

紹興府府學圖，出自《康熙會稽縣志》

自洪武二年朱元璋詔天下設立學校起，地方官學的建置在洪武朝已趨於完備。各個地方官學招收的生員額數有定，而生員又依學問高下分為若干種，在正額內錄取的生員，每月可以領取官府發放的廩食，稱為「廩膳生員」（廩生）。額外增收的生員稱為「增廣生員」（增生），雖然沒有廩食可領，但可以遞補廩生缺額。後來愈收愈多，增生之外，又再增取的生員稱為「附學生員」（附生）。附生之後，還有青衣生、社學生（發社）等名目。

雖然正額有限，但為了攏絡士子的心，正額之外的生員則沒有定額。

景泰年間的禮部尚書姚夔，曾經想管控生員數量，卻引起讀書人的不滿，京師有句歌謠唱道：「和尚普渡，秀才拘數。禮部姚夔，顛覆國祚。」就是反對生員須像和尚領取度牒一樣，由朝廷制定總額。據晚明儒學家顧炎武（一六一三—一六八二）的估計，明代晚期全國的生員約有五十萬人，占總人口數的〇・四—〇・五％，數量十分可觀。其實明代初期，生員不但都可領取廩膳，還可減免徭役，但隨著學校增設，學生濫收，才出現如此繁複的生員名目，所以朝廷亦設立淘汰機制，廩生如入學六年以上仍不通文理，就要被發充為吏員，增生則會被革黜為民。地方官學雖然屬同一層級，但教官的名稱與俸祿仍有些差異：府學教官稱為「教授」（從九品），州學教官稱為「學正」（未入流），[3]縣學教官稱為「教諭」（未入流），而每個官學都有輔佐教官的「訓導」。現代教育制度有訓導主任、大學教授的稱呼，大約是古代制度的遺緒。明初的儒學教官大多是由地方上徵召的儒士擔任，先試職三年，有功才實授官職。科舉穩定實施後，則多由會試落第的舉人擔任，他們雖然教書，仍不放棄準備科舉，因為儒學教官是品卑俸薄的工作，他們總期盼著有朝一日能夠更上一層樓。

地方儒學教官中，府學教授是流官中最低的從九品，月俸米五石，而州縣學教官屬於未入流的雜職官，禮部官員認為應當重視教育，特別制定他們的俸祿，州學學正月俸米二石五斗、縣學教諭月俸米二石、訓導月俸米二石。但許多未入流的雜官，月俸米有三石，相較之下，州縣學教官與訓導的俸祿並沒有比較高。所以教官主要的收入是來自生員接濟，在學生多的地方，便能夠過上不錯的生活，一位晚明教諭王輔說：「別說教官貧困，我擔任沛縣教諭，所積累的俸祿，以及生員的饋贈，也有六百金。」

官學學生學什麼？

朱元璋設立學校的目的，是延攬學者講授倫理與聖人之道，使人民德行受到教化，漸漸地屏除元朝遺留的惡習，恢復傳統禮俗。當學校成為培養科舉人才的管道時，教育宗旨難免受到扭曲，由於德行難以作為評判的標準，學校多用讀書、作文、寫字等學業來考核學生。出題的方向也侷限在傳統經典，制式化的教學方式使儒學教育流於形式，教官雖貴為師長，卻汲汲營營，缺乏教學熱忱。

官學學生要修習六藝（禮、樂、射、御、書、數），且選擇五經（《詩經》、《尚書》、《禮記》、《易經》、《春秋》）中的一經作為專門的研讀學科，稱為「本經」。學生每

3. 明代的官階以一至九品表示，各品分有正、從，共十八階。學正原為從九品，洪武十三年改為未入流。

日清晨至教室與教官行禮，開始一天的課業，教官的授課教材包括四書五經、歷代名臣奏議、《大學衍義》、《資治通鑑綱目》等儒家經典，不過四書中的《孟子》因為帶有民貴君輕的思想，被特別刪節過，刪掉的部分科舉不考，學子也不可讀。至於蘇秦、張儀等縱橫家的著作，由於內容狡詐，則不鼓勵閱讀。

教官授課之餘，學生每日要臨摹名人法帖五百個字，學習九章算術之法，還須熟讀《大誥》（朱元璋親自編纂的刑典）與各種經史、律誥、禮儀，這是朱元璋欽定的必考題。每月的初一與十五日是練習射箭的日子，學生兩人為一組，各攜帶四支箭矢，射距初為三十步，最多加至九十步，射中的人可飲酒三爵。洪武十五年，朱元璋下令在各個官學的明倫堂左側放置一塊「臥碑」，上面刻著十二條官學的規矩，諸如應尊敬師長、孝順父母、求學不得懈惰、勿干預政事、莫輕起訟端等，曉諭生員在校規範。

官學也有考核制度

生員一心追求舉業，但想參加科舉也得先經過考核。正統元年起，各布政使司（省級的民政機構）下設有「提督學校官」（晚明為避諱熹宗朱由校，多稱提督學政，或簡稱學政、提學官）專門監督地方儒學教育，提學官不僅檢視教官的教學成效，還須照顧環境，若殿堂齋房有損壞，便要招募工匠來修繕。有句謠諺說：「提學來，十字街頭無秀才；提學去，滿城群彥皆沉醉。」是指本來在外無所事事的生員知道提學來了，紛紛回到學校去裝模作樣，待提學離去後便故態復萌。

可見提學主要的任務是要考核生員，在三年任內對生員進行兩項考核，第一項為「歲考」，除了患重病或父母喪者免試，其餘生員都須參加，成績分為六等，名列第一等可以升級，即補廩生或增生的缺額，並給賞獎勵。而名列第二等也給賞，第三等不賞不罰，第四等受訓誡，第五等要降一級，即廩生降為增生，增生降為附生，依此類推。若名列第六等，則處罰挑糞桶，然後革黜為民。第二項考核為「科考」，科考名列前兩等者稱為「科舉生員」，才取得鄉試資格。

依照歲考的黜陟（指官職的升遷或降黜）制度，應當定期淘汰許多生員，可是這項制度並未落實，怠惰的地方官不願親自測試生員，有些提學官則怕遠行勞苦，根本懶得巡歷各地方官學，只依據地方官學上報的資料來評判，而這些資料往往又是鄉里上富家子弟勾結書吏所作的假資料，造成考核全盤失實。

入學多年的生員若仍學無所成，就要被充為吏員。永樂末年，成祖朱棣（一三六〇—

一四二四）曾下詔准許各地學校中成績不理想的生員淨身入宮，教導宮中女官，據說正統年間權傾一時的宦官王振，就是由此徑入宮的。但這樣不光彩的例子絕非學子所心嚮，要往更高級的社會階層流動，其主要的途徑是科舉。除此之外，自洪武十五年起，年滿二十歲以上，資質良好、容貌端莊的生員，每年還可以參加禮部的甄選，稱之為「歲貢」，通過後就可以進入國子監學習。[4]國子監的學生在明代初期備受優遇，地位如同進士，因此成為國子監生，也不失為一個向上流動的途徑。

有如學測衝刺班，國子監的嚴謹生活

國子監古稱「太學」，明代的國子監有兩所，最先設立的是南京國子監，由於朱元璋將故鄉鳳陽立為中都，因此鳳陽一度設有國子監，直至洪武二十六年撤除。永樂元年起，北京方設立國子監，南、北兩監從此成為定制。在國子監就讀，享有豐厚的待遇，不僅可以領取朝廷供給的米糧，皇帝會在新年時賞賜布帛、衣裳，於正旦、元宵等各節日，還賞有節錢。

經由歲貢選拔進入國子監的生員稱為「貢監生」（貢生），還要再進行複試，依學力高下分入六堂（相當於六層階級）讀書，如果考試不中，不僅自身要受罰，原鄉的儒學教官也要被罰俸。洪武十八年，禮部上奏要將考試不中的貢監生罰為吏，朱元璋沒有同意，寬容地答覆道：「人的資質有高下之分，所以學習的成效也有快慢之別，還是令他們回去國子監繼續讀書，考試仍不中再處罰吧。」

洪武二年，朱元璋曾詢問國子監生們是否修習騎射？監生答覆不熟練，朱元璋責難道：「古代的學者，文足以治國，武足以戡亂，所以能出將入相，安定社稷。如今天下承平，你們雖然致力研習文學，怎麼能忘記武功？」翌年，命工部製作弓箭器材，下詔國子監與地方儒學每個月初一與十五都要修習箭術。但這項政令在國子監未被嚴格遵行，過了一段時間，連練習射箭的場所都廢棄了，初一、十五日便成了國子監生的假日。國子監生的作息是嚴謹而規律的，每個月除初一與十五日休假，其餘的時間要背書與聽講，每日須在講誦簿上書寫當日誦習的內容，並要習寫一幅字，每幅字的規格是十六字十六行，字體要端正，但不侷限風格，王羲之、歐陽詢、柳公權、顏真卿等名家書法皆可。每三日要背書一次，每次須讀《大誥》一百字、本經一百字、四書一百字，不僅要熟記，還須通曉義理。每個月要作文六篇，包括本經兩篇、四書兩篇，其他奏章、判語、策論等公用文書選擇兩篇。監生在校時，應尊敬師長、維護環境清潔、保持衣著整齊，課堂上不可喧譁、不可擅離學

4.《太祖實錄》雖於洪武十五年記載地方儒學生員可經考核入國子監，卻沒有明說此為歲貢，正式的歲貢制度實施年分，據《大明會典》載，應為洪武十六年奏准，於洪武十七年開始施行。

校，連廚房的餐飲好壞都不許恣意評論。此外，還得輪流擔任值日生，掌管人員出入狀況。

國子監設祭酒（主持祭典禮儀，職位類似校長）、司業（輔助祭酒，掌儒學訓導之政）各一名，另有一個名為「繩愆廳」的訓導機構，其辦事的官員稱為「監丞」，負責管理師生秩序，凡是不清潔環境、不遵守學規的，就會被登記在「集愆冊」上頭，如果再犯就會被竹棍責打。洪武三十年朱元璋向監生們說道：

恁學生每（們）聽著：先前那宋訥做祭酒呵，學規好生嚴肅，秀才每循規蹈矩，都肯向學，所以教出來的個個中用，朝廷好生得人。後來他善終了，以禮送他回鄉安葬，沿路上著有司官祭他。近年著那老秀才每做祭酒呵，他每都懷著異心，不肯教誨，把宋訥的學規都改壞了，所以生徒全不務學，用著他呵，好生壞事。如今著那年紀小的秀才官人每來署學事，他定的學規，恁每當依著行。敢有抗拒不服，撒潑皮，違犯學規的，若祭酒來奏著恁呵，都不饒！全家發向武烟瘴地面去，或充軍，或充吏，或做首領官。

朱元璋的話雖然是鳳陽方言，但要傳達的意思很清楚，就是要全體師生遵守學規，若有不聽從的，全家都要被連累。這般恫嚇的話一點也不假，早在洪武二十七年，有位名為趙麟的監生誹謗師長，朱元璋就命人在國子監前面立了一根長竿，把趙麟的頭砍下來掛在竿上。這根長竿樹立了一百二十五年有餘，直至正德十四年，自封「威武大將軍」的武宗朱厚照南巡，在微服出巡時看見這根長竿，覺得很奇怪，問了左右的人才知道此為太祖梟令有罪監生之用，武宗便調皮地說道：「誰敢犯朕的法令呢？」便命人拆除。

誰知道當官這麼難．國子監生的仕途起落

有次朱元璋微服出巡，見到一名監生正要進酒坊，便前去與他攀談，問監生是哪裡人？監生不知眼前的人是皇帝，答道：「重慶府人。」朱元璋遂出了一道對子：「千里為重，重水重山重慶府。」監生應道：「一人成大，大邦大國大明君。」朱元璋又驚又喜，再命他賦詩，監生吟道：「寸木元從斧削成，每於低處立功名。他時若得臺端用，要與人間治不平。」這首詩是比喻自己尚未受到重用，將來必有一番作為。朱元璋心裡高興極了，付清酒錢，告別監生。隔日召監生入謁，監生還不明所以，直到朱元璋笑著對他說：「你可記得昨日與天子喝過酒嗎？」監生才恍然大悟，惶恐地請罪。朱元璋不治他罪，反任命他為管理地方刑事的按察使（正三品）。

監生流連酒坊是不被允許的事，這則皇帝與監生巧遇的故事大概是虛構的，但洪武時期的國子監生確實備受信任，拔擢為戶部主事（正六品）、監察御史（正七品）等高級文官者不在少數。且國子監生除了讀書，也常被交付各種任務，例如學習翻譯外文、丈量田畝、核定賦稅、清查黃冊（戶籍冊）、修治水利設施、纂修曆法等事。可見在體制尚不健全的明初，監生具有高度靈活的機動性，可隨時供皇帝派任。

至明代中期以後，文官制度漸趨完備，任官大多侷限進士資格，使國子監生不再具有任官的優勢。加上景泰年間開放捐納，百姓只要上繳米麥，便可進入國子監就學，更使國子監充斥許多素質甚差的學生，竟有監生寫不出一篇像樣的文章，在試卷上答道：「因怕如此，所以如此。仍要如此，何苦如此。」令人啼笑皆非。

多數的監生只想撈得一官半職，無心於學業，人浮於事的情形下，有些國子監生到了五十歲還是沒出路，被裁退回鄉，便有一首嘲諷詩寫道：「五十年餘做秀才，故鄉依舊布衣回。回家早去養兒子，保了賢良方正來。」明代除了科舉外，仍保留薦舉制度，詔舉為「賢良方正科」有八品官，所以這首詩的意思是說，早知道監生當官這麼困難，還不如早點回鄉試試看薦舉。

國子監生初授的官職多為地方上的首領官（掌管衙署內部事務的官員）、佐貳官（輔

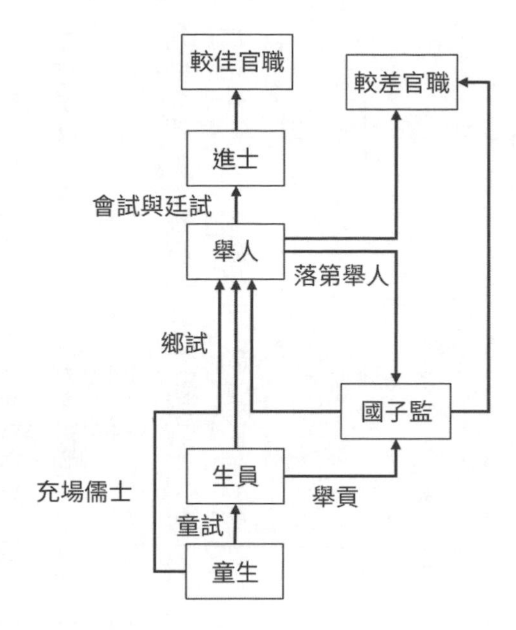

正途國子監生的任官流程圖，據《明史 · 選舉志一》製圖

佐地方首長的官員），官品約在九至七品之間。因此許多監生仍不放棄舉業，期盼取得進士資格，獲取更高級的官職。但監生在兩京讀書，不便回鄉就考，朝廷遂准許監生就近參加順天鄉試（北京）、應天鄉試（南京）。

洪武十七年，即科舉復辦的那年，朱元璋知道不少監生高中舉人，高興地要禮部官員至監生的家鄉張榜，說道：「在京鄉試，多有取中的國子監生，為他肯學，所以取中。似這等生員，好生光顯他父母，恁部裡出榜於原籍去處張掛，著他鄉里知道。」後來為了不剝奪南、北兩京士子的錄取名額，朝廷另外專為監生設立保留名額，稱為「皿字號」卷，「皿」即是取「監」的下半部，作為代號。

總而言之，明代的官學教育有地方官學以及國子監兩種，唯有少數的充場儒士不須經由官學就能參加科舉，但大多數的士子仍須取得生員身分，進入地方官學就讀才能參加科舉。在地方官學表現優異的生員，有機會透過舉貢的方式進入國子監就讀，國子監生在明初備受器重，授職與升遷相對容易，成為科舉之外另一個不錯的選擇。但隨著文官制度漸趨完備，以及開放捐納入監，監生的優勢不再，面對宦途擁塞的困境，許多監生又回到了科舉之路。

第二章

科舉旅途即將啓程，想當官的旅客請上車

雖然明代的讀書人不當官，還可以選擇當醫生或律師，但仕途仍是維持家族勢力的最佳方法，因此有許多士子挑燈夜戰、千里迢迢上京趕考，甚至發明許多作弊的方法，而考場也衍生出許多穿鑿附會的鬼故事。科舉之旅即將啟程，請抓緊囉！

熬夜讀書、舟車勞頓，都是為了上京趕考啊！

科舉：歡迎來到考試地獄

據著名的歷史學家何炳棣（一九一七－二〇一二）統計，明代家世背景可考究的進士六千餘名，其中有一半是平民出身，可見科舉確實是一把通往成功的階梯，有效地促進社會流動（Social Mobility），微寒的家族非常有機會經由科舉向上爬升。但考中科舉不是一件容易的事，古語有云：「十年窗下無人問，一舉成名天下知。」日本學者宮崎市定（一九〇一－一九九五）有一本探討科舉的著作，書名為《科舉：中國的考試地獄》，宮崎氏把科舉形容成地獄，倒也十分貼切，學子們過著清貧困頓的生活，埋首於書冊中，只求能夠在科舉中出人頭地。

晚明曾有讀書人寫了一篇〈不第賦〉，抒發四十歲還未考取的哀怨心情，最後還不忘勉勵自己：「前程事，暗如漆，塞翁失馬休嗟怨。且莫埋怨，埋頭對著聖賢，科場門終不掩。且與烏有先生講一篇，縱使鐵鞋難破踏，到手不為難。」清初小說家吳敬梓（一七〇一—一七五四）筆下的范進，五十四歲才中舉人，聽聞消息，竟然一跤跌倒，喜極而瘋，這固然是小說家的誇張筆法，但多少也反應了讀書人的殷殷期盼。

睡覺浪費時間，熬夜讀書拚考試！

科舉的實施，似乎也深刻地影響了士子的生活作息，宋代的程朱理學家們總是想把握時間讀書，對於睡覺有著不得不睡的抗拒態度，希望能晚睡早起，他們認為不讓自己多睡點，正是「存天理，去人欲」的一種實踐。而明朝將程朱理學視為正統，所以明代初期也維持這樣的基調，士人們犧牲睡眠，點著蠟燭在夜間讀書到一、二更，似乎是一種常見的生活方式，朱元璋還曾褒獎一位為了讀書而少睡的學者焦伯誠。

到了明代中期，讀書人便有愈來愈晚就寢，甚至通宵讀書的傾向，一方面是因為工商業較為發達，百姓們白天務農後，晚上還可以從事手工業，所以認為到了三更（子時，晚上十一點至淩晨一點）才真正算晚；另一方面，因為參加科舉的人愈來愈多，錄取的機率相對變低，壓力也就愈來愈大，自然更想拚命讀書了。謝肇淛曾在筆記中寫道：

晚上讀書不可以超過子時，因為那是血液回歸心臟的時刻，一旦不睡覺，會因為血液損耗而生病。我看到有人辛勤地讀書，甚至整夜不睡覺而導致吐血，都覺得可笑。古代的人讀書是為了明白儒家的義理，後來的人讀書也是為了求得知識，現在的人讀書不過是為了科舉，身體反而因此受到傷害，難道不是件奇怪的事嗎？《莊子》裡面有一則故事說：「有兩個奴僕外出放羊，最後羊都溜光了。問他們怎麼會這樣呢？原來一個趁機在看書，而另一個在遊戲。」雖然做的事情不同，卻導致相同的結果，說的就是這種狀況吧！

可見明代中期為了科舉而讀書至三更以後的人不在少數，所以謝肇淛借《莊子》的寓言，感嘆一樣都是讀書，古人不傷身，明代的讀書人卻因此賠了身體健康。

但不是所有熬夜的讀書人都是為了舉業，明代後期流行「陽明學」，學者們自有一套養身的理論，他們認為做事只要順著良知就可以了，對睡眠抱持著較為隨性的態度。

至於一些本來就不把舉業當作目標的讀書人，也就沒有那種非得與睡眠抗爭的焦慮感了，夜間要讀書或事從事各種娛樂活動，隨意改變睡眠習慣對他們來說是一種生活情趣。

紈綺子弟的日常作息，經常是雞鳴就寢，日中始醒。有一位名為莫是龍的書畫家，也偏好在夜晚創作藝術。

熬夜苦讀也好，順應良知也罷！從童蒙教育到官學教育，學子肩負家族與師長的期許，費盡心血究竟是結出碩果，抑或化為泡影，全憑他在科場上的表現了。那麼科舉究竟要考些什麼呢？

科舉不只考文科，還要考射箭騎馬？

洪武三年八月初九第一次在各行省舉辦鄉試，三天考一場，共考三場，考試的科目改良自前朝的科舉制度，第一場考兩道四書的義理，及一道本經的義理；第二場考一道議論，第三場考一道時務策。通過筆試的士子，十天後還要面試，即測驗「五事」，觀察騎馬是否敏捷、射箭是否準確、書法是否端正、算術是否精通、判案是否公道。洪武十七年，復辦科舉後，還是維持著三場分別測驗義理、議論、策問的形式，只是每場的題目道數略為增加，最大的不同是廢除了術科項目，使士子準備的重心集中在四書五經等儒家經典上。

鄉試高中者，稱為「舉人」，次年二月至京師參加會試，考試的內容與鄉試相同。又

館選
應試資格：二、三甲進士
中式身分：庶吉士

廷試
應試資格：貢士
中式身分：進士（第一名為狀元、第二名為榜眼、第三名為探花）

會試
應試資格：舉人
中式身分：貢士（第一名稱會元）

鄉試
應試資格：科舉生員、充場儒士
中式身分：舉人（第一名稱解元）

科考
應試資格：生員
中式身分：科舉生員

童試
應試資格：童生
中式身分：生員（俗稱秀才）

明代科舉考試體系，據《明史．選舉志二》及郭培貴〈關於明代科舉研究中幾個流行觀點的商榷〉補充製圖

中式者，稱為「貢士」，但幾乎已等同取得進士資格了，會有這種待遇，還要從宋代說起。宋代有一位名為張元的考生，因廷試下第，竟投奔西夏，成為宋朝大患。為避免再有優秀的人才埋沒，宋朝改變了廷試的淘汰制度，除觸犯皇帝名諱、文理不通者，基本上不黜落考生，只重新擬定名次。

明代也依循著這樣的傳統，只有少數的考生通過會試後未參與廷試，而不能成為進士。此種情況稱為「告殿」，可能的因素有罹患疾病、奔喪、躲避政敵等，仍可在之後的廷試進行補試。三月由皇帝親自主持的廷試，只考一道策問，重新排定貢士的名次。

直至大明王朝風雨飄搖之際，科舉才恢復了幾道術科項目，崇禎十三年，思宗朱由檢決定測驗跑步射箭、騎馬射箭兩科。

上京趕考，官方會補助車馬費？

明王朝幅員廣袤，會試與廷試既在京師舉行，各地的舉人免不了一趟遠行。自宋代起，距離京師較遠的地區，官方會給予趕考的舉人「公券」，自啟程至還鄉，費用均由公家給付。明清時代的舉人考進士，官方也會提供赴考旅費，記錄典章制度的《大明會典》簡約地寫道：「當考中鄉試，身分成為舉人，出示官方的憑據，官方應當給付路途的津貼，參加禮部主持的會試。」可是該補助多少，就沒有明說了。清代的《大清會典》記載得較為詳細，例如安徽、廣東皆為二十兩，孤懸海外的廣東瓊州府（今海南島）可再多領十兩。甘肅雖然也很遠，卻只補助五兩。同樣位屬邊陲的雲南、貴州除補助三兩之外，再借一匹驛馬。推測路費津貼應是依路程遠近，以及地方財政狀況調整，明代可能亦為如此。

出借雲南、貴州、四川等邊遠地區的舉人驛馬，並非清代始創的制度，其實宋代就已實施。明代官方則給予考生一種准許在驛站食宿及使用車馬的憑證，稱為「郵符」。但往返皆補助的政策在崇禎十三年有了改變，兵部尚書楊嗣昌實行了一項新政，即會試沒中的考生回程沒有郵符，造成一些考生流離不能回鄉，甚有在異鄉自殺者。當時在翰林院任官的楊士聰感慨道：「祖宗延續下來的法度，難道就因為楊嗣昌而廢除？節省了一點錢，而失去了士子對朝廷的恩心，也失去了遠方的民心，這不是一個好政策。」明代中式的舉人若無故不參加會試，會被禮部充為吏員。

因此對考生而言，上京趕考是一個不得不面對的重擔，觀察楊士聰的一席話，可知官方的路費補貼對於考生是至關重要的，但不足的旅費又該怎麼補湊呢？宗族中往往有一部分產業是作為興學之用，稱為「義莊」（義田），因此有宗族支持的考生，便可從中取得獎助學金及旅費。鄉里間的士紳也會與地方政府合作置產，提供利息給考生使用，士子參加鄉試前，地方官設宴款待的活動稱為「賓興」，因此這類的組織泛稱為「賓興莊」。另有一種名為「合會」的私人組織，為考生入學、籌措旅費提供經濟上的互助。[5]

在各大城市中，同鄉人士為凝聚地緣意識而設立的場所稱為「會館」，其可作為招待同鄉聚會，或推廣商務之用。明代在永樂年間，就有官員在京師成立會館，但明代的會館大多是提供在京同鄉仕宦的俱樂場所，一般同鄉人士反而不能使用。至清代初期，才開始有專為提供原鄉考生住宿設立的會館，例如安徽歙縣會館於乾隆六年制定的規約寫道：「本會館創立的目的是專門為了舉人上京趕考之用，其他的貿易商人，自行尋找寓所，不得在會館居住，及在此停放貨物，以免失去會館設立的本意。」會館既為幫助考生而設，嗣後考生高中，自然也會有所回饋。

交通和住宿都要精打細算：上京趕考旅行指南

至此已知考生旅費籌措與京城的投宿場所，那上京趕考的旅途過程又是怎麼樣呢？清代初期有一位名為王士禛的山東考生，他回憶年少時與長兄一同趕考，沿路在酒樓、驛站留下不少優美的詩文，那些比他們晚到京師的考生，口裡朗誦的竟是他們當時所寫的詩句，令他覺得不可思議。

像王士禛這樣自在的考生畢竟是少數，或許是因為前程未卜，考生的心情多了分忐忑，即使沿途風光旖旎，卻沒有半點玩興。記述上京旅途紀聞的作品並不多，最為詳實的是清代中期一位名叫林柏桐的廣東文人，他在《公車見聞錄》中介紹了上京路線，及其對應的交通工具，並告知應當攜帶的用具與各種注意事項。如此難得的旅行指南，廣泛地在考生

5.「合會」的例子，楊聯陞在〈科舉時代的赴考旅費問題〉文中表示只發現一條南宋的材料，但根據蕭公權《中國鄉村：論 19 世紀的帝國控制》的研究，財務借貸的互助組織在十九世紀鄉里間相當常見，幾乎可以推斷性質類似「合會」的組織，在明清時代是存在的。

間流傳，該書被修訂刊行，成為上京趕考不可不讀的寶典。

林柏桐說凡是要北上者，建議尋找個性接近，且能夠信賴的人結伴同行，稱為「約幫」，如此既能互相照應，又可排遣寂寞；但人數太多反而容易意見分歧，所以他認為，同行人數以二至四人為最佳。林柏桐來自廣東，上京路線的選擇不少，常見的有五種，最快約需七十天，慢則需耗費九十天，有的路線要花費精力轉換舟車，有的路線景色單調。他分析了各路線的優缺點，提供考生選擇，並介紹途經各地的食物名產，讓考生在勞頓之餘，還可以品嘗佳餚、調養身心。

交通工具方面，雇船應當先注意船身是否完好、船艙空間是否清潔，然後在船票上寫明價錢，及船員人數，要求船家不得私運貨品，以免耽擱時間。為避免船家中途捲款，船費不宜一次付清，交付頭款後，其餘稱為「包封」，航行至某處後再分次繳納。江南有句諺語：「搖船三樣手，神仙、老虎、狗。」意思是說縴夫屈身拉船像條狗，撐篙的人使力高呼像隻老虎，揚帆的人則如同神像般沉穩，有這樣的船員才是條好船！

至於雇車應當注意牲口是否健壯、車輪是否堅固，車票上寫明每日行走路線，付費方式亦如船隻，分次交付包封。到站前數十里，宜先派人前往旅店打點住宿事宜，稱為「打店」，以免到站已過晚，致使旅店難覓。到達旅店後，預先算好今日住宿費用，次日食用早點後，便可以快速展開旅途。

轉換交通工具時，應清點行李數量，並注意封條是否完好，期間可能會遇到有意敲詐的仲介前來搭訕，應當婉拒他們的生意。途經關口、官員查訪，務必配合，據實以答。若船上的旗桿懸掛「奉旨會試」的旗子，查驗的吏員知曉旅行目的後，通常不會為難考生。當然，考生在出發前就得告知隨行同伴絕對不可以攜帶私鹽、違禁品與窩藏人犯。除了交通資訊外，林柏桐還貼心地列出衣物、棉被、書籍、藥品等必需品清單，並提醒考生攜帶的文具用品宜選擇輕便耐用的，糧食應預先分裝，途中拿取較為簡便。綑綁行李多需繩索，最好出發前多帶幾條，因為北方繩索價格不菲。

林柏桐旅途的終點是北京的廣州會館，到達會館後，會館內有專員接待，協助考生前往禮部官署處理報到事宜。以上所說的是清代中期的旅途狀況，《公車見聞錄》中有些是清代特有的現象，如前文已說明會館的性質在清代轉變為專為考生而設，又如林柏桐說到站若早，就有時間剃頭，這是清代「薙髮令」的關係。林柏桐還提到旅途切勿攜帶鴉片，因為鴉片在清初已有吸食風氣，至雍正年間被視為違禁品。除了這些以外，書中其他部分與明代上京趕考的過程是相當接近的。

上京趕考軼事多：慎選朋友及旅店

嘉靖年間，一位名為陸深的官員，在家書中提醒兒子赴考的注意事項，也有類似的叮嚀，他建議在上海的兒子可與館師之子結伴同船，經由水路前往南京考場，又說：「今年八月近寒，須防風信，在試場中穿得過暖也無妨。要帶好水、梨、蜜、薑。用筆須先試過，稱手才濟事，多帶亦無益。」

吳中四才子（俗稱江南四大才子）的唐寅（字子畏，又字伯虎，一四七〇—一五二四）在考完鄉試後，巧遇一位名為徐經的富家子弟，兩人十分投緣，且都要上京參加會試，遂結伴搭船同行。這些例子都是約幫，而選擇走水路，可能不是偶然，俗諺云：「南船北馬。」生活在江南水鄉的考生，比起顛簸的馬車，更樂於搭船。

只是結伴而行，擇友必須格外謹慎，唐寅到京城後，不小心把徐經有意賄賂考官的事情洩漏出去，以致兩人皆被嚴懲。另有一則故事，是兩個看似友好的考生在試前合宿，其中一人竟趁對方熟睡後，將他的毛筆啃禿。隔天應試時，那人拔開筆蓋，發現毛筆濯如童山，左鄰右舍當然也不肯借筆資敵，他只好拔草來寫。傳說禿筆生本來哭著要棄卷，但哭累睡著，夢見神靈幫忙，最終還是考取第一名，拔毛生反而榜上無名。這雖是虛構的故事，推測其創作的背景，或許是要提醒考生注意身邊居心不良之人。

關於沿路的住宿場所，林柏桐以旅店為主，至於經費有限的考生則是借宿於一般民家或是佛寺、道觀。洪武二十七年甲戌科的榜眼景清赴省城考鄉試，途中借宿民家，這家主人的女兒一直被妖怪附身，當景清一來訪，妖怪就不見了，女兒告訴父親：「妖怪是躲避景秀才。」主人聽聞後，趕緊將景清追回來，景清便寫了一幅「景清在此」，讓主人貼在門上，妖怪從此就絕跡了。

永樂二十二年甲辰科的狀元邢寬在趕考途中遭遇風雪，暫避於民舍，看到民家有一冊《孝經》，便拿起來捧讀，據說廷試的題目正是《孝經》，所以邢寬答得特別好，幸運地高中狀元。景泰五年有一位名為孫賢的考生回憶起他趕考時，曾投宿民家，主人擺出一桌佳餚熱情地款待，孫賢覺得可疑，詢問主人當天是否有其他宴會，主人答道：「我昨天夢到狀元來訪，所以準備酒席。今天您來到，相信這個夢不會錯了！」孫賢聽罷，心中竊喜，後來果真狀元及第。這些故事可能都是後來附會的，尤其邢寬、孫賢被拔擢為狀元，不是他們考試成績好，而是與他們的名字有關係，後文還會談到這件事，在此先賣個關子，但仍可由此推知趕考借宿於民家是普遍存在的情形。

透過以上的考察，大致可知明清時代士子趕考的各種狀況。正所謂知易行難，即便熟讀了旅遊指南、路程圖引，若沒有實際走一遭，恐怕不能體會上京的艱辛。南方人不適應北方的氣候，但為了趕赴二月的會試，又非得在寒冬中趕路，還沒到京師，壯志已磨去一截。沿途中更有許多意外是書中沒有記載的，諸如盜賊打劫、流民阻撓，以及各種勒索與詐騙，輕則錯過會試，慘則性命不保。

一家歡樂百家愁，科舉的名額分配

明代竟然也戰南北？

洪武三十年竟然產生了兩位狀元，怎麼會發生這樣的事呢？事情要從翰林學士劉三吾說起。劉三吾擔任主考官時，將江西出身的宋琮列為會試第一，又將福建出身的陳䢿列為廷試第一，金榜內無一北方人，便有流言指稱劉三吾出身南方，因此偏袒南方人。朱元璋聽聞後非常氣憤，另派翰林院官員張信主持複查試卷，要求在下第試卷中挑選優秀者進呈。張信閱卷後，認為落榜的試卷確實不佳，卻又有謠言說張信是故意進呈劣卷，朱元璋當然就更加氣憤了，將這次的考官全都治罪，在六月又舉行一次廷試，由他親自策問，重新拔擢了六十一名進士，皆為北方人。因此洪武三十年共發兩榜，後人稱為「南北榜」或「春夏榜」。

元末喪亂之時，朱元璋的武將謀臣主要來自淮西與浙東，朱元璋從故鄉鳳陽向外擴展，支持他的多是居住在江南一帶的地主，因此開國初期，無論經濟或政治方面，都須仰賴南方供給養分。在驅逐北方元朝的舊勢力後，朱元璋有意將明王朝從「南人政權」轉變為「統一政權」，這意味著他必須扭轉王朝重南輕北的態勢。

洪武四年，朱元璋告訴御史臺（後改制為都察院）官員說：「元朝任用官員，只重視蒙古人，忽略中國的士人，漢人不能擔任御史，豈有公道可言？朕任用官員，是依據他的才能，沒有南北分別。」大約同一時期，他還建立了「南北更調」制度，下令吏部銓選官員時，安排南方人到北方做官，北方人到南方做官，絕對不允許官員假冒鄉貫（原鄉居住地）逃避調遣。

洪武二十二年，朱元璋在謹身殿與翰林學士討論治民之道，與他對談的正是南榜事件的主考官劉三吾，當時劉三吾說：「南北風俗不同，南方適合用德行感化，北方適合用暴力制服。」朱元璋答道：「地有分南北，民則無二心，帝王應該一視同仁，為何要互相分化呢？」此語令劉三吾羞愧地無話可說。朱元璋的種種舉措，說明了他試圖拉近南北差距，從這樣的角度剖析「南北榜案」發生的契機，或許可以看作是朱元璋攏絡北方士人的一種策略。

洪熙元年五月，仁宗朱高熾（一三七八－一四二五）在奉天門召見內閣大學士楊士奇（一三六四－一四四四），詢問他科舉的弊端應如何改進？楊士奇建議科舉應兼取南北士，在會試試卷外標明南、北，每一百人中，取南方六十人、北方四十人。仁宗認為北方人的學問雖不及南方，若中式的機會增加，便可以激發北方人的向學風氣，所以他相當贊成這項建議。[6]此時國都已北遷，更須倚重北方人，楊士奇的區域配額構想在一定程度上繼承了朱元璋的遺志，南北分卷制度遂於下一屆科舉實施。

區域均衡妙招1：靈活應變的「鄉試解額制」

要探討科舉名額的區域均衡，則不得不從鄉試「解額」談起。解額制度源自於宋代，因宋代科舉的第一級考試稱為「解試」，故「解額」即為解試的錄取名額，各地皆有定數，明清時代仍沿襲此稱。洪武三年，開國第一科預計取五百一十人，但某地人才若特別多，可不必拘泥額數。此次鄉試最終只取了一百二十人，而朱元璋不拘額數的但書，反而成為明代初期科舉的定制，洪武朝與永樂朝的鄉試皆不拘額數，直至會試南北分卷的制度確立後，解額制度才隨之恢復。

6.《實錄》記載仁宗四月時就與禮部官員討論南北取士之法，提到南北兼取，南士取六，北士取四。楊士奇在自己的著作《三朝聖諭錄》中卻說這是他的構想，可能是有意將功勞攬在自己身上。

明代初期不拘額數的背景是王朝建立伊始，迫切需要招攬人才，隨著政權日趨穩定，人才過剩的問題亦逐漸浮現。仁宗召見楊士奇商議科舉改革，先定南北分卷之制，又命禮部、翰林院重新定議解額，但他在位不足一年就駕崩了，繼位的宣宗朱瞻基（一三九九—一四三五）接續著未完的改革。洪熙元年九月，翰林院議奏調整各地名額如下：南直隸（今江蘇、安徽、上海一帶）八十人，北直隸（今河北、天津一帶）與江西五十人，浙江與福建各四十五人，湖廣與廣東各四十人，河南與四川各三十五人，陝西、山西與山東各三十人，廣西二十人，雲南與交阯各十人，共計五百五十人，至於貴州則尚未開科，考生須赴湖廣就試。宣宗同意了這項調整，並重申南北分卷之制，說道：「南方士人取十之六，北方士人取十之四。」

解額制重新確立後，某些年分會因應政策或回應地方需求，提供暫時性或永久性的增額。例如江西解額本為九十五名，但正德十四年因寧王朱宸濠在南昌發動叛亂，鄉試無法順利舉行，因此嘉靖元年併取一百九十名，以補前次缺額。為了強化邊區的管理，雲貴地區也數度小幅增額，嘉靖十四年貴州更成功爭取開科，於嘉靖十六年獲得獨立的名額。

正德五年另有一次特別增額，原因是內閣大學士焦芳（一四三五—一五一七）的兒子

	洪武三年（1370）	宣德元年（1426）	正統六年（1441）	景泰七年（1456）	萬曆四十三年（1615）
南直隸	100	80	100	135	148
北直隸	40	50	100	135	145
江西	40	50	65	95	100
福建	40	45	60	90	95
浙江	40	45	60	90	97
湖廣	40	40	55	85	95
河南	40	35	50	80	85
廣東	25	40	50	75	80
山東	40	30	45	75	80
四川		35	45	70	75
山西	40	30	40	65	70
陝西	40	30	40	65	70
廣西	25	20	30	55	58
雲南		10	20	30	47
貴州					37
交阯		10			
遼東					10
總計	510	550	760	1145	1292

明代部分時期鄉試解額表，據吳宣德《明代進士的地理分布》補充製表

沒有考中舉人，焦芳便向太監劉瑾（一四五一—一五一〇）教唆道：「鄉試解額南方太多，北方太少，原因是楊士奇偏袒鄉里。」焦芳更以陝西面積半天下為由，提議應將陝西增為一百名，既徇一己之私，又討好陝西籍的劉瑾。禮部迫於政治壓力，同意部分地區增額，但隨著劉瑾集團垮臺，此次增額立刻被廢止了。

尚有許多小幅增額，無法盡言，至於全國性的重大調整則有四次，分別為正統六年、景泰七年、萬曆四十三年，以及崇禎十五年。正統六年的解額數從宣德年間的

五百五十名增至七百六十名，是因明初「學官考課法」的考核評判標準，是依據儒學教官任期內有多少生員中舉來定奪，而鄉試的錄取制度從不拘額數到定額，對於這些儒學教官有極大的影響，考課法仍依循洪武朝的舊制，致使許多儒學教官不但不能升遷，還可能遭到罰俸充軍。為了紓緩政策的矛盾，禮部於正統五年議請增加鄉試、會試的名額，獲得英宗朱祁鎮（一四二七—一四六四）的同意，並於翌年實施。

正統十四年，英宗北征蒙古瓦剌部，慘敗被俘，史稱「土木之變」。繼位的代宗朱祁鈺（一四二八—一四五七）下令：「今後解額仍依照永樂年間，不拘額數多寡，務必將人才都選拔進來。」不拘額數的目的，可能是有意在這段非常時期攏絡士人，但破壞體制的結果就是浮濫錄取，很快地便有官員建議恢復解額制，可是代宗才承諾今後不拘額數，朝令夕改亦有失體統，於是請禮部斟酌改善政策，禮部尚書胡濙在景泰四年提出一種折衷方案，即各地可在正統的解額上增額，但最多不得超過二十名。

胡濙的方案預計在景泰七年實施，至景泰六年時，禮科給事中（監督禮部的官員）張寧提出異議，認為解額不該普遍增額二十名，而是依照各地的人文水準進行調整，他的意見被禮部採納，因此南、北直隸增額三十五名，江西、浙江、福建等地增額三十名，雲南只增額十名，總額提升至一千一百四十五名。

景泰七年的增額幅度逾一五〇%，是明代解額變動最大的一次，合理的增額維繫明代科舉的穩定，此後長達一百五十餘年，解額的數量只有局部的小變動，如焦芳與劉瑾雖一度將陝西、河南等地大幅增額，但只影響正德五年的解額，隨即又恢復原額，直至萬曆四十三年才又有全國性的調整。經過百餘年的休養生息，明代的人口快速增加，參與科舉的人數比起明初約增加一倍有餘。

萬曆四十三年增額的契機是朝廷於萬曆三十七年、萬曆四十年分別同意遼東、陝西增額，於是各地亦紛紛鍥而不捨地請求援例增額，禮部終於為此題請雲南、貴州各增額兩名，廣西增額三名，南、北直隸各增額十名，其餘地區各增額五名，神宗朱翊鈞（一五六三—一六二〇）不但同意這項調整，另准南直隸、浙江再增加名額，總額為一千兩百八十二名。解額最後一次全國性增額是在崇禎十五年，此時的大明王朝已處於覆滅前夕，各地勉強舉行鄉試，仍選拔了四百餘名進士，但這些人在朝為官的日子已所剩無幾。

檢閱「明代部分時期鄉試解額表」（見七十三頁），可以得知解額最多的是南、北直隸，這是由於兩京設有國子監，來自各地的監生可以不受鄉貫限制，就近參加鄉試，兩京解額會保留一部分給監生，以萬曆十三年為例，南、北直隸的一百三十五名解額中有一百名供本地考生，五名專給儒士、各衙門書算等雜流官吏，餘三十名為監生專屬，此便是前文提及的皿字號卷。

皿字號卷也使得競爭激烈地區的考生多一個在異地中舉的機會，朝中大臣曾數度對皿字號的公平性展開議論，隆慶元年曾一度廢止，引起監生群起抗議，至隆慶四年才又恢復。另有官員建議皿字號卷也仿會試南北分卷，按比例分配名額，但過於繁瑣，朝廷並未採納。

區域均衡妙招2：保障北方士人的「會試南北分卷制」

鄉試的競爭程度雖各地不一，但朝廷解額多寡的規劃是以「三十取一」的比例作為基準，所以鄉試的錄取率約介於二%—四%間。那麼會試的錄取情況又是如何呢？宋元時代通過解試（鄉試）的考生，若省試（會試）落榜，下次科舉仍要重頭考起。而明代會試下第，已具備任官資格，下次科舉也只需參加會試即可。弘治元年，大學士劉吉（一四二七—一四九三）聽說有個老舉人嘲諷他不怕彈劾，是個耐彈的「劉棉花」，令他氣得上奏：「舉人、監生三次不中者，不許再參加會試。」經過協調後改成四次，但這條政令隨著劉吉失勢而告止，並未真正實行。

會試的錄取人數，洪武三年規定一百名，但變動幅度極大。正統五年錄取增額至一百五十名，成化年間後，則以三百名為基準，各年略有增減。會試的競爭對手不只有同年考生，還有前幾次落榜的考生，其錄取率約為八%—十%，較鄉試容易考取。明清時人遂有「金舉人、銀進士」之語，彷彿考中舉人的價值比進士來得高。

影響會試錄取的因素，不僅是應考人數，區域分配也是一大關鍵，接著再回來談會試的南北分卷。楊士奇初步的構想是分為南、北兩卷，以南六北四的比例選拔考生。宣德二年正式實施時，又做了更細部的調整，西南地區與南直隸的部分府州被劃入中卷，中卷錄取比例為十%，即將南、北卷各退五%所得。[7]南北分卷為原本處於劣勢的北方士子提供保障，雖然在非常時期的景泰初年曾一度中斷，但戶科給事中李侃仍上疏建議「今後取士雖然解額可以不拘，但南北分卷依然不可改動。」李侃出身北方，為鄉里請命的心態可謂昭然若揭。

此後，中卷的比例還有兩次異動，其一是成化二十二年，出身四川的禮部尚書周洪謨受四川布政使潘稹的請託，將南、北卷各減兩名，以益中卷，至弘治二年即恢復舊制。其二為正德三年，劉瑾要求陝西、河南等地鄉試增額，連帶影響會試的區域分配，中卷遂被廢止，四川併入南卷，其餘併入北卷，南、北卷比例為五五均分。惟劉瑾集團在正德五年

7. 北卷包含山東、山西、河南、陝西、順天、北直隸的七府二州，及遼東、大寧、萬全三個都司（地方軍事指揮機構）。南卷包含浙江、江西、福建、湖廣、廣東、應天、南直隸的十府一州。中卷包含四川、廣西、雲南、貴州、南直隸的三府三州。

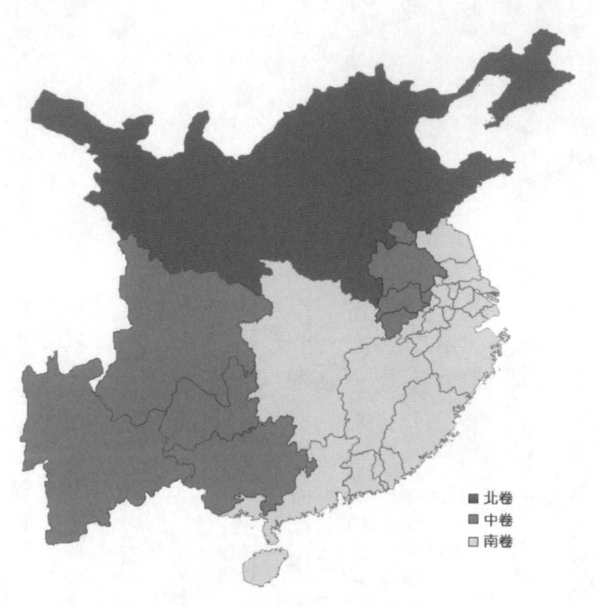

會試的分卷區劃圖，據《大明會典 · 會試》及 China Historical GIS 圖資製圖

瓦解，這次調整並未落實。中卷兩次的異動皆在權臣失勢後告終，未對區域分配造成重大影響。

明末儒學家顧炎武認為南北分卷是調停之術，而非選拔人才的方法，因為北方經過明初喪亂，教育程度早已不及南方，他以自身的讀書經驗為例，說道：

我幼時讀四書和本經，讀的是有各家注疏的版本，後來看到愚昧的教師與拙劣的學生希望速成，抹刪許多注疏，至於北方則有完全不讀注疏的。若要求他們如古代的學者，參考各家的注疏，進而融會各學說的長短，給他們數百年的時間，恐怕也出不了一個這樣的人。北方人連《十三經注疏》是什麼書都不知道，偶爾看到他們五經刻本，充斥著許多脫漏字，竟不能辨別。這就是為什麼精良的古書不會流傳到北方，而蔡清、林希元等經學大家皆出身自南方的原因了。

狀元和他們的產地——蘇州

概略地介紹了鄉試解額與會試南北分卷，可知這些制度在一定程度上抑制南方地區的中式比例，以保持區域平衡。但綜觀明代進士數量，江南仍然是最多的，其中又以蘇州為最。江南地區善於舉業的原因，不外乎是市場經濟發達，累積雄厚的經濟實力，能夠聘請塾師，課督子弟。且江南教育風氣興盛，書院與學校眾多，也形成良好的就學條件。最後，便以介紹盛產狀元的蘇州作結吧！

松江（今上海市）文人何良俊曾將家鄉與蘇州比較，說道：「我們松江與蘇州連壤，人才培育也相差不遠。但是蘇州士人有一種風氣，大概是前輩喜愛提攜後進，而後輩也推崇前輩。聽聞一件好事，則讚美稱道，詳細地記載下來，所以蘇州的文獻充沛可信。而我們松江則沒有這種風氣，前輩的美事都淹沒不傳了。」何良俊此語的重點是稱許蘇州的文獻豐富，卻無意透露了蘇州人提攜後進的風氣。

湖南文人陳洪謨在筆記裡寫到一句話：「弘治九年春天，我到京師參加會試，盛傳今年狀元仍然是蘇州人。」他會這麼說，是因為前一科的狀元毛澄為蘇州府崑山縣人，而與陳洪謨同科的狀元朱希周也出身崑山縣，便有謠言稱某人洩題於朱希周，才使他廷試制策獲得佳績。這樣的謠言也非無風起浪，因為當年主持考試的徐溥亦為蘇州人，巧妙的地緣關係，及樂於提攜同鄉的風氣，難免讓人搬弄口舌。

在陳洪謨有生之年，蘇州還會再出兩位狀元，難道蘇州人特別容易高中狀元嗎？似乎真有這麼一回事，蘇州自隋唐時代開科以來就常出狀元，明代出了八位狀元，至清代更出了二十八位，皆為全國之最。清代晚期蘇州文人錢泳曾說：「本朝鼎甲之盛，莫盛於蘇州，而狀元尤多於榜眼、探花。」鼎甲是第一甲三人總稱，錢泳此語說明了不只狀元多，榜眼、探花也不少。

清代初期，有一位名為汪琬的官員在翰林院與同僚相聚，在場的官員紛紛自誇家鄉的土產，只有汪琬不發一語，因為蘇州是商品流通的市鎮，土產並不是特別出名，便有一位官員揶揄道：「蘇州是有名的地方，汪公您是蘇州人，怎麼不給我們講講蘇州的特產呢？」

汪琬說：「蘇州的特產不多，只有兩種。」這麼一說，大家反倒好奇了，便問是哪兩種？汪琬回答道：「第一是梨園子弟。」聽到這樣不入流的答案，在場的人無不拍手大笑，又問另一樣是什麼呢？沉默的汪琬才接著說：「狀元！」大家才知道被擺了一道，自討沒趣，一哄而散。

汪琬機智的故事在文人群體中傳誦，清代前期的江蘇文人龔煒補充道：「我們蘇州府下轄七縣一州，開國以來的狀元，自順治十五年的孫承恩，至乾隆三十一年的張書勛已經有十六人，前人說狀元是蘇州土產，真的是有道理。」

蘇州人也往往以鄉里多狀元自誇，便有人酸溜溜地說道：「蘇州出狀元，猶如河間出太監，紹興出惰民，江西出剃頭師、句容出剔腳匠，物以類聚，沒有什麼好吃驚的。」此處的太監是泛指宮中侍奉皇家的閹人，而惰民是一種備受歧視的賤民，剃頭師則是指清朝執行薙髮令後，四處招人剃頭的行當，至於剔腳匠是指專門修剪指甲、腳皮的匠人，這些都是因地緣關係興起的職業，且地位低賤，故意與狀元併為一談，頗有挖苦之意。

考場好比八點檔，什麼都有可能發生

經費不足所以考場簡陋？明代考場趣事

明清時代鄉試與會試的考場稱為「貢院」，貢院裡有一排一排的屋舍，每舍還有若干隔間，稱為「號舍」，號舍用《千字文》編號，再依數字排次，即按「天字一號」、「天字二號」等依序排列。但禍、惡、罪、傷等較不吉利的字，以及天、皇、帝、聖、玄（清代避清聖祖玄燁諱）等屬於皇家的字不用。

雖然明朝開國不久就實施科舉，但修築貢院需要花費不少資金與尋覓土地，所以各地的貢院並非在明初就建制完成，例如浙江貢院原本與杭州府學相連，屢有士子作弊，天順年間才在杭州城東新建木舍貢院，至萬曆四十年改為磚舍。

應天府（南京）起初也未設貢院，借用京衛武學（軍事訓練學校）作為考試場地，每值科舉年分，便要拆除武學儀門、牆壁，以茅草搭建考場，再於試後重建。遲至景泰五年，應天府尹（一府之主官）馬諒言才建議將錦衣衛（皇帝的情治機構）紀綱的官房改建為貢院。紀綱在永樂年間牽涉謀反被處死，據說每逢鄉試時，考生會聽到地上傳來陣陣馬蹄聲。不過新建的貢院與舊院（妓院）僅有一河之隔，考生穿過秦淮河，在青樓中笙歌冶遊，彷彿能暫時忘卻考場的煩憂。

明代晚期的江西文人艾南英出身仕宦之家，頗具才氣，但不喜歡迂腐的文風，所以「七試七挫」，未能在科舉上獲得成就，他回憶起科場的經驗，寫道：

考場設置的座位是由工吏所搭建的，大多數的費用都被侵吞了，他們只取少數的經費倉促辦事，號舍被蓋得狹小不舒適，雙臂不能伸展。桌椅的材質又用薄脆且有裂縫的劣品，就怕稍微施力，桌椅就會塌下來了。而同一排號舍一般有十餘名考生，為了怕考生偷換座位，便將座位的竹蓆連在一起，其中有人手腳稍微移動，全部的考生都有感覺，終日不得安寧。

清代初期的常熟文人陳祖范也留下類似的記載，參加過好幾次科舉的他，對於江南貢院內各個位置皆瞭若指掌，曾撰寫一篇〈別號舍文〉分析號舍的優劣，文中將號舍分為四種：「老號」格局方正俐落，或坐或躺，都相當舒適；「小號」是指因修築不慎，空間較為窄小的位置，坐起來十分難受；「蓆號」是指屋瓦老舊的位置，不但難避風雨，還要擔

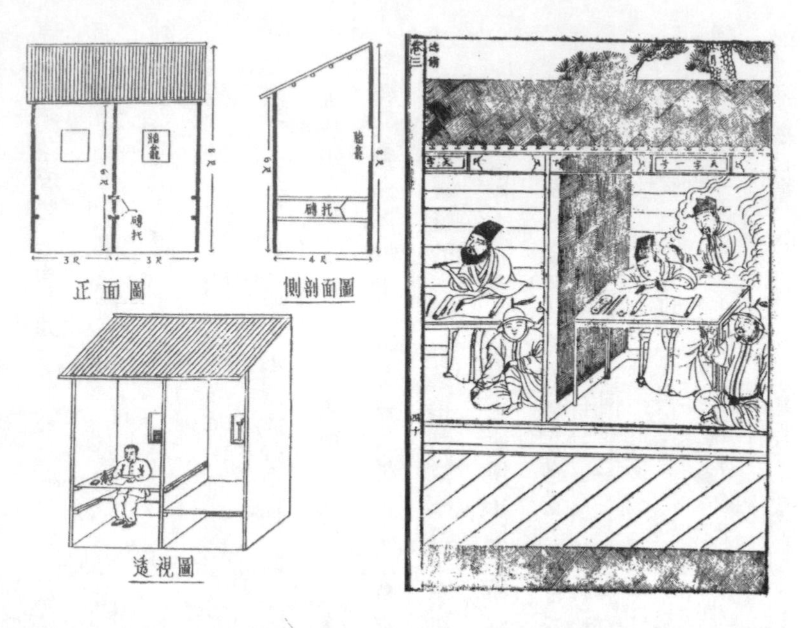

明清貢院號舍，左出自商衍鎏《清代科舉考試述錄》，右出自顧祖訓彙編《明狀元圖考》

心燭火燒到籬笆；「底號」則是指在廁所旁邊的位置，氣味令人作嘔。陳祖范說他總是被分配到後三號，所以氣到頭髮都白了，難怪寫不出好文章。

明代的廷試、聽諭、謝恩皆在奉天殿（後稱皇極殿，即清代的太和殿）舉行。清代初期則沒有定制，或在天安門外，或在太和殿階下，乾隆五十四年始固定於保和殿內。保和殿應試沒有規定座位，先到的考生便選擇光線充足的地方就坐，因試桌只略高於炕，不習慣盤膝的考生會自備桌椅。宮廷有火禁，廷試例不給燭，亦禁止抽菸。清代晚期，有位考生只是聞菸解癮，仍被監考的醇親王載灃趕出場。菸草在明代晚期已十分盛行，明代亦有舉人命家僕攜菸進京，但「菸」與「燕」發音相近，內憂外患已令思宗朱由檢（一六一一—一六四四）頭疼不已，他不願聽到「吃燕」（燕是北京的古稱）兩個字，遂於崇禎十二年傳諭禁菸。

應試的時候要特別留意安全，考場發生相互踩踏，造成傷亡的悲劇偶有所聞。萬曆十二年的無錫（今江蘇省無錫市）童試，負責監考的縣令不滿童生未保持肅穆，將他們全都趕出去，要求考生被唱名後魚貫而入，結果蜂擁出門的考生反而踩死十七個人。天啟四年的華亭縣（今上海市內）童試也發生擠踏事件，踩死了十三個人。

大火、暴雨、大風，都來阻撓考試？

正統三年，順天貢院在首場考試結束後失火，試卷與官署多處焚毀，剩下的考試被迫延後。明代科舉傷亡最嚴重的是天順七年禮部貢院（會試考場）大火，造成近百位考生被燒死，有幸逃過一劫的考生也是傷痕累累。英宗為此親撰祭文，贈死者為進士出身，並命人於北京朝陽門外面修築墳塚，題為「天下英才之墓」，紀念那些未能在朝中一展長才就逝去的生命。至於大難不死的考生，延至八月進行補試。有人為此作了一首七律，後四句為：「豪氣滿場爭吐焰，壯心一夜盡成灰。曲江勝事今何在，白骨稜稜漫作堆。」唐宋時代的進士放榜後參加的喜宴稱為「曲江會」，此詩意指滿懷壯志的讀書人，尚未嶄露頭角便化成了白骨，後人到了墓前憑弔，朗誦起這首詩，不由得也傷感起來。

當年的考生劉大夏在火場中依稀聽到有人說：「劉大夏！劉大夏！來這裡！」他追隨著聲音翻過圍牆，感謝地問道：「您是何人？」對方說：「我是東山之神。」說完就消失了。劉大夏為了感激東山神的救命之恩，從此以後無論到何處，都恭敬地供奉東山神像。

民間流傳這場火災與監考的御史焦顯有關，謠諺道：「御史原姓焦，科場被火燒。」另有讖語說：「科場燒，狀元焦。」是因為宋朝元豐八年廷試時，禮部也曾失火，當年的狀元是焦蹈。可惜這次並不應驗，翌年廷試的狀元名為彭教，但第二甲果真有一位名為焦芳的考生，日後權傾朝野，莫非讖語指的是他？

禮部貢院不只一次失火，正德三年二月十五日，末場完試不久，貢院就遭火災，二十七日又火，不僅公堂燒毀，連記載考生資料的試錄冊亦無法倖免，這次失火被歸咎為星象的火星犯文昌星。天文能否能夠影響人事，尚不得而知，但考場中的蠟燭、文具、試卷、桌椅皆為易燃物品，稍有不慎，便會釀成巨災。

弘治五年的浙江貢院則是遭逢暴雨，號舍多處漏水，考生難以坐立，紛紛喧譁鼓譟，有人拾起瓦礫丟擲監考官員，有人不聽約束就離開貢院。當時監考的御史有意延後考試，但歷經會試考場失火的左布政使劉大夏反對道：「沒有因雨延後鄉試的規定，暴雨終有止息的時候。命士子衡量自己的能力，能夠在雨中答題者留下，不要隨群眾離去。應當以留下的士子為標準，評判他們的試卷給予名次。」有八百餘名考生繼續作答，雨勢也如願停歇了。因為劉大夏處理得宜，且留下來的考生相對優秀，所以應考的人雖少，錄取的人數並未減少。[8]

景泰二年廷試時，有位名為王越的考生，試卷被大風刮走了，他說：「飛走的試卷已經寫完了，我還剩底稿。」監考官員覺得不該耽誤這位考生三年，請禮部再發一張試卷，新發的試卷特別長，沒辦法確實糊卷（遮掩考生的名字），主考官對此印象深刻，給予了正面的評價。飛走的試卷飄了半年，在秋天被朝鮮使節拾獲，連同貢物一併上呈，卜卦的術士說：「這是封侯萬里的徵兆啊！」果然代宗看到失而復得的試卷非常高興，把王越升為監察御史。

但不是每個人都如王越幸運，正德十二年的「館選」（庶吉士考試，將於第三章詳細介紹），另有一位進士的試卷飛走了，飄到了午門附近被撿回來，閣臣楊廷和在試卷上批了「不謹」兩個字，決定不錄取。嘉靖三十四年鄉試，有個考生剛將草稿填入試卷，拿起

8. 在明代中期的鄉試，確實有因雨延後的記載，沈瓚的《近事叢殘》記載萬曆己酉鄉試，閩浙地區淹水及腰，遂延後三日。

來校對，感覺非常滿意，認為必定能拿第一名，忽然刮來一陣風，把手上的試卷吹到不見了，只能嘆息道：「命啊！」這幾個例子都只刮強風，乾隆二十七年鄉試，江蘇學政才開始點名，忽然一陣天搖地動，天際竟降下一條黑龍捲風，不斷地吸納江水，後來巡邏的官兵來報：「水位下降三尺，河堤並未受損。」考生們歡聲雷動，繼續應試。

考試的題目是拍馬屁的工具？考題暗藏玄機多

前面介紹的考場環境與各種災變，這些都是外力因素，那怎麼樣的文章才算一篇合格的文章呢？《大明會典》基本的要求是文字應迴避御名，文詞的義理平順，答題主旨明確，問錢糧答錢糧，問水利答水利，確實分析其得失。答題的字數各有上限，不可敷衍成文，更不能瑣碎而無重點。

萬曆三十年，禮部尚書馮琦認為佛教經書借用儒學的義理，扭曲聖人話語，因此建議中式試卷若引用佛書一句，就不許參加會試，多句則黜革。神宗表示同意，說道：「你講得很好，對於端正禮教有幫助的事，可開列條款奏上來。仙佛屬於異術，適合在山林中獨自修練，喜愛此道的官員隨他辭退官職再去鑽研吧！」

鄉試的第一場是考四書五經的義理，考生只需選擇一題本經來答題，偶爾有特別聰明的考生五題全作，此舉按例屬於違規，但皇帝基於愛惜他們過人的天賦，有時會特准他們參加會試，這種罕見的情況稱為「五經中式」。明代近三百年也只出了幾位，第一位是洪武二十三年的福建考生黃文史，朱元璋讀了他作的〈天下一家論〉，大為稱許，特置為第一，不必會試即授戶部主事。

崇禎年間特別盛行五經兼全作，濫觴為崇禎七年福建考生顏茂猷，其鄉試、會試皆作全經，名字被列在《會試錄》的最前方，使得他的事蹟廣為傳頌，引起士子仿效。清代五經全作的例子不少，康熙四十一年後便不作禁令，各省更額外加開兩名五經全作，至乾隆十六年，衍生出許多弊端，如浮誇躁進之徒，胡亂作答，以致文不對題，甚至在場中相互交換試卷，才不得不取消增額。

考生答題既不能離經叛道，考官出題自然也得中規中矩，永樂七年禮部考官鄒緝就因題目不嚴謹，被御史彈劾，會試題目改由其他考官重新命題。正統六年規定出題不可將四書五經的句子割裂湊合，也不能問不當問的。然而，究竟什麼當問，什麼不當問？《大明會典》沒有明說，出題者只能自己斟酌了。世宗朱厚熜（一五〇七—一五六七）崇尚道教長生不老之術，所以嘉靖四十四年（一五六五年）會試出了《中庸》：「夫政也者，蒲盧也。」以及《詩經・烝民》：「民之秉彝，好是懿德。」世宗問這兩道題目有什麼用意？出題的內閣首輔徐階說：「彝是指永恆的道理，蒲盧是長生的植物。」都是祝福皇帝長命百歲的意思。

崇禎三年應天鄉試擬了一題「天下歸仁」，典出《論語・顏淵》，應當是很合適的題目，卻犯了大學士溫體仁的名諱，只好換一道題目。另外還有一題「女為君子儒」，典出《論語・庸也》，女為汝的通同字，意思是孔子勉勵子夏做一個正直的學者，這題本在拍內閣首輔周延儒的馬屁，但熟悉經典的讀書人都知道原文的下一句是「無為小人儒」，若考生順著題旨作答，反而變成諷刺周延儒是個無所作為的小人，真是弄巧反拙。清代因盛行文字獄，考官則偏好出四書五經中冠冕吉祥的詞句當考題，從徐階的出題取向來看，或許明代也是如此。

由於題目愈來愈古板，能夠出的題目也就幾十道，富有的家族遂延聘名士，讓名士按這些題目一一撰文，再命家族子弟的記誦熟習，考試只需把熟記的文章謄抄上去。天啟年間短暫接任內閣首輔的朱國禎（一五五七—一六三二）年輕時，便有類似經歷，某富家邀請他擔任館師，登門才知道是要作文，他只好推諉明年才能交稿，辭去這筆生意。考生若中式了，便把這些當朝名士所作的時文視為寶貝，親暱地稱其為「敲門磚」。但有些士子只知道記誦，卻不知道活用，古文中的「本朝」、「四聖」多為唐宋時代的舊事，竟有考生照抄，被人譏笑是把外人父當家父。萬曆年間，甚至有考生完全抄錄前人中式的文章，刊出後被當事人發覺。因為士子都如此準備考試，所以《禮記・喪服四制》、《尚書・五子之歌》這種幾乎不考的冷門文章，便沒有人會背誦了，有些士子已經登朝，卻對古代的文臣武將名字所知甚少。

熟記文章未必派得上用場，考生還要審時度勢，因為考官出題常常會意有所指，萬曆七年山東與貴州鄉試不約而同出了一題《中庸》：「敬大臣，則不眩。」是指孔子認為禮敬大臣，朝政就不會迷亂，顯然考官有志一同，紛紛向內閣首輔張居正（一五二五－一五八二）示好。又如天啟七年的江西鄉試出了一題《孟子・滕文公上》：「皓皓乎，不可尚已。」這則典故是指孔子的幾個弟子在孔子過世後，要用侍奉孔子的禮節侍奉有子（前五一八－四五八），但曾子

（前五〇五—四三五）不同意，他說：「不能這麼做，因為夫子的人品猶如經過江水洗滌，烈日曝曬一般，潔淨得沒有人可以比擬。」出題者倪元璐是個正直的官員，這道題目是暗喻不可以替宦官魏忠賢（一五六八—一六二七）立生祠。但同一年浙江鄉試出了一題《論語．泰伯》：「巍巍乎，惟天為大。」以諂媚魏忠賢，應天鄉試的《易經》也出了一題「萬國咸寧」，字面的意思是天下獲得安寧，其實是在吹捧魏忠賢的侄子魏良卿，此時他剛被封為「寧國公」。同為時事題，出題的目的卻南轅北轍，假使揣摩不出考官的隱喻，答得再好也枉然。

作弊招式無奇不有1：賄賂、關節、割卷

答題規矩這麼多，考官還不見得中意，不免有許多奸巧的考生為非作歹。科舉制度採取許多防弊措施，諸如將試卷彌封、謄錄；為避免考官徇私，童試還會將歷次考試的字跡進行比對，以防頂替應考。《明史．選舉志》除記載考試、選官的制度，也記載重大舞弊事件，以作為警惕之用，書中總結道：

> 其他科場的醜事，往往是順天鄉試最多，其他地方稍微少一些。諸如賄賂考官、

挾帶經書、調換試卷、冒名應考等等各種弊端，實在列舉不完。而在試卷裡用暗號是最為厲害的，這種情況很曖昧，考官猜出考生，借此拔擢，或是報復者皆有。

從《明史》這段記載，可知作弊風氣屬鄉試最為嚴重。有些考生推敲可能的閱卷官員先行賄賂，在試卷上寫出約定好的詞彙，稱為「關節」，考官便知道試卷是某人所作。另有考生派一名精通文理的人充當試場謄錄生，讓該生將各卷優美的文句匯為一卷，稱為「蜂採蜜」；有考官發現考生第一場寫得特別好，後兩場的文風完全不同，調出原卷稽核，果然是謄錄生截卷代筆。另外，試後有幾位落第的考生領出廢卷時，發現試卷根本不是自己的，而自己的試卷則被黏在某個中式的人名後，想必是被調換了，這種情況稱為「割卷」或「活切頭」。還有的卷子一點批改的痕跡都沒有，應該是考官早已內定錄取某某人，剩下的卷子連看都不願看了。

前文討論上京趕考時，曾提及唐寅與富家子弟徐經結伴而行，這也是唐寅唯一的會試經驗，當時唐寅已是一位名滿天下的才子了，到了京城便帶著徐家的戲班穿梭於公卿府邸，不小心就把徐經有意賄賂考官的事情說溜嘴了。當年會試出了一道冷門的題目，士子多不能答，只有唐寅胸有成竹，京城內外便謠傳他與閱卷官程敏政（一四四五—一四九九）私相授受。

戶科給事中華昶耳聞巷議，便將此事上奏，要求凡是程敏政批閱的試卷，都要交由主考官李東陽（一四四七—一五一六）重新審閱。李東陽調查後，確認程敏政錄取的試卷中並未包含唐、徐二人。此案又經過錦衣衛訊問，仍查無作弊實據，但徐經承認仰慕程敏政的文采，曾花錢向他請教學問，最後唐寅、徐經、程敏政及舉發不實的華昶皆受到懲處。由於唐寅的名氣響亮，程敏政洩題案遂成為明代一大科場案，但此案的源起，只是禮部侍郎傅瀚有意爭奪程敏政的官位，讓華昶挑起的政治鬥爭罷了。

作弊招式無奇不有2：頂名、帶書進考場

講述了賄賂、關節、割卷，再介紹另一種常見的作弊方法，稱為「頂名」。弘治八年的浙江鄉試，有位高官子弟花錢找人冒名應考，不但順利完成代考，兩人還都高中了進士。只是有個同年考生，發覺此人鬍子前後不一樣，起了疑心，才揭發這件代考案，當時便盛傳一首詩：「有錢買得鬼推磨，無力卻教人頂缸。某也位高身子厚，某也衣短手兒長。」從此以後，貢院門口設有專人檢查面容，確認無誤才准許入場應試。

貢院不只要檢查儀容，也會搜查行囊，考生得解開衣袖一一讓兩名搜檢軍檢查，有時要等上好幾個時辰，遇到酷熱的天氣，還沒進考場就先流了一身汗。雖然試場備有茶水，但不能真的喝，據說誰若是不識相喝了，誰的試卷就會被做上記號。

相傳大明開國之初，會試考場不設搜檢官，乃是因為朱元璋曾說過：「考生們都是唱著〈鹿鳴〉而來的人，怎麼可以用看待盜賊的心態來懷疑他們呢？」〈鹿鳴〉為《詩經》的一篇，是宴饗嘉賓所唱的歌謠，而地方官款待新科舉人所設的宴會則稱「鹿鳴宴」。朱元璋的話是不可違逆的祖制，所以後來雖有搜檢之法，卻不寫入規章中。考生們回想起太祖的寬容，再比對現今解衣脫帽，一搜再搜的窘況，不免感慨朝廷已失去了國初對待士大夫的精神。

其實洪武四年的會試錄中就明載「搜檢官」一名，士子對於國初的憧憬，完全是不符實際的黃粱夢。且規定終究只是規定，過了一百二十餘年，萬曆四十四年的會試又發生如出一轍的舞弊事件。有一位名為沈同和的考生，鄉試已招眾人議論，會試竟又高中會元（會試第一名），引發眾人譁然。原來沈同和是副都御史沈季文的兒子，幾乎不識字，找了同鄉趙鳴陽協助，並賄賂禮部官吏安排兩人號舍相連，得以傳遞訊息。趙鳴陽也不簡單，不但讓沈同和高中第一名，自己也考中第六名。覆閱試卷後發現，沈同和寫的七道題目除一題是謄錄自挾帶的經書，其餘皆為趙鳴陽代筆。禮部複試出了一道《孟子》，沈同和竟問道：「這題是考《尚書》、《易經》，還是《論語》？」罪證確鑿的兩人都被除名，流放至邊疆戍守。

沈同和能挾帶經書，或許是因為他已上下打點妥當，因為這些參考書往往是重賄巡綽官，讓他們先行攜帶進來，待考試時交予號舍裡的考生，還警告考場內的看守人說：「這是兵部某某官員的少爺，要小心服侍。倘若不聽我的話，就等著挨我揍！」看守人的職位小，一會兒就被嚇唬住了，自然不敢生事。

至於其他的考生又是怎麼辦到的呢？據說有考生招募善於寫蠅頭小字的工匠，讓他們在金箔紙上寫字，每篇給予工錢三分，數千篇經書抄下來，厚度也不超過一吋，可以藏在筆管中、硯臺底下，或草鞋內。有的考生甚至用特殊的草藥汁在衣服上寫字，平時看不出來，但覆上塵土就會浮現文字。

萬曆二十六年，御史喬璧星建議將會試延至三月，他認為二月天氣寒冷，考生們穿著厚重的衣服，容易挾帶經書，倘若延後一個月，考生衣服輕薄了，便可杜絕作弊。大學士李廷機嘲諷道：「如此一來，就是四月十五日廷試，倘若天氣熱了，考生怎麼提筆？若再更熱，豈不是要曬死考生了？」引起在場官員哄然大笑。喬璧星不知道的是，他的建議在清代居然一一實現了，清代初期屢次因為天氣尚冷，延後舉行會試，至乾隆十年改三月為定制，且禁止考生攜帶厚褥應考。

交換試卷、挾帶經文與銀兩等違反考場規則者，《大明會典》記載兩種處罰方式，一是發充為吏，任滿後黜革為民；二是在考場前戴上枷鎖示眾一個月，期滿後亦黜革為民。揭發舞弊者量行給賞，疏於察覺的官員則要罰俸一年。唐寅用錢贖刑後被充為吏役，自此與宦途絕緣，過著放誕不羈的生活。至於沈同和與趙鳴陽為何會被流放到邊疆戍守呢？可能是因為罪刑重大，被加重刑責了，類似的案例也不在少數。

作弊招式無奇不有3：冒籍

另有一種技術上的作弊，稱為「冒籍」，前文在介紹解額時曾略為提及，即假託親族，偽造鄉貫，從競爭激烈的考區轉換至其他考區，以增加中式的機會。明代初期，冒籍者終身不得錄用，但景泰五年禮科給事中張軾認為，冒籍的原因除心存僥倖外，也有因家鄉太遠，難以回鄉者，甚有在異地出生，根本不熟悉原鄉者，這些人不過是期盼當官後有一份微薄的收入可以供養父母。所以，張軏建議給予他們改過自新的機會，發回原籍，以後仍可應試。廢除終身不得應試的規定後，反而造就了冒籍者「兩中鄉試」的奇特現象。

明代中期的文人謝肇淛認為有許多商業城市，僑居者比本地人還多，例如山東的臨清就有許多徽商，已居住在山東三代仍禁止參加科舉，豈不是件很可笑的事情？嘉靖四十三年的順天鄉試，有一位名為章禮的生員高中解元，但御史發現他是浙江餘姚人，世宗詢問：「什麼是冒籍？」知道原委後，答覆道：「普天之下都是我的秀才，怎麼說是冒籍呢？」章禮經過複試，得以留用。如前文所述，解額的目的是維持區域均衡，世宗此語只是有意體現愛才無私的態度，未敢動搖祖制。至明代晚期，朝廷才透過新設商籍、客籍以管理流動人口，及作為解決冒籍的方法。

考官啊考官，誰是下一個中舉的人？

我知道狀元是誰了！神奇的預知夢與鬼故事

考中的士人總會回想自己做過了哪些夢，夢裡的神仙、數字、考題隱合什麼徵兆，或者在現實中遇到哪些不可解的奇人異事，替自己的好運添點奇幻色彩。永樂四年丙戌科狀元林環夢到朋友請他吃一片狗肉，他回想起來才發覺「片犬」這個字，很像狀元的「狀」！萬曆十一年癸未科狀元朱國祚（一五五九—一六四二）夢見一個雙頭人騎馬在他前面，覺得很奇怪，遂策馬到雙頭人前，放榜後才恍然大悟，原來雙頭人正是李廷機，李廷機鄉試、會試皆為榜首，所以夢中的形象為雙頭。更奇妙的是李廷機也做了一個落榜夢，夢中他化為一名僧人稱呼另一位朱姓的僧人為師兄，夢醒後他就覺得狀元肯定姓朱，果然如他所料，自己成了榜眼。

不僅考生做夢，皇帝也做夢，朱元璋評定洪武十八年的廷試卷時，覺得一名叫花綸的

左為朱國祚夢李廷機，右為林環吃狗肉，出自顧祖訓彙編《明狀元圖考》

考生寫得最好，但他的年紀太輕了，畢竟朱元璋曾經批評科舉選拔出來的年輕人只有文采，缺乏實務經驗，故暫停了科舉。正當朱元璋猶豫時，想起了前幾天夢到大殿上有一顆巨釘繫著幾縷白絲，又看到一位名叫丁顯的考生試卷，「丁」與「釘」同音，正巧與夢徵相符，於是就決定將丁顯擢為狀元。

有時就連不相關的旁人也要夢上幾回。例如弘治九年，有位考生說他夢見蘇州城內有兩個人在街上敲鑼打鼓，手中還拿著寫有「狀元」二字的旗幟，而兩人全身被血染得朱紅，原來這是個預知夢，當年狀元就是朱希周。其實朱希周中狀元的原因與這個夢無關，前文曾提及，謠傳是某人事先洩題給朱希周；另有一說是孝宗朱祐樘（一四七〇—一五〇五）非常喜歡這個名字，向首輔徐溥說：「朱是國姓啊！」徐溥也附和道：「選了希周，希望我大明朝如周朝般，國祚綿延八百載。」

洩題給朱希周的是誰？筆記小說沒有明言，推測是有地緣關係的徐溥，如此說來，無論朱希周是如何成為狀元的，皆得力於徐溥，可見主考官的喜惡對於士子錄取與否，有重大的影響。所以考生一旦高中，便以門生自居，主考官則成了「座師」（座主），在名義上存有師生情誼。

明代前期，門生稱呼座師為「老先生」，至嘉靖時期，首輔嚴嵩（一四八〇—一五六七）專擅國政，朝政風氣敗壞，門生喜稱座師為「老翁」、「夫子」，後又改稱「老師」，皆為阿諛諂媚的稱呼。太倉（今江蘇省太倉市）文人王世貞說他考中進士後，饋贈給座師與相關人等的禮物、餐宴，大約花費六、七百金。提拔之恩固然不能忘，但私室謝恩饋禮，已超出應有的禮節，顧炎武就批評如此容易結為朋黨。清代因此禁稱師生，士子遂不以「門生」自居，改稱「受業」，其實只是換個名稱罷了。

嘉靖二十五年的浙江鄉試，有一位主考官評完了卷子，夢到自稱杭州知府的官員來請託。考官夢醒以後，看到不知哪來的一個卷子在桌上，於是從錄取的卷子中抽一卷來相比，覺得冒出來的這卷好一些，便將兩卷交換過來。浙江鄉試的怪事不只一樁，另外有位主考官批閱卷子時，習慣把不中的丟在地上，丟著丟著，突然飄進了一個長髮老婦，撿起一卷放回桌上，主考官見了鬼，不怕也不理，又丟了一次，老婦見狀，哭著長跪在地，舉止感動了主考官，最終錄取了這卷。放榜後，主考官特別問起那位考生，那人說：「我的母親是側室，被正妻打死，他的模樣與您形容的一樣。」

相似的故事不少，許多年分、地點不同，卻有如出一轍的情節，或許中式的人也為自己不可思議的好運感到驚奇吧！比較明理的文人聽到這些科場的鬼故事，早已見怪不怪，認為這些故事都是有意彰顯果報，勸人為善而已。不過，還存在一種可能，據說有一種作弊的方法是買通考場的書吏，待夜深人靜，考官打瞌睡時，再把試卷調換。或許，這些看到桌上多出一份試卷的考官都不是看到鬼，而是落入圈套而不自知。

只要有官爸爸，中舉不是問題？

會試的考官由禮部與翰林院官員擔任，除兩位主考官，還有十八位考試官，分房批閱五經試卷：《詩》（五房）、《書》（四房）、《禮》（兩房）、《易》（四至五房）、《春秋》（兩房）試卷，稱為「十八房」[9]。至清代中期，朝廷發現按經分房使考官容易被收買，所以改為平均分攤試卷，以杜絕作弊的行為。

明代廷試的日期原為三月初一，因會試應試人數增多，需要較多的時間閱卷，成化年間遂延至三月十五日。但不是每個考官都需要長時間批卷，明代晚期曾任會試閱卷官的楊士聰說道：「我每次閱卷，不會從頭看到尾，隨意地看一、兩行，如果是好卷子，自然會發現它與平庸卷子的不同，然後我再從頭看起。於考場中複查沒有取中的落卷時，也多用這種方法，數百張試卷一下子就能看完了，不會有遺漏。」

廷試的主考官通常推舉內閣首輔擔任，在特殊的情況下由次輔或其他閣臣主考。例如張居正任首輔時，他的兒子也在應考之列，故由次輔張四維（一五二六－一五八五）擬定排名。主考官只將前三名挑出來，是為第一甲，剩下交付其他考官評定，他們會將卷子分為兩等，再拿給主考官判定，其中較好的是第二甲，次一級的是第三甲。

進呈皇帝圈選名次時，除第一甲三卷外，另有九卷第二甲的試卷，共計十二卷。嘉靖十一年壬辰科狀元林大欽雖寫得很好，礙於格式不工整，原不在十二卷中，世宗覺得上呈的試卷皆不佳，又命主考官進呈其他試卷，這才讀到林大欽的試卷。

9.《易》本為四房，萬曆八年因《易》卷多，減《書》一房以添《易》。至萬曆四十四年，因《易》、《書》卷皆多，恢復《書》為四房，始為「十八房」，後來房數仍有增減，但世人皆以「十八房」為概稱。

張居正表面上雖曾避嫌不做主考官，但他權傾朝野，誰敢不賣他面子呢？次子張嗣修本為萬曆五年丁丑科第二甲第一名，進呈試卷時，張居正暗通太監，將張嗣修的卷子往前挪，張嗣修遂成了榜眼，有人為此打抱不平，張居正卻說道：「張四維是我引薦的人，怎麼會吝嗇地不把我的兒子置於第一甲呢？」萬曆八年庚辰科，張居正的三子張懋修評為狀元，更被譏諷是「關節狀元」。其實張居正哪需要洩題，他是神宗敬畏的嚴師，神宗親自向張居正說：「朕無以報先生功，當看照先生子孫。」如此看來，這個狀元還是皇帝的一番心意。所以張居正垮臺後，便有時人作詩道：「狀元榜眼盡歸張，豈是文星照楚鄉？若是相公身不死，五官必定探花郎。」意思是說，張居正兩子已經分別獲取狀元與榜眼了，倘若他再晚一點逝世，五子必定高中探花，湊齊了一家三鼎甲。

後來的首輔沈一貫（一五三一—一六一五）勸告他聰明的長子沈泰鴻道：「你為何不蔭授為中書舍人（奉旨書寫誥敕的官員）呢？屆時成為國子監生參加順天鄉試，不是好過參加競爭激烈的浙江鄉試嗎？」沈泰鴻接受了父親的建議，未料沈一貫竟題請將兒子蔭為尚寶司丞，而不是能夠繼續應舉的中書舍人，目的就為了斷絕沈泰鴻登進之路，以免自己像張居正一樣遭受非議，從此沈氏父子反目成仇，再也不見面。

第一甲三名

賜進士及第

張懋修 貫錦衣衛官籍湖廣荊州衛人 府學生
治易經字惟時行四年二十五四月十三日生
曾祖鎮 [illegible]
重慶下 兄敬修 [illegible] 嗣修 [illegible] 懋修 [illegible] 娶高氏
湖廣鄉試第十二名 會試第十三名

蕭良有 貫湖廣漢陽府漢陽縣民籍 國子生
治春秋字以占行五年三十一十月初七日生
曾祖樂寧 祖珊 父達 同知州 母戴氏
具慶下 弟良譽 同科進士 娶歐陽氏 繼娶戴氏
湖廣鄉試第五十四名 會試第一名

王庭譔 貫陝西西安府華州民籍 國子生
治詩經字敬卿行二年二十七二月二十九日生
曾祖朝臣 義官 祖善述 父吉兆 教諭累封禮部員外郎 母楊氏 累封宜人
具慶下 兄庭詩 按察司副使 弟庭諭 同科進士 庭諫 娶東氏
陝西鄉試第四十五名 會試第一百八十八名

張居正之子張懋修登狀元，出自臺灣學生書局編《明代登科錄彙編（十九）》

沈一貫的擔憂是有道理的，畢竟世間只有一個張居正，他必定知道現任大臣子弟登第多沒有好下場。正德六年辛未科的狀元楊慎是次輔楊廷和之子，儘管楊氏父子以學問淵博聞名，還是不免招人議論，人們總說是首輔李東陽事先洩漏題目，所以楊慎答得最詳細。後來嘉靖年間的內閣首輔翟鑾（一四七七—一五四六）也因兩個兒子作弊被檢舉，父子三人皆削籍為民，當時京師有謠諺：「一鸞當道，雙鳳齊鳴。」世宗生氣地下詔：「翟鑾的兒子就算有蘇軾、蘇轍的才學，也不可以並進，而剝奪其他寒士之路，連同翟鑾一併除名。」

同樣是出於私心，成化時期的內閣首輔商輅（一四一四——一四八六）卻另有盤算。成化十一年廷試，王鏊已是鄉試、會試第一名了，但商輅是鄉試、會試、廷試皆為第一，屬非常罕見的「三元及第」，謠傳他不願意與人分享「連中三元」的殊榮，遂將王鏊評為探花，當時流傳一部戲曲叫《斷機記》，演的就是這段故事。王鏊是八股文的提倡者，文章肯定寫得不錯，所以這樣的謠言也是事出有因。

影響錄取的因素1：寫太工整也有問題？

廷試只設彌封官，未設謄錄官，因此考生的書法也成了錄取的因素之一。成化二年丙辰科，吏部尚書王翺發現某位考生的楷書寫得極為漂亮，力薦為第一，但內閣首輔李賢（一四〇八——一四六六）說：「評斷的標準是文章，而非書法。」遂將其降為第二名，原來這位楷書秀麗的考生就是程敏政。

考生們答題總是戰戰兢兢，期盼不要有一絲錯誤，但誰又能料到，寫得工整有時卻適得其反。隆慶二年的廷試，穆宗朱載坖（一五三七——一五七二）瀏覽內閣進呈的試卷，準備圈定狀元時，覺得試卷都寫得如此工整，懷疑主考官徇私，因此在第二甲的卷子中選了一張多處塗改的試卷當作狀元，考生羅萬化便成為多疑下的幸運兒。萬曆四十七年，己未科狀元莊際昌的試卷也有多處錯字及塗改不確實，仍然高中狀元。給事中楊漣不服氣，私下說道：「狀元有錯字，那必定其他三百位進士都不識字；狀元有塗改，那必定其他三百位進士都繳白卷。」

錯別字又有何妨，能博得皇帝欣賞才算數。又如崇禎元年廷試，內閣原擬定莊應會為狀元，思宗卻不滿意，將其名次往後挪，又抽閱其他試卷，特別喜歡管紹寧（？—一六四五）的試卷，但發現管紹寧將「誠」這個字寫錯了，於是詢問閣臣意見，閣臣答覆道：「皇上若贊成，補畫一撇可以掩飾。」遂親自補上缺筆，列為第三名，管紹寧為了感念皇帝的恩典，所以自號誠齋。

思宗求才若渴，不拘錯字的例子不少，又如崇禎四年辛未科的狀元陳于泰將「陽陽」寫成「易易」，同年榜眼吳偉業把「鑛」寫成「驔」，也都是思宗親手挑改的。崇禎十年的會元（會試第一名）吳貞啓對策寫錯字，同年考生包爾庚便揶揄他說：「老兄你寫錯字，狀元非你莫屬了！」這樣一位勤於替考生挑錯字的皇帝也真是前所未有的了。

影響錄取的因素2：名字取錯也與狀元無緣

名字也是影響錄取名次的因素之一，當拆卷以後，發現考生名字不吉利，名次可能會被往後移。永樂二十二年廷試成績第一的是孫曰恭，成祖覺得「曰恭」兩個字連在一起就成了「暴」字，顯得不太和諧，又見到另一名考生的名字特別好聽，他就是前文提及上京趕考在民家讀《孝經》躲風雪的邢寬，寬緩刑罰正是太平時代才有的盛景，成祖非常高興，便將邢寬擢為狀元。

前文還提到另一位借宿民家的狀元孫賢，當他在廷試時，代宗偶然走到他身邊問起他的名字，孫賢答覆以後，代宗自顧自地嘀咕道：「但願子孫賢。」考官以為代宗喜歡孫賢，便將他的卷子評為第一名。據說原定的狀元是徐鐠，但「鐠」看起來是「害今」，似乎影射他有害於當今皇上，怎麼能夠讓這種人當狀元，所以徐鐠只被評為探花。

嘉靖二十三年甲辰科狀元本該是位名叫吳情的考生，世宗卻說：「無情怎麼適合當第一？」正當猶豫時，看到宮殿裡打結的旗幟有點像個「雷」字，便想在卷子中找個姓雷的考生，一時沒找著，就選了秦鳴雷。其實當年確實有一個考生姓雷，叫做雷夢麟，但沒有狀元命，後來成為著名的律學家。

大概是有了邢寬的例子，主考官也會多加揣摩，宣德年間的進士王玉原名為王子璠，本來應為鄉試第一名，但當時剛經歷「高煦之亂」，這是由成祖次子朱高煦所發動的叛亂，考官以王子璠聽起來像「王子反」為由，沒有錄取他。天順四年廷試答題最好的考生是祁順，司禮監太監卻認為宣讀狀元名字時，北方人的口音會使「祁順」的發音與英宗的名字「祁鎮」相似，便犯了名諱，主考官只得把狀元抽換成王一夔。

若名字不吉祥仍獲錄取，便會成為好事者編作謠諺的題材。景泰二年辛未科的狀元為柯潛，「柯」與「哥」發音相似，正好「土木之變」後，英宗獲釋回京，皇位遭胞弟代宗占據，被迫成為太上皇，有「哥潛」的意思。弘治十八年乙丑科狀元名為顧鼎臣，主考官尹直對他說：「這個名字不好，臣的發音與成相同，所謂鼎成龍駕，名字犯了忌諱。」果然當年五月，孝宗就駕崩了（龍駕）。

以上所提的名字，是在形音義上出了問題，還有一種純粹是字太罕見或俗氣。永樂十三年的會試，主考官梁潛為了避嫌，不取同鄉陳循，有意將林文秸擢為第一，卻又覺得「秸」這個字太冷僻，改擢另一位名為洪英的考生為會元，原因是他的名字有「洪武年間的英才」之意。不過陳循在廷試還是高中狀元，林文秸則是第二甲第二名，至於洪英則跌到第二甲十名之外去了。

永樂十六年戊戌科的狀元李騏原名李馬，成祖御筆一揮，直接改為「騏」，唱名到李騏的時候，他還不知道自己被改名了，成祖補充道：「就是李馬。」他才出列拜賜。據說從此以後，李騏寫名字時，「馬」用黑色，「其」用紅色，以表示尊敬。天順八年的廷試，英宗發現有個考生名叫㚋茂，便問主考官李賢「㚋」該怎麼唸？李賢答與「陝」同音，英宗就直接改其姓為「陝」。可見姓名實在是太重要了，誠如前文提到的朱希周，周朝國祚綿延，主考官與皇帝都很喜歡。嘉靖年間甚至形成一種改名風氣，考生會更改吉祥的名字再考廷試。

影響錄取的因素3：顏值要高、年紀要小

介紹了字跡與名字，接著再說容貌。洪武四年，開國第一科的狀元本應為郭翀，由於其相貌欠佳，被降為榜眼。建文二年的廷試，評定成績第一的王艮同樣因容貌醜陋，不為惠宗朱允炆（一三七七—約一四〇二）所喜愛，降為榜眼，改列長相英挺的胡廣為狀元，並將其賜名為胡靖。正統四年本來擬定張和為狀元，但英宗派人去窺探張和的長相，聽聞

他有眼疾，於是改置為第二甲第一名，張和知道此事，失望地以生病為藉口，請求回鄉。吳中四才子之一的徐禎卿（一四七九－一五一一）廷試名列第二甲，本有機會進入翰林院，但因其貌不揚，孝宗決定改選另一為名叫陸深的考生擔任庶吉士。

不只是皇帝，會試的主考官對於考生樣貌也多有斟酌，正統元年丙辰科的狀元周旋之所以能當上狀元，除了他文章好，還有一個小誤會。時任首輔的楊士奇批改試卷時，問道：「周旋的儀貌如何？」旁邊的人答覆長得一表人才，楊士奇相當高興，直到宣旨唱名，考生覲見皇帝時，楊士奇才發現周旋長得不好看，原來回答的人聽錯了，以為問的人是周瑄（第二甲二十二名）。

成化十四年戊戌科的狀元曾彥，本來五十多歲了還考不上進士，他每次考前總會夢到自己的衣袖裡有支龍頭筆，但都拿不出來，這次居然拿出來了，似乎是個好兆頭。而主考官萬安（一四一九－一四八九）也認錯了人，把某位相貌堂堂的考生認成曾彥，直呼：「就是他了！」至放榜後，萬安才發現曾彥是個長相醜陋、滿臉鬍鬚的人，覺得十分詫異，也許是有了成見，再回去翻閱試卷，突然覺得曾彥的文章平淡無奇，感嘆道：「難道他有神的助力？」

容貌之外，年齡也是影響中式的因素，嘉靖年間某學政在測驗生員時，發現他們各個都不束髮，假扮成童子的樣子，另有人把鬍鬚刮乾淨才去應試，會有這些舉止，就是知道學政偏好選拔年紀輕的學生。蘇州文人桑悅二十六歲參加會試，卻因年紀的「二」被誤填為「六」，只中了乙榜。會試有甲、乙兩榜之分，乙榜被稱為副榜，是指在甲榜（正榜）後增額錄取的考生，有時會授予儒學教官等低階的官職。明清時人重視進士科，又將舉人稱為乙榜，委宛地表示還沒高中進士。

從這些經驗看來，年紀較大的考生較不受主考官青睞，據說自尚未有科舉的漢代，官員就習慣少報自己的歲數，稱為「官年」，這種風氣不曾間斷過，因此明清時代的考生往往也會謊報履歷中的年紀，即使在考試後的恩宴，仍不會向人透露真實年齡。若要確認考生的「真年」，只能從文集中的蛛絲馬跡中考究，例如查閱他自述生平的年譜，或者死後的墓誌銘，這類具有紀錄性質的文章，就沒有偽造的必要。

科舉落榜的一百道陰影

科舉不中是件令人沮喪的事情，曾有會試考生怪罪考官不公，揚言要對考官不利，朝廷沒有理會這樣語帶威脅的指控，事情也就不了了之。有時候不是考生發難，而是在朝為官的父兄代為撐腰，由他們上奏攻訐考官。景泰年間，吏部尚書王文與戶部尚書陳循的兒子皆沒考中鄉試，竟然奏請皇帝處分考官劉儼，代宗既不降罪劉儼，也不願讓兩位重臣難堪，就讓他們破例參加會試，坊間都笑說這叫「欽賜舉人」，真是一代異事。

投訴的奏疏不曾少過，朝廷通常會認真地看待科場弊案，例如永樂四年有一位名叫陳實的考生非常自負，覺得自己才該是狀元，傳到了成祖的耳裡，他便把陳實找來詰問，陳實說：「我願意來一場百問百答！」成祖同意了這項要求，由內閣首輔解縉出了一道：「孔門七十二弟子有什麼賢能的地方？雲臺二十八將有什麼偉大的功績？」這道題目真的涉及了一百人，沒有學問的人不能夠回答的。而陳實也寫出一篇精妙的策文，卻沒有因此獲得狀元，反落了一個「當廷違逆聖旨」的罪名，被發配到邊疆充軍去了。

天順四年會試放榜後，有位落第考生埋怨主考官有意討好內閣首輔李賢，為使李賢的胞弟李讓中式而有所偏頗。當英宗詢問此事時，李賢無辜地說：「這完全是私人忿怨，考官確實沒有弊端，因為李讓並沒有考上，可以見得考官是公平的。」於是英宗命禮部會同翰林院為該生複試，結果許多題目都不能答，被處罰戴枷示眾。李賢為此感慨地說道：「如果你因文字有瑕疵而落榜，是由於你學問還不夠，而不是命運；如果你文字很好卻還是落榜，那就是你的命運了。不知道順應天命，怎麼稱得上是個士大夫呢？」

李賢這段話似乎是想告訴大眾，考試不只是憑實力，運氣也是相當重要的。確實如他所說，明代的科舉充滿各種光怪陸離的事件。例如弘治十二年會試揭曉名次的公告還沒展完，竟然被燭火燒到，經過修補後再公告時，錯落了一些，因此有十一個考生就這樣莫名其妙落榜了。又如萬曆十六年順天鄉試，主考官弄丟了幾份試卷，被懷疑是故意掩護考生作弊。

萬曆四十年的四川鄉試，有一位名叫周士麒的考生考中第六名了，但卷子的主人其實是王應熊，原來是卷首的個人資料模糊不清，造成謄寫錯誤。王應熊倒是很有雅量地說道：「由於人為不慎造成失誤，真的是天意！周先生既然已列榜登錄，我再等三年又有什麼關係呢？」經過御史檢舉，主考官罰俸兩個月，榜單亦被修正，這回換周士麒不服氣了，跑去京師上訴，但不被受理。王應熊翌年考中進士，進了入翰林院，成為朝廷重臣。

萬曆二十年壬辰科的進士江盈科認為考官是公平的，試卷不佳的人得以錄取，是因為他們平時積德，或是祖先庇蔭，才讓他們上榜，這是天意造化，所以江盈科勸告落榜的朋友，說道：「讀書人修文為陽贄，修心為冥契。」不只要修習課業，還要休養心靈。至於中舉與否，官爵大小，都是自有定數，營營計較也只是一番徒勞而已。李贒所說的順應天命，大概就是這麼一回事。

清代初期的小說家蒲松齡回憶起他從前參加鄉試的情形：初入闈場時，光腳提著籃子，像乞丐；點名時，考場人員呵斥責罵，像囚犯；回號舍時，看見每間號舍的考生只露出腦袋與腳掌，像秋後的冷蜂；出闈場時，神情恍惚，感到頭昏眼花，像剛出籠的病鳥；等待放榜時，患得患失，坐立難安，像被拴起來的猴子；放榜時，知道自己落榜，心灰意冷，絕望地像吃到毒藥的蒼蠅；恢復情緒後，不禁技癢，又埋首準備下一次科舉，像剛破殼的雛鳥，銜木築巢，一切又重新開始。蒲松齡的心境變遷，或許也是明清時代士子的縮影吧！

朝廷沒錢了，歡迎大家捐錢買官

花錢就能買到官位？

有了功名，可謂左右逢源，地方官員見了都要尊敬三分。倘若考不上科舉，又想擁有這樣的榮譽，明代中後期的富人有另一個選擇，那就是「捐官」。弘治年間納銀四十兩，就可以獲得冠帶，成為「義官」。四十兩不是個小數目，但為了藉義官的身分牟利，皂隸（衙門裡的低等差役）、奴僕、無賴等橫行鄉里之徒，紛紛納銀捐官作為保護傘。甚至有人捐到了三品官，比地方官（知府四品、知州五品、知縣七品）還更威風。

當然，無論買到幾品官，都無法實際就任。「義官」只是一種沒有指派職務的虛銜，若要實際擔任官職，則可透過「上馬納粟」的制度，買一個國子監生的身分，等待朝廷授官，或以此身分參加科舉。

「上馬納粟」或稱「納馬納粟」，是指繳納馬匹、糧草、銀兩等物資，換取朝廷賜予的冠帶。大約在正統五年前後，為了彌補財政收入不足，以及獎勵地方賑濟，對於捐獻米穀，以及協助運糧至邊倉的富民們，朝廷就已零星賜予散官冠帶，或免除他們的徭役。正統十四年發生「土木之變」，英宗御駕北征蒙古瓦剌部，兵敗被俘，使朝政陷入前所未有的危局，為了籌措資金，遂於景泰元年正式實行捐納，凡是捐輸米豆二百五十石、穀草二千束、秋青草三千束、鞍馬十匹任何一項，就可以獲得冠帶。

有一位名為張賢的生員希望在榮耀之外，能夠有實質的回報，便請求進入國子監讀書，朝廷起初回絕了這項過分的要求。但有愈來愈多的生員表達送監的願望，另有一位名為傅寧的生員在景泰二年被蒙古人擄走，不只趁機逃回來，還順便帶回了馬匹，朝廷按例給予冠帶，傅寧卻推辭了獎勵，請求能夠入國子監，朝廷終於答應了這項要求。這也意味著經由捐獻，換取國子監生身分是可能實現的。

接下來的幾年，由於各地時有水災、饑荒的消息。景泰四年，代宗派禮部侍郎鄒幹（或作鄒幹）等官員帶銀三萬兩前往山東賑濟，提供了一些可行的賑濟方案，並說：「若有其他賑濟的政策，都聽你們便宜處置。」結果當地的生員表示願意納米八百石，乞求入國子監讀書。對於這樣超乎權限的要求，鄒幹等官員無法作主，遂奏請皇帝酌定，而他在奏疏中表示贊同的意見，寫道：「現在山東等處缺糧，乞求准許生員的要求，成為賑濟災荒的變通方法。」代宗批准了納米入監的方案，並順勢推廣於全國，凡能出八百石米於山東賑濟的生員，且有意願入國子監讀書者，皆可同意入監。幾個月後，甚至將納米入監的標準降為五百石，而第一位提出入監要求的張賢，也在景泰六年如願以償。自此以後，捐納之門大開，舉凡籌措軍餉、賑濟災民，乃至興修漕河、陵寢，便有官員倡議開捐。

國子監也淪為「學店」？學生素質下降？

國子監學生的來源主要有四種：一為「舉監」，是指會試落第的舉人獲翰林院（負責編纂國史等工作的機構，後面章節將詳談）考核通過者；二為「蔭監」，一般是指在京三品以上的高級官員，其子弟可直接進入監，有時皇帝出於特恩，讓品秩較低的官員子弟也能直接入監；三為「貢監」，是錄取地方學校成績優秀的生員；[10]四為其他，是指軍衛子弟經考試入國子監，以及遭逢特殊機緣進入國子監者，皆非常制，且較為罕見。

後來又多開了一道捐納的門路，稱為「例監」。需要說明的是，經由捐納入監的生員稱為「納貢」，是屬於「貢監」的一種。「上馬納粟」原先只限定資質較佳的廩生，但隨

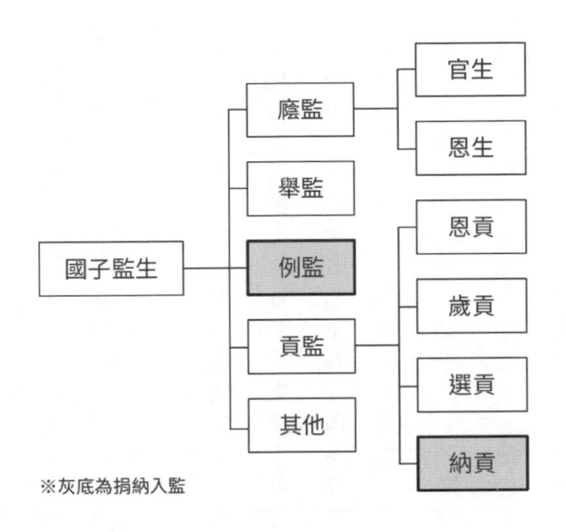

國子監生的來源，據林麗月《明代的國子監生》及《明史・選舉志一》製圖

著明代的財政惡化，報捐對象逐步擴大，甚至開放一般庶民捐納，那些沒有生員資格，而捐納直接成為國子監生者，才稱為「例監」。

納貢與例監的差異，在於捐納者是否具有生員身分，但這樣的分界在開捐成為常態後也相去無幾，因為不只國子監生，地方儒學的生員身分也能經由捐納取得，例如崇禎年間山東發生蝗害，朝廷准許捐五十兩補為生員，時人便譏諷這些人是「蝗蟲秀才」。因此明代的官學逐漸失去培育人才的機能，淪為提供任官資格的機構，國子監生的素質亦日趨下降。

成化初期，禮部尚書姚夔非常反

10. 貢監中的恩貢是指國家有慶典或皇帝登基時，原定明年入京的的貢生，得提前貢入國子監。歲貢原為選拔文理俱優者，但逐漸演變為從廩生中年資較久的依次升入，致使生員入監時已年老體衰。因此弘治年間另增選貢，是指在歲貢之外，選擇年富力強、累試優等的生員入監。

對捐納，任內屢次阻止，曾說：「天下財賦中，有許多都可以拿出來作為賑饑之用，學校豈是出錢的地方？」又說：「讀書人知道可以用錢財提高地位，就會產生牟利之心，從事買賣或放債收息，取財於官府或鄉里。他們將經書看作土渣，賄賂以求取好處；將仁義棄如敝屣，只想著經營致富，心裡產生這種想法，則士大夫的氣節從此淪喪。」福建文人謝肇淛亦批評道：

> 朝廷設立太學以招攬天下的英才，最重要的就是選才授官，在京任職的國子監生地位等同進士。可是後來除了舉貢以外，還能夠用錢換得入學資格，稱之為「援例」。其中有些生員，因為屢屢考不中鄉試而援例進入國子監，這種尚可接受。而民間沒有功名，不識幾個大字，但有一些閒錢的人，也能成為國子監生，這種人稱之為「俊秀」。大概國子監裡面，舉貢生比例占一成、援例生員占兩成，俊秀竟然占了七成。他們穿著奢華的服裝，流連於酒店、妓院，行政官吏不敢盤問，考核品行的官員也不能清查，使得聚集賢士的機構，淪為藏汙納垢的場所。

明代中期的休寧（今安徽省休寧縣）文人葉權認識一位例監生，他本是富家子弟，已在餘姚縣（今浙江餘姚市）擔任縣丞（輔佐知縣的官員），因為某事辭職回鄉，葉權便戲謔地對他說：「您原本是一介平民，花錢買到八品官，可與知縣平起平坐。解除官職之後，家裡又不貧窮，沒有生活上的困難，為什麼不快樂一點呢？」那人竟答道：「自從我進入國子監後，至少花費了千兩銀子，就是期盼當官後能收回數倍。現在還沒回本就要回鄉了，就算是我的妻子，也會埋怨我的！」葉權聽了不免感慨，他認為這完全是商業經營的想法，用這樣的心態擔任地方官，賣官鬻爵的弊病，可見一斑。

不只是學生無心向學，國子監教官也缺乏教學熱忱，他們坐領乾薪，從不查核學生的課業，有句俗諺說：「金祭酒、銀典簿、銅司業。」便是諷刺他們尸位素餐，愜意地過著日子。天順末期，南京國子監祭酒周洪謨非常討厭鴟鴞（貓頭鷹）的叫聲，於是下令抓到鴟鴞的監生可以放假三天，一時之間，不少行為放蕩的監生都有假可以放。後來繼任的祭酒劉俊則喜歡吃蚯蚓，監生們又忙著抓蚯蚓了。

過了幾年，祭酒、司業出缺，已轉任吏部尚書的姚夔說：「近年來，人們不以此官為重，就任此官者也不知道自重，以致於國子監學規廢弛，放肆無忌。請禮部中飭學規，並慎選祭酒、司業，以革新風俗與教化。」新任的祭酒的李紹與司業耿裕皆為品格優良之人。後來孝宗即位，想在萬歲山（今景山）架棚，以備登眺，當時的國子監學生虎臣上疏提出諫言，希望皇帝不要浪費錢財在玩樂上，祭酒費誾聽聞此事，害怕孝宗責怪下來殃及自己，遂在全校學生面前指責虎臣的罪狀，命人用銀鍊將虎臣綁在樹下。不久，宮內傳來消息，召虎臣入宮，宦官宣讀孝宗旨意：「你說的甚是，棕棚已經拆除了。」費誾這才對自己的舉止感到慚愧不已，虎臣的名聲也因此傳遍天下。

開放捐納後，監生盼著當官，不把讀書當一回事，像虎臣這樣的監生，確實難能可貴。因此南京流傳一段歌謠，唱道：「國子監裡聽講，武定門外炮響。是這等演武修文，只費朝廷糧賞。」意思是說國子監的監生、京營裡的部隊都是虛有其表，浪費民脂民膏的機構。不過，另有一種說法指出監生有時是蒙受不白之冤，由於皿字號卷較容易中舉，且科舉採先謄錄後糊卷，因此有一種作弊方法是將監生的試卷與他人調換，所以考官看到許多慘不忍睹的皿字號卷，或許並非監生所作。

國子監人數驟增，但是並沒有那麼多官職可授，許多監生等到授官時，都已垂垂老矣，江南人把賣不掉的爛貨稱為「店底」，有些文人便戲稱監生也是店底的一種。且地方政府中肥美的缺額先授予進士，次授予舉人，最差的才淪到監生，部分官職甚至遠在雲南、貴州、廣西等邊區。

抄近路當官囉！納捐入監成為當官的捷徑

許多讀書人仍願意捐納入監，除了享受部分特權外，其實是將捐納當作科舉的捷徑。成化二十二年，年近四十歲的羅玘（一四四七—一五一九）先中了順天鄉試，翌年高中進士，被選為庶吉士（高階文官，後面將詳細說明），便是經由納貢入監。萬曆十四年丙戌科進士項德楨，鄉試屢屢受挫，納貢入監後，在順天鄉試高中第三名。又如萬曆十七年（一五八九年）己丑科的進士吳正志錯過了童試時程，其父便幫他捐為例監生，很快就高中進士。同年的考中的還有安徽人汪以時，因為個性貪玩，五十多歲還是童生，親友幫他納銀進入北京國子監後，連續通過鄉試與會試，拔擢為御史。

尤其羅玘的學問本來就極好，原先國子監祭酒丘濬（一四二一—一四九五）打算將南方的例監生都趕出去，羅玘請求丘濬收回成命，丘濬還大罵道：「你認識幾個字？怎麼如此倔強！」羅玘憤恨不平地回嘴道：「我只有皇宮中的藏書沒機會讀。」丘濬才勉強將他留下。待鄉試閱卷時，丘濬讀了羅玘的文章，大為激賞，直誇他的學問堪比當朝最有學識的李東陽與程敏政，遂將其評為解元。有了這些成功的實例，使得例監生在讀書人心中的地位提升不少。

羅玘為江西人、項德楨為嘉興人，兩地的鄉試競爭都較北京激烈，透過捐納進入國子監，中式的機會相對較高，這種轉換考區的行為與作弊招式冒籍類似。且不論科舉占額問題，監生原本就能授官，異途入監者既增，衝擊最大的便是正途監生。成化十一年，有三百六十一位監生聯合上奏：

臣等都是由科舉、歲貢進入國子監，而近來有一千五百餘名各地方儒學的生員經由納粟入監。其中有些並非廩膳生員，而是臨時假冒身分者，他們大多知識淺薄，反而比臣等先分撥至各政府部實習，乞求通查其中冒濫者，加以處分。至於在地方官學曾為廩膳生員者，可與臣等一同分撥。

成化初期只開放廩生、增生納粟入監，因此正途監生要求清查其中是否有冒濫者，影響他們分撥的次序。然而被指名的異途生員也不甘受辱，指出上馬納粟是響應朝廷的號召，不應差別對待。此事交付禮部商議，禮部雖承認科舉、歲貢為祖宗舊制，納粟是一時權宜之計，也不願意批評朝廷的納粟政策，把問題轉至管理分撥事務的國子監，要求國子監斟酌雙方人數，相兼撥用。

禮部不願得罪異途生員的態度，似乎也說明捐納政策已成為常態，自景泰四年開放廩生納粟入監後，成化二年宣布增生只要比廩生多繳五十石米亦能入監。成化二十一年因廩生、增生納銀入監不夠熱烈，再將範圍擴大至附生。正德初年，更開放沒有功名的民間子弟納銀入監。雖然嘉靖十年一度停止捐納，將生員遣歸，並退還銀兩。但為籌措修築陵寢的資金，嘉靖十六年再度開放民間子弟納銀入監。

所謂「衣食足而後知榮辱」，捐納的對象在明代晚期擴大至庶民，反映了庶民生活富足，樂於追求功名的心態。這項開闢財源的政策並未隨著明亡而消逝，在財政敗壞的清代晚期，朝廷倚賴捐納的程度更勝於前朝。傳說道光年間，四川有某不識字者捐為知府，清宣宗旻寧（一七八二——一八五〇）問道：「不識字怎麼治理百姓？」其對曰：

臣本不願捐，而臣兄曰：「惟其不識字，所以宜捐。皇上但要錢財使用，不要識字人治百姓。」逼臣上捐。今皇上責臣不識字不能治百姓，誠有如聖慮者。但皇上何不早頒諭旨，凡讀書識字人方許捐，否則不准捐。如是，臣亦不至為兄所逼，自不捐也。

清宣宗聞之色變，諭令軍機處擬旨「永遠停捐」，軍機大臣穆彰阿則力爭刪去「永遠」二字，只傳旨停止捐納而已，故咸豐年間又大開捐例，穆彰阿也捐了不少軍餉，獲賜五品頂戴，這則傳說便是假託滑稽之語，諷刺清代捐納之濫。

爸、媽，我不當官啦！棄舉士子該何去何從？

官場失意的士子，反而造就豐富的城市文明？

考生若中式了，很快地就會傳來捷報，使者攜帶紅綾編織的旗幟，上頭繡有金字，若中的是狀元，旗幟則用尊貴的黃紵絲。鄉里的族人聽聞子弟中式也倍感光榮，把旗幟立起來，以光耀門楣。倘若中了舉人，會試沒有考中，族人便把旗杆撤去，據說這就是「倒楣」原本的意思，後來才引申為運氣不佳。

如此說來，普天之下盡是倒楣人了，畢竟能夠一層一層過關斬將，擠進帝國統治階層的人，僅僅是少數的菁英。多數落第的考生，有的人仍埋首苦讀，繼續下一次的考試，有的人則已在舉業之外尋求另一個人生的目標，他們可能成為戲曲家、出版業者、醫者、塾師、訟師、商人等各種職業，使得社會上出現了一批識字通經的人，將所學奉獻在非政治領域。他們也創作了大量的文學作品，包括詩歌、醫書，甚至是情色小說，伴隨著明代晚期發達的印刷業廣為傳播。

吳中四才子之一的祝允明（一四六〇—一五二六，號枝山）屢赴會試不第，晚年才以舉人身分謁選，授得廣東興寧知縣。祝允明在家鄉蘇州以書法聞名，他喜好酒色博奕，厭惡繁複的禮節，豪邁地散盡積蓄，招待好友飲酒作樂。因此每當祝允明外出時，總有許多債主跟隨在後，他也以此為樂。許多慕名而來的人，則靠著賄賂酒館的妓女，才得到祝允明的墨寶。

同為四才子的唐寅，自認才氣為吳中之冠，刻了一個「江南第一風流才子」印章。但在科場案之後，唐寅被謫為吏役，日益放浪形骸，隱居在「桃花塢」，與好友飲酒作樂。有時則坐在街上的小樓，想要求畫的人便會攜帶酒水前去請託。坊間流傳著許多關於他的趣事，其中以「三笑姻緣」（唐伯虎點秋香）最為人津津樂道，其實該故事的主角另有其人，經晚明小說家馮夢龍（一五七四—一六四六）加油添醋後，才變成這一篇膾炙人口的小說。

由於唐寅高超的文藝造詣，不但有許多書畫落款偽托其名，甚至有一本描繪和尚情慾的短篇故事，署名也是「南陵風魔解元唐伯虎」。唐寅失意後作的詩賦多帶有悽咽感嘆的寓意，人們讀了以後，對他不幸的際遇也感同身受。江寧（今南京）文人顧起元評價唐寅的文采，認為他的詩賦更勝祝允明，繪畫則在文徵明（一四七〇—一五五九，初名文壁）與沈周（一四二七—一五〇九）之上，確實是一代異才。

文徵明也是吳中四才子之一，沈周則是蘇州著名的畫家，另外還有一位畫家名為仇英（字實甫），此三人與唐寅合稱為「吳門四傑」，他們繪製江南的山水風光，風格獨樹一幟，被尊為「吳門畫派」（吳派），對明代畫壇具有深遠的影響。不過時常有人向唐寅求畫，他自己懶著動筆，竟委託師傅周臣代筆。有人評價：「唐寅的畫風細膩，不像他那放蕩的處事風格。」卻不知道這些畫大多不是他親手畫的。周臣有兩個著名的學生，其中一位是唐寅，另一位就是仇英，而這對師兄弟正是明代最擅長繪製春畫（春宮圖）的文人，坊間流傳許多仿作，但畫風皆不如兩人典雅，很容易地就能辨別真偽。

祝允明、唐寅與文徵明三人交誼深厚，但有別於祝、唐兩人的不羈，文徵明是個拘謹的人，祝、唐知道這一點，所以喜歡戲弄文徵明，曾故意安排妓女環伺在他身旁，挽著他的衣袖不肯放開，嚇得文徵明心神慌亂，直到看見兩人在竊笑，才醒悟道：「是你們兩位在開我的玩笑呀！」祝允明與唐寅在嘉靖初年相繼過世，於是文徵明成為蘇州文化圈的領袖。他雖出身書香門第，但仕途不甚順遂，到了五十多歲才以歲貢生的身分通過考核，獲吏部授為翰林院待詔（從九品），這是翰林院裡的低階官職，而翰林院是高層文官辦公的場所，便有官員戲謔道：「我衙門不是畫院，怎麼容得下畫匠在此呢？」憂悶不樂的文徵明數次請求辭職，才如願回鄉。

回到蘇州的文徵明，將餘生奉獻在藝術創作上。他有著廣闊的社交圈，無論是官場同僚、文壇好友，或是各地的仰慕者皆前去拜訪他，希望文徵明能替他們的親人立傳，或為他們的著作撰寫序跋。其中還包括了一位日本貢使，文徵明鄭重地與貢使見面，卻以不能違背朝廷體統為由，婉拒了貢使的謝禮，可見他是一個有原則的人。里巷中有平常民眾拿著一塊粗餅請託文徵明，他會欣然地接受，但若是別有居心的人，即便帶著珍貴的禮品，他也會堅持拒絕。文徵明在過世前仍在替人撰寫墓誌銘，他在擱筆沉思時，端坐椅子上安詳地離開人世。

吳中四才子還有一位徐禎卿，其創作風格與漢唐時代的古文相仿，與其他六位提倡復古文學的士大夫合稱「前七子」，樸實的文筆可能就是徐禎卿得以高中進士的原因吧！前文在討論科舉時，曾提及徐禎卿因長相不受孝宗喜愛，失去了擔任庶吉士的機會，但他仍留在京師任官直至過世。由於徐禎卿遠離故里，又英年早逝，對於蘇州的城市文化就比較沒有影響力。

觀察吳中四才子的際遇，可以發現城市文化的發展與熱愛鄉里的讀書人有著緊密的關聯。有別於在朝為官的士大夫，絕望於官場的士子回到鄉里過著恬靜的生活，與民眾同甘共苦，且有著充沛的精力鑽研藝術，閱讀喜愛的書籍，無形中也創造出璀璨的城市文化。明代中期的文壇中有許多文人並稱，諸如吳中四才子、金陵三俊、雲間三子等，將地名與文人並稱結合，也說明了他們的文學作品有著濃厚的區域特徵。

故作清高的「山人」，其實並不住山裡？

除了絕意科舉仕途者，另有一種群體根本無心於舉業，自稱為「山人」，但為數不少的山人並未歸隱山野，仍不甘寂寞地居住在城市中，只是借用山人的名號故作清高，博取時譽，寫了幾句歪詩，便到處去投刺（指投遞名帖以求見），令王公貴人避之惟恐不及。

山人原本是指不當官的處士，到了嘉靖年間，卻愈來愈被濫用。當時的太倉文人王世貞便批評道：「士大夫罷官，武官不得志，國子監生未授官，也都把自己比附為山人，作為暫時糊口的手段，這種風氣在蘇州一帶最為盛行。」萬曆年間的嘉興文人沈德符（一五八七—一六四二）也說：「近來山人遍天下。」並在他的見聞錄《萬曆野獲編》中特別列了一項「山人」，描繪了部分山人講究排場，好穿華服、乘大轎，卻胸無點墨的醜態。但對當時的人而言，成為山人彷彿是一件流行的事情，《西遊記》的作者吳承恩（一五〇一—一五八二）自號「射陽山人」、《牡丹亭》的作者湯顯祖（一五五〇—一六一六）自號「清遠道人」，就連王世貞也取了「弇州山人」的自號。這群山人書寫了為數可觀的戲曲小說，深受民眾的喜愛，對於城市文學有著重要功勞。

某位山人在內閣首輔沈一貫家中作客，同為座上賓的給事中錢夢皋便說：「昔之山人，山中之人；今之山人，山外之人。」山人對答道：「昔之給事，給黃門事；今之給事，給相門事。」黃門為皇家之門，相門則是指首輔之家，即反諷給事中貴為言官，不以國家大事為己任，卻與首輔朋黨比周，可見汲取名利的心態，山人與官員都是一樣的。

另一位山人陳繼儒（一五五八—一六三九）有一次來到大學士王錫爵家中作客，當場有位官宦詢問王錫爵：「來的這位是什麼人？」王錫爵回答：「山人。」對方又道：「既然是山人，怎麼不待在山裡面呢？」便是暗諷陳繼儒雖以山人自居，卻還在穿梭在達官貴人之間。

陳繼儒喜歡奇食於富家，還有一次騎著角鹿拜訪山陰（今浙江紹興）張家，他向好友張汝霖說：「聽聞你的孫子善於作對子，讓我來親自考他。」便指著屏風上的「李白騎鯨圖」，出了一題：「太白騎鯨，采石江邊撈夜月。」張汝霖的孫子就是大名鼎鼎的文學家張岱（一五九七—一六七九），當年六歲的他立刻回答道：「眉公跨鹿，錢塘縣裡打秋風。」所謂「打秋風」，是指不務正業的人到處索取財物，「眉公」則是陳繼儒的自號。陳繼儒聽到自己被小孩兒揶揄了，倒也不生氣，笑著稱讚張岱才思敏捷，要收他為徒，指導他寫文章。

陳繼儒的文學造詣不俗，與其他山人較為不同的是他熱衷出版事業，憑藉著過人的記憶力，校訂了不少經典書籍。據其自述，他蒐羅古書後，先校對才抄寫，抄寫後再校對，付印後又校對，前後共校訂三次，所以品質特別好。陳繼儒還招募江南一帶貧困的讀書人，讓他們提供冷僻的鄉野奇談，將之編次出版，非常受到大眾喜愛，成為坊間暢銷的叢書。小說家馮夢龍同樣醉心於出版事業，不只刻印自己的作品，當他偶然見到朋友抄錄的《金瓶梅》，大為驚喜，馬上慫恿書坊收購刊刻。

不當讀書人，還可以當醫生、律師、商人

明代中後期，書籍價格低廉，書坊常見的書籍有諸子經典、章回小說、八股時文（科舉用書）、日用類書（生活百科）、入門醫書等等。科舉屢屢受挫的艾南英對於八股文優劣有獨到的評判，他著手編訂歷科八股文選，將其出版，供考生學習。而入門醫書則是仿效儒家經典的教育方式，以歌訣、韻文的形式呈現，利於讀書人背誦研讀與開業行醫，突破了醫業世代相承的傳統。明代最具影響力的醫書是由江西文人李梴撰寫的《醫學入門》，在萬曆初年刊行後，至少重刊了十八次，並遠傳至朝鮮與日本。

入門醫書的設計者大多是科場失利的讀書人，例如新安（約今安徽省歙縣）文人汪機屢試不第，其父以宋代名臣范仲淹（九八九－一〇五二）「不為良相，願為良醫」的胸襟勉勵他，汪機於是放下舉業，學習醫學知識，編纂了近十部醫學著作。這些實用取向的醫書出版後，讓更多的儒者踏入醫療領域，轉而成為「儒醫」。正德至嘉靖年間，南京有許多名醫，各有其專精，包括產科、婦科、接骨科、齒科、眼科，可能與醫療知識的普及有所關聯。

有些讀書人既當不成良相，也不願成為良醫，憑藉著法律知識，成為協助官府審案的幕友，或替民眾寫訴狀的訟師。訟師也有等級之分，最高級者稱為「狀元」，能夠獲得豐厚的收入；最低等者稱為「大麥」，連生計都有困難。此外，還有「智多星」、「霹靂火」、「天罡」、「地煞」等各種雅俗不一的綽號，訟師以申雪冤枉自詡，教導民眾打官司的技巧，並把訴訟經驗編寫成「訟師秘本」，將家學傳給下一代。但他們在官府的眼中是教唆詞訟的豪猾之徒，所以訟師秘本屢次被官方查禁，亦不曾有「儒訟」的稱呼。曾任內閣首輔的朱國禎便用「淪落為訟師」形容一位神童，惋惜他天分過人，卻驕惰無成。訟師的興起與「健訟」的風氣互為因果，官府中的訴訟案件，有不少是來自商業衝突，例如徽州人本來就好訟，商幫在外遇到糾紛時，便湊錢出力，集體打官司。

在市場經濟發達的明代中後期，更多的讀書人選擇棄儒從商，有些商人將經營方法、水陸交通、防範詐騙等經驗彙編為商業書，提供來者借鏡。保留儒者氣質，重視商業道德，而不純粹逐利的商人，可稱為「儒商」，他們對於商業社會的運作，有著正面意義。明末清初的戲曲家李漁在小說《十二樓》中描寫一段棄舉從商的故事，兩個讀書人出了學門，有意從事貿易，遂商議道：「我們都是讀書的朋友，雖然棄了舉業，也還要擇術而行，尋些斯文交易做做，才不失文人之體。」商業本是俗事，而他們決定開鋪賣書、香、花、骨董等物，反倒成為一樁雅事，也是另一種形式的儒商吧！

說來說去，還是當官好！

所謂「學而優則仕」，入仕為官是讀書人殷殷期盼的夢想，但能如願以償進入統治階層者畢竟是少數，大部分讀書人則藉由通經識字的能力，尋找下一個精神寄託。以上介紹了幾種科舉之外的出路，令人玩味的是，明代後期有不少考生出自工商業家庭，可見讀書人放棄舉業只是個人抉擇，他們仍會將資源挹注在下一代身上，因為當官是維持家族勢力的最佳手段。

曾於萬曆初年擔任吏部尚書的張瀚（一五一一—一五九三），其家族就是以紡織起家，其祖業有二十餘架紡織機，產品經常堆滿門外，每個產品可賺取兩成利潤，家族因此累積了可觀的財富。張瀚的家族儼然是一個資本家，大約同一時期的禮部尚書張四維是山西鹽商世家，家產高達數百萬兩，而刑部尚書王崇古也出身富商家庭，與張四維結為姻親。張、王兩人曾被御史指控敗壞鹽法，倚靠著朝中官員的庇護才化險為夷。將商業財富轉化為官宦身分，再以官宦身分維持商業勢力，是富商巨族典型的經營手法。

科舉既能夠讓平民向上流動，相對地也排擠到士大夫階級，明代只有高層官員具有蔭襲的資格，一般官僚無法將政治權力轉移到下一代，且傳統的遺產繼承採諸子均分制，仕宦家族如果沉浸在安逸的生活，沒有持續出產功名，家族在幾代後就會衰敗。

山東新城的王氏家族在廳堂左右的石柱上有副對聯：「紹祖宗一脈真傳，克勤克儉；教子孫兩行正路，惟讀惟耕。」這是由王家六世的王象乾所書寫，宛如家訓般提醒子弟晴耕雨讀。王象乾宦途顯赫，曾任薊遼總督、兵部尚書、吏部尚書，但後世子孫未恪守王家的耕讀傳統，把精力花費在文社團體與藝術鑑賞上，使得王家在六世以後逐漸衰落。明清時代的讀書人在取捨之間，終究拋不開科舉的輪迴。

第三章

當官先修指南：先來官場實習、搞懂遊戲規則吧

好不容易走過科舉旅途，準備歡喜當官發大財了，然而正式當官之前，還要先從實習生當起呢。官場上也有許多複雜的考核、銓選辦法與潛規則，任官前請先詳閱先修指南，包準你官場上如魚得水、無往不利！

沒經驗的官場菜鳥，統統都先來實習！

終於要當官了，但別睡過頭

廷試後約三至五日，黃榜會先公布於中極殿（原稱華蓋殿，即清代的中和殿），次日舉行「傳臚大典」。典禮當天，禮部官員會先行入宮，在中極殿外等候皇帝。當皇帝穿著弁服，登上御座後，官員向皇帝行禮叩頭，隨後讀卷官拆開試卷，依序奏第一甲第一名、第二名、第三名。奏畢，禮部官員將名次填入正式的黃榜，尚寶司官員蓋上玉璽，執事官確認黃榜無誤，由翰林院官員捧至皇極殿，皇帝也跟隨導駕官至皇極殿陞座。此時奏樂鳴鞭，翰林院官員將黃榜授予禮部官員，禮部官員又將黃榜置於殿前的桌上。執事官引導貢士一一在御座前行叩拜禮，行禮後由左門出去，站在殿前的臺階兩側。叩拜完畢後，執事官將黃榜捧到大殿御道的中間，傳制官命官員跪聽制詞，制曰：

某年，三月十五日，策試天下貢士。第一甲，賜進士及第。第二甲，賜進士出

身。第三甲，賜同進士出身。第一甲，第一名某人。第一甲，第二名某人。第一甲，第三名某人。第二甲，某人等若干名。第三甲，某人等若干名。

傳制後，貢士俯首伏地，行禮四次，也就正式成為進士了。傳臚大典後幾天，還有許多繁複的儀式，皇帝將在禮部賜宴進士，稱為「恩榮宴」，而狀元不僅須率領諸進士赴鴻臚寺演習儀式，還要代表進士上表謝恩。傳臚大典莊嚴隆重，若程序出了差錯，鴻臚寺與禮部都會遭受嚴厲懲處。嘉靖十一年壬辰科傳臚，序班（傳遞訊息的官員）弄錯了流程，召狀元林大欽進殿時，他與百餘位進士皆尚未換上進士巾袍，次傳榜眼孔天胤時，他還在小門外更衣，禮部官員因此罰俸一個月，序班則被押入刑部審問，失態的林大欽與孔天胤則不予追究。

不過這並非傳臚大典第一次出差錯，相距八十多年前有一則更誇張的失序事件，正統十三年三月十九日的深夜，當科狀元彭時（一四一六—一四七五）端坐在椅子上等待傳臚大典。大約四鼓（凌晨一點至三點）時，他禁不起睡意，竟打起瞌睡，錯過了上朝的時程。官員既疑惑又驚駭，紛紛問道：「龍首突然不見了，這是什麼徵兆？」糾儀御史上奏後，沉著地走出隊伍，向官員宣布：「狀元彭時不到，已經請錦衣衛去尋人了。」錦衣衛平時辦案是不客氣的，但這次對象是狀元，英宗為了保全他的顏面，只吩咐去尋人。同年中式的鄭文康向人聊起這件事，他說鴻臚寺卿氣壞了，嚴厲地詰問彭時誤事的原因，而彭時不愧是狀元，舉止從容自若，只是恭敬地表達歉意。翌年發生「土木之變」，英宗御駕親征，反被瓦剌部俘虜，人們想起這次的「喪元」事件，歷歷如繪地說事出有因。

隆慶二年的進士李樂回憶他參加恩榮宴的情景，席位上黏著各個新科進士的姓名，李樂一一地與同年進士、大臣行禮，待他返回座位時，發現餐點都被搶光了，令他十分錯愕。恩榮宴隔天，李樂與其他進士就被分撥到各衙署進行三個月的職前見習，展開了他的仕宦之途。

經由科舉層層選拔的人才固然優秀，但誠如朱元璋所批評的，這些人缺乏實務經驗，做事不切實際。因此重開科舉的洪武十八年乙丑科，朱元璋只授予第一甲、第二甲，及第三甲前幾名進士官職，其餘的進士則以閱歷不足為由，分派至中央各部院歷練實務，待熟悉政事方准許上任。其中在翰林院、承敕監（明代初期負責詔書的機構）實習者稱為「庶吉士」，在六部與其他衙門實習者仍稱進士，即所謂的「觀政進士」。此外，明代初期的國子監亦為重要的官僚培養機構，國子監生實習者稱為「歷事監生」，以下分別介紹明朝的三種職前見習制度。

觀政進士：進士實習其實都在打混

觀政進士的俸祿比照七品官，他們在各衙門內觀摩，原則上不直接處理政務，也不簽署文案。但可以上疏，對朝政提出建言，或彈劾不正直的官員。起初，觀政的單位也包括屬於武職衙門的五軍都督府，後來則以文職的九卿衙門（六部、都察院、大理寺、通政使司）為主。不同的衙門有不同的規矩與禮儀，例如面見長官時，在吏部行下屬禮，在禮部行師生禮，在戶部行同輩禮，在兵部行後輩禮。刑部與大理寺平時沒什麼大事，觀政進士就輪流陪長官喝酒，共同參加宴會，很快地就打成一片，感情像是老同僚般融洽。而在吏部觀政就比較辛苦些，吏部侍郎往往將分內的政務轉交由觀政進士處理。在觀政的期間，新科進士體會了官場的權勢濃淡，嘗盡人情冷暖，不免變得趨炎附勢，而少了幾分安逸。

若在觀政期間表現良好，讓長官印象深刻，總會獲得提拔，李賢在吏部觀政，尚書郭璡發現他的詩寫得極好，大讚：「此臺閣器也。」臺閣是內閣的雅稱，意指李賢必成大器，李賢後來果然成為首輔。張瀚在都察院觀政時，左都御史王廷相對他關懷備至，在他請病假時親自前往慰問，並期許張瀚將來要當一個廉潔的官員，切莫沾染官僚氣息。李樂在禮部觀政時，禮部尚書高儀指導了他禮儀細節。

但不是每位長官對待新人都樂於言傳身教，正統年間，朝中三位重臣石璞、年富、寇深皆非甲科出身，或許是出於自卑，此三人特別厭惡進士。當觀政進士赴工部觀摩時，時任工部尚書的石璞故意視而不見。年富考核官員時，遇到作答不理想者，就大聲斥責道：「你身為進士，卻寫出這種文章？」寇深對進士也特別嚴厲，甚至屢次出手責打，但他考核歷事監生時，態度卻有著天壤之別，竟變為一個和藹的長輩，好聲好氣地指導監生。

有些進士不只在衙門觀政，還被交付特殊任務，外派至地方，擔任監察御史、慰勞軍兵、為藩王治喪，以及取代年紀衰老的儒學教官，充任鄉試的考場官員。有些則完全在處理雜務，或是從事不相關的工作，成化二年丙戌科進士陸容（一四三六—一四九四）在工部觀政時，禮部侍郎葉盛正打算為家鄉先賢編纂一部詩文集，而陸容是太倉人，與葉盛的家鄉崑山縣比鄰，葉盛便吩咐陸容去翻閱地方文獻，採集詩文。與李樂一同觀政禮部的熊瑞，有空的時候就抄錄同年的會試試卷，計畫編纂一部科舉參考書，供家族子弟研習。

比李樂早一科考上的歸有光（一五〇七—一五七一）在工部觀政，雖然想把握機會和同年的進士切磋，但進士每天早晨入部，與長官行禮後便告退了，三個月都無所事事。李樂在禮部觀政，雖然受到良好的培訓，可是當他成為正式官員後，便發現觀政制度已名存實亡，他一針見血地批評道：「現在的觀政進士，坐在衙門的東西兩房內，終日嘻笑聊天，哪是在學習政事？自三月二十日分撥至各衙門，至六月二十日授予官職，衙門的長官還認不得觀政進士的面孔，又怎麼識別他們的品德與才能呢？」

至實習期滿，考核不過，或未授予官職者，稱為「某部辦事進士」，等待朝廷開缺。候補的官員按次序分撥，總要等候許久才盼得缺額，進士往往不願意留在京師，便以省親、掃墓為藉口，請求歸鄉。有家世背景的進士則以出差的名義返鄉，將公費拿去僱募奴僕。李樂當年觀政禮部時，就有未應選的進士試圖求差還籍，禮部尚書高儀答覆道：「討差一節，是進士大不好的事，不過假差還家一番，添得一番榮耀，卻有終身事被他壞了的。」意思是說，衣錦還鄉是件美事，別為了貪小便宜，而毀掉終身的清譽。

歸鄉逐漸成為一種慣例，未授職的進士皆會乞求歸鄉讀書，皇帝只有幾次不准，例如宣德五年，大理寺卿薛瑄奏請讓進士回鄉，宣宗答覆道：「科舉正要用人，既取中又放回，不如不要取，都留在京師候選。」嘉靖五年，辦事進士應檟等人以選期尚遠，奏請依例放歸，世宗卻拒絕道：「你們是新科進士，卻不想著學習為政的要領，乞求回鄉只是為了一己之私罷了。」即使請了內閣首輔費宏出來說情，仍不允許。

庶吉士：進士實習中的爽缺？

庶吉士或稱「庶常」，典故源於《尚書．立政》的「庶常吉士」，意思是掌管政事的各個賢能善士。庶吉士與觀政進士屬同一政策，於洪武十八年設立，永樂二年後成為專屬翰林院的官職。永樂三年正月，成祖召見庶吉士，親切地對他們說：

朕不派任你們工作，文淵閣裡收藏了古今典籍的精華。你們享受俸祿，每日在文淵閣中任意地玩味探索，務實地求取學問。將來朝廷會需要你貢獻所學，不可自怠倦學，以辜負了朕對你們的期待。

庶吉士在文淵閣中進學，待遇優渥，生活舒適，每五天休假一天。光祿寺（掌理膳食的官署）早晚準備膳食，順天府提供筆墨，戶部支付燈油錢，兵部撥派皂隸，刑部供應紙張，工部則為他們建立專屬的宿舍與器具。

庶吉士制度剛建立時，選期不定，有時三科併選，有時連續好幾科不選，選人的辦法也不明確，或為內閣自選，或由禮部銓選。別有用心的進士會先將作品私呈給內閣大學士，

人們稱之為「投獻」。至弘治四年，大學士徐溥倡議改革，認為庶吉士既然為朝廷之儲才，應當定期選人，建議每次開科後，令新科進士向禮部進呈自己的文學作品，禮部選擇文詞可取者進行複試，從中選出庶吉士，稱為「館選」。孝宗同意了徐溥的建議，從此館選成為常態，此後只有少數年分不選，例如萬曆二年，張居正的兒子落榜，令他很不高興，就發脾氣不選庶吉士了。

館選原定取二十八人，對應著天上的二十八星宿，後來多寡無定額，大多也維持在二十餘人左右。亦如鄉試與會試，皆有均衡地域的考量，兼取南北士人，但館選較為彈性，除了各地的配額外，兼採用輪選的方式，排定某年選取較多某地考生，反而產生了排擠效應，造成同鄉考生相互仇視、攻訐。因為庶吉士是個令人稱羨的職位，總有許多覬覦者，鑽營之事亦時有所聞，成化晚期的內閣首輔萬安考選庶吉士，多出自私誼，選出來的庶吉士竟寫不出一篇像樣的文章，引起同僚訕笑，京師有句謠諺：「翰林十學士，五個白丁。」

敲開倖門的方式不少，有阿附權貴、攀結師友關係者，有預先取得考題者，還有以金錢收買考官者。嘉靖三十一年，給事中袁洪愈上奏彈劾翰林院檢討梁紹儒，指控他庶吉士出身，卻荒廢了讀書本業，自甘為中介，收受賄款，日夜奔走於權要之間。嘉靖四十一年壬戌科的館選，幾位行賄的考生比鄰而坐，相顧談笑，慶祝自己即將成為庶吉士，卻傳來了考試中止的消息，考生們一哄而散，考官也一頭霧水。原來，太監將內閣首輔嚴嵩收賄之事密奏世宗，世宗遂在試卷題目旁用硃筆寫下「今年且罷」四個字。東窗事發後，那些行賄的考生在同儕面前羞愧得抬不起頭來。

但徇私的歪風直至王朝覆滅之際都不曾止息，崇禎初年曾實施一項新政，要從地方官中考選庶吉士，江西饒州府推官（審理訴訟的官職）朱天麟入京館選，卻因家貧不能行賂，改派至六部衙門，還是翰林院官員在為皇帝講課時替朱天麟抱屈，思宗才決定親自測驗，將朱天麟擢為翰林院編修。崇禎十六年癸未科是大明王朝最後一科，當年館選時，考官將試卷按受賄銀兩的多寡排列，還在煩惱該取哪一卷，此事傳到思宗耳邊，思宗說道：「新科進士為了館選，已經把城裡頭的金子都換光了。」要求考官重新閱卷，不得營私。

除了辦公場所外，庶吉士與觀政進士最大的差異，在於實習時間的長短，進士觀政只須三個月，而庶吉士須三年歷練，三年學成後才分派職務，稱為「散館」，優者留任翰林院為編修、檢討，次者出院任給事中、御史。這些都屬於聲望較高的官職，倘若是分派為六部主事這種受人差使的官職，或是外調為地方官，庶吉士心裡是極為不願意的，紛紛找人說情，期盼能改調他職。更有庶吉士欲求留館，百般說情未果，竟惱羞成怒，出言攻訐考核的官員。天順八年甲申科進士劉大夏解館獲留，他卻自請出館，改任兵部職方司主事，後拜兵部尚書。或許因劉大夏的舉動難能可貴，《明史》特別記錄了此事。與此相反，成化十四年戊戌科進士倪進賢為了求官，甚至願意為年老陰痿的內閣首輔萬安清洗陰部，被人譏笑為「洗鳥御史」（鳥指男性生殖器，與屌同音）。

留在翰林院是庶吉士的心願，就算未能如願，凡有人問起官階，也要強調自己曾是個庶吉士，此固然不是正式官職，但能與翰林院沾上邊，就是件光榮的事情。不過服侍他們的奴僕卻不是這麼想，因為翰林院是沒有油水的官署，奴僕安得雞犬俱升之福？散館之後，奴僕們赴寺廟酬神還願，若主人授為御史者，則殺豬宰羊；授為六科給事中者，則用雞鵝；留作編修與檢討者，只用濁酒、豆腐而已。奴僕們相互交談，某人問：「你家主人拜何官？」一人振聲答：「御史。」又一人徐聲答：「給事中。」另有一人長嘆道：「照舊。」由此亦可知御史位尊權重，而翰林官雖能與六部尚書抗禮，也只是徒負盛名。

前文介紹童蒙教育時，曾提到家長認為作詩妨礙舉業，因此不鼓勵學童創作詩詞。與劉大夏同科的羅璟是該科探花，從小研讀四書五經，不曾學習作詩，館選出了一題〈秋宮怨〉，羅璟還問身旁的考生作詩有什麼規則，了解韻腳與對仗細則後，竟當場作了一首好詩，主考官大讚：「你將來必定成為一個大詩人。」

翰林院是個注重詞章的場所，士人終於可以徜徉於書海，傾心鑽研詩詞了。大學士李賢曾倡議科舉應當增考詩賦，儘管未曾實施，但在他鼓吹之下，翰林院的文風為之一變，此後的大學士皆相當注重詩詞。與羅璟同科的李東陽後來高就內閣首輔，他就認為文與詩各有所宜，不可偏廢。李東陽會有如此見解，是因為他幼時便是一個名氣遠播的神童，四歲就能作文，英宗召他入宮，親切地將他抱在膝蓋上，賜予他糖果。李東陽特蒙英宗三次召見，某次英宗出了一題：「螃蟹渾身甲冑。」李東陽精妙地答道：「蜘蛛滿腹經綸。」當日還有另一位同召入覲的神童對答道：「鳳凰遍體文章。」他就是身涉唐寅科場案的程敏政，比李東陽晚一科考中進士。英宗見到兩位神童皆對答精妙，大讚：「他日一個翰林，一個宰相。」

庶吉士在翰林院讀書，由翰林學士、內閣大學士擔任教習官，稽查其課業。庶吉士所作之文須以經世致用為宗，不可作浮誕鄙庸之辭。平時講習儒家義理之學，學習李白、杜甫等唐代大家的作詩技巧，每日須臨摹法帖一、二幅，每月向內閣進呈詩文各三篇，並參加兩次考試。但這些規定往往流於空文，據說每月初一、十五參加閣試時，庶吉士挾帶書籍、找人捉刀的舞弊風氣，竟比鄉試還嚴重。而且大學士本身也喜愛吟風弄月，除了前文提到館選出了一道〈秋宮怨〉，閣試的考題還包括〈長安新秋感興〉、〈中秋賞月賦〉、〈紫牡丹〉，得寫出像是李商隱、溫庭筠等晚唐詩人那樣筆調婉約，用詞繁縟的詩句才會受到激賞。

庶吉士竟荒廢學問、拚命偷懶？

庶吉士在翰林院內遨翔自得，夏天的時候，辦公只穿著家居便服，有時既不去早朝，也不進翰林院。景泰年間，內閣大學士才要求每日朝會後點名，將未到者的姓名張貼在牆上，大學士陳循寫了一幅對句：「朝參未到，荷聖朝恩有覃時；纂述不來，奈史館書無成日。」意指這些人不但辜負了皇帝，還拖延了史館修書的進度。

其實翰林院公署中有一本「會簿」，用來考核庶吉士的勤惰，但庶吉士都已經是學問萬中選一的士大夫了，所以大學士往往不會用嚴厲的態度督策他們。弘治六年，李東陽與程敏政特地前去督察，翻開會簿一看，滿篇都注病假，一點也不認真進學，於是程敏政作了一首諷刺詩：「回廊寂寂鎖齋居，白日都消病歷餘。竊食大官無寸補，綠陰亭上勘醫書。」意指辦公場所空空蕩蕩，難道庶吉士都讀醫書去了？萬曆年間，由於神宗怠政，大學士也跟著鬆散起來，教習庶吉士的工作經年曠業。

當內閣不再提督訓勵，荒廢教習，甚至與庶吉士通同一氣，只知風雲月露之時，又如何期待庶吉士成為朝廷砥柱？萬曆二十九年辛丑科的進士鄭以偉品行廉潔，學識豐富，看書過目不忘，由庶吉士做起，授翰林院檢討，累官至禮部尚書。不過他卻坦承道：「我擅長著萬卷書，卻作不出精要的文章，遭後進所輕視。」內閣大學士最重要的工作為「票擬」，即預先對奏疏提出初步的建議，供皇帝參考。

鄭以偉票擬愛用艱澀的古字，令同僚們看得一知半解，總得替他四處改訂。且鄭以偉居然還把奏疏裡的反問語氣「何況」當成人名，遭思宗批駁，才知道自己犯了大錯。內閣大學士的職能也因此受到質疑，這便是崇禎初年推行從地方官考選庶吉士的原因。但大學士依舊認為詞章才是庶吉士的根本，內閣大學士錢士升抱怨道：「自從外官入館後，只關心賦稅，不鑽研學問，月課庸拙，錯字百出。」

錢士升的批評亦不無道理，館選的庶吉士像是一塊璞玉，有待雕琢，而地方官調任的庶吉士，已在外任官五、六年，嘗盡官場冷暖，早已學會了營求私利。再者，翰林院的職掌之一是編纂國史與重要典籍，庶吉士也協助工作，例如永樂初年的進士參與編寫類書《永樂大典》，景泰年間的庶吉士編修地理志書《寰宇通志》。此外，作為儒學教科書的四書五經、《性理大全》，也都有庶吉士參與整理。

進士一入翰林院，就能與六部尚書平起平坐，即便是庶吉士，百官忌憚其終究會廁身卿相，亦不敢忤逆。萬曆初年，某庶吉士曾因一點紛爭，就毆打吏部吏員。據說當時的庶吉士遇見科道官（六科給事中與監察御史），不但不打招呼，還站在尊位。他們只有看到內閣大學士和吏部尚書的轎子會引避，後來更只迴避閣臣。吏部尚書陸光祖的轎子某次與庶吉士相遇，庶吉士竟未禮讓，陸光祖向內閣投訴，內閣卻不主持公道，氣得陸光祖逢人就說：「當今京師有幾種異類，不懂身分的威儀，不知迴避大轎，分別是此四種：一為小閹宦、二為婦人、三為入朝象隻、四為庶吉士。」宦官和婦人是不懂禮儀的鄙人，大象則是禽獸，將庶吉士與之並論，頗有羞辱之意，庶吉士聽到了以後，也氣得跳腳，竟說要和吏部尚書對抗。尚書的品秩為正二品，吏部尚書更是六部之首，素有「天官」之稱，庶吉士一點也不看在眼裡，足見其自命清高，盛氣凌人。

其實庶吉士天不怕、地不怕，只怕皇帝考核。皇帝會不定期在文華殿召試庶吉士，成績好的可得厚賞、美官，成績不好的人就麻煩了。傳說成祖曾派官員至文淵閣視察庶吉士是否用功，一一登記動靜，官員回報說各有所事，只有劉子欽露出肚皮，在草薦上酣睡，原來他剛吃過午飯，有幾分醉意，便席地而睡了。成祖把劉子欽召來，對他說：「我們書房難道是你的床鋪嗎？罰你革去庶吉士，去工部衙門內當胥吏。」劉子欽謝恩後，買了胥吏的服裝就長跪於工部中庭，工部尚書見狀，特地起身迎接，問道：「劉進士這是怎麼回事？」劉子欽回答：「奉聖旨，命子欽為本衙門吏。」尚書知道事情原委後，也不敢吩咐差事。過了一會，成祖又派人往工部視察，得知劉子欽參雜於胥吏間，便笑著把劉子欽召回來，見到他穿著胥吏的衣服，樂得說道：「你好沒廉恥。」命官員還他冠袍，返回文淵閣讀書，結束了短暫的胥吏見習。

成祖另一次抽查庶吉士，就沒這種雅興了，當時他測驗抽背唐人柳宗元著名的文章〈捕蛇者說〉，在場二十八位庶吉士，沒有一個能背誦，全被調去戍邊，搬運大木，為首的曾棨不堪勞務，向皇帝認錯，才被調回京。宋朝名臣歐陽脩有句詩：「顧瞻玉堂，如在天上。」明清文人將翰林院稱為「玉堂」，只是想到了曾棨的遭遇，就感慨當朝為官，比起宋朝要來得艱辛多了。

歷事監生：國子監生實習最辛苦

歷事監生又稱「辦事監生」，朱元璋素聞江南一帶的地主將田產寄託到他人名下，以規避徭役，因此他在即位之初，便分派國子監生至江南各處丈量田畝，核實賦稅。又選拔優秀的國子監生十餘人，陪侍太子讀書。在體制尚未健全的明代初期，國子監生是皇帝的最佳助手，所以歷事監生的制度早於觀政進士，於洪武五年就已制定，但洪武朝初期的歷事監生多屬於臨時性差遣，至洪武二十九年才有具體規定，監生分撥至各衙門歷練三個月，勤謹者送吏部候選，遇有缺官，挨次取用，而奸懶饞猾者，則發充為吏。建文年間定考核辦法，分為上、中、下三等，上等送吏部附選，中等與下等回監讀書，仍歷事一年後再考核。

前文介紹官學時，曾簡略提及國子監依學力高下分為六堂，分別為正義堂、崇志堂、廣業堂、修道堂、誠心堂、率性堂。剛入國子監，四書未通者，先在正義堂、崇志堂、廣業堂讀書。一年半後，若文理流暢，再升至修道堂、誠心堂。又一年半，經史兼通，方可升至率性堂。升堂的依據是參考宋元時代的積分制，每個月考試後，文理俱優者得一分，理優文劣者給半分，紕繆者無分，一年內積分達到八分就算及格。升至率性堂方能撥送至各衙門歷事（實習），歷事評量為優等，或堪以任用者，年終會送至吏部銓選，若吏部覆核不中，仍發還至國子監，照常歷事。

監生撥歷的順序，原先以入國子監的先後為依據，有些監生升到率性堂就以丁憂（守喪）、掃墓為藉口，在家裡待了七、八年再回國子監，正好輪到分撥。因公平性受到質疑，後改成以留在國子監的時間為準，但丁憂、省親畢竟是人倫大節，出差辦事也屬於公務之一，仍照算坐堂時數，只有病假和其他事故才算曠職，此又引起了監生們相互爭論，希望禮部能按家鄉遠近，一一精算路程，規定往返的期限。

歷事監生有分「正歷」與「雜歷」兩種，協助處理政事者稱「正歷」，謄寫奏本、清理文冊等不參與政務者稱「雜歷」。正歷多由程度較佳、支領廩食的監生出任，升遷亦較雜歷迅速。而實習的時間，原定三個月，但實務上則依國子監的人數有所增減，政策經常改變，有時不及一年，有時長達三年。景泰四年還推行一套七年制，即坐堂五年則歷事兩年、坐堂四年則歷事三年、坐堂三年則歷事四年。

天順三年，英宗收到一封來自福建老人的上書，寫道：「近來銓授縣令，多為年老的監生。等到九年任期屆滿，已經年近七十歲了，他們行事苟且，作風貪腐，所以最好選擇年輕有才能者來任。」英宗認為這個建議很好，命禮部討論施行。但改革並沒有落實，接著在成化、弘治年間，甚至有監生候選的時間長達十年，等到朝廷用人時，早已衰老昏聵，不能辦事了。吏部尚書姚夔在奏疏中提到：

訪查負責銓選的官吏得知，國子監固然有許多賢能智士，也有無知不才之徒，蠅營狗苟，心存僥倖。以致小人窺伺其中，奸徒趁機哄誘監生，告訴他們可求得某官，虛情假意地誆騙他們的財物，幸好只有少數的監生受騙，但奸徒虛索無厭，有些人看似沒騙成，其實錢財也被侵吞了一半。

歷事監生等不到官，希圖倖進，還蒙受詐騙，可謂命運多舛。且按照規定，歷事期滿後應當先回到國子監，但明代前期百廢待舉，有許多官職還空著，監生覬覦官位，竟不願意回監，自願留在衙門辦事。這樣的風氣一直延續到明代中期，所以到了弘治八年，國子監裡沒剩多少學生，在吏部聽選者則多達萬人，等了十餘年還得不到一官半職的監生不在少數。張瀚在萬曆初年擔任吏部尚書，當時有官員建議正歷遴選的時間為八年、雜歷為十三年，他認為歷時過長，定為正歷五年、雜歷九年。張瀚的定策看似良政，但相較明初歷事三個月即考核送選的規定，已不可相提並論。

何況歷事監生的待遇比起甲科進士差，洪武二十九年規定每月俸祿僅支米一石，至正統六年更降為六斗，有家小者仍支領一石。監生們白天在各衙門辦事，晚上歸國子監，不許在外宿歇。而南京國子監學舍距離衙門十餘里，朱元璋有一次派人巡查各衙門的監生，發現戶部有個監生曠職，便將他抓來問話，監生說：「路途太遠了，來不及趕到。」於是朱元璋發放津貼，讓歷事監生僱一條驢子，但這項優惠只限於戶部，後來也取消了。傳說萬曆晚期，在京師的歲貢生久不得官，生活極為困難，只能典當衣服，甚至鬻子而食（交易小孩煮食充饑）。這些歲貢生們一同前去收發奏章的通政使司陳情，通政使司經歷（正七品）看他們如此可憐，將腰間的銀帶解下來送給他們，立刻就被眾生分割搶盡。

洪武時期，國子監生備受重用，時逢科舉重開不久，人才仍以薦舉與國子監生居多，不乏有授予布政使、按察使、御史等高級職位者，當時國子監生遍布全國，可謂盛況空前。永樂年間，部分的國子監生專門習譯外文，成祖擔心他們無暇顧及課業，便在會試試卷尾處標明「譯書」，擇優送入翰林院，改為庶吉士，仍學習譯書。至天順八年，有不少投機取巧的監生爭相以此入翰林院，才革罷此政策。

國子監生衰微的原因，主要是因為朝廷日益重視進士科，國子監生也多選擇以科舉任官。此外，景泰年間開放「上馬納粟」，例監生亦拖累了整體監生的素質。國子監的規矩遂愈來愈差，甚至有納銀免歷事的情況，監生不必親自實習，而是僱用市井走卒代替，李樂說他見到這種冒充者，只舉手不答揖，表示輕視之意。亦如觀政進士與庶吉士，歷事監生的制度立意雖善，隨著時間的推移，變得弊端叢生，職前見習只是虛與委蛇一番，終究流於形式。

試職制度：實習結束了，竟然還有試用期？

朱元璋不只實行職前見習制度，還聽取了吏部侍郎劉逢吉的建議，於洪武十六年推行「試職」制度，在京官員皆須先試職一年，考核稱職才實授，不稱職者則黜降。其實試職制度在劉逢吉建議之前就已零星實施，尤其在科舉停罷期間，除京官六部尚書、侍郎、大理寺卿之外，地方上的布政使、參議（輔佐布政使的官員）也都有推行試職的紀錄。惟試職時間不定，短者四個月，長者逾二年，試職的結果也千差萬別，有試甲職授乙職，或降丙職者。

紊亂的試職狀況，在洪武十六年正式推行試職後獲得改善，洪武二十二年更進一步規定國子監生、薦舉出身者任京官須試職一年，任外官（地方官）須試職三年。但試職制度卻在洪武二十六年八月宣布停止，此後又只剩下零星的試職紀錄，常態性的試職僅有監察御史須試職一年、中書舍人須試職三年。

試職制度創立與終止的記載都隱晦不明，讓後人難以臆測其旨趣。若回到歷史的脈絡來看，該制之創立，應不單純是為量才適任，朱元璋經歷胡惟庸謀反案，廢除中書省，中央行政體系發生了很大的改變，致使他不得不謹慎任用官員，原先只在若干高級官員中執行的試職制度順勢推行至所有京官。但洪武十七年恢復科舉，翌年施行職前見習制度，授職後還要再試職，雙重歷練不免有疊床架屋之感，可能是試職制度戛然而止的原因之一。

升官發財前，必知的銓選、考核、潛規則

銓選與考核方式百百種，還可以用來黑特別人？

明朝任官之事，文官歸吏部，武官歸兵部。雖然文官銓選為吏部之責，但諸如內閣大學士、六部尚書、都御史、大理寺卿等高級文官的任命，吏部是無法單獨定奪的，須會同其他部院首長，共同推舉若干人選，由皇帝來裁定，稱為「廷推」（又稱會推），有時皇帝不經廷推，直接選用，則稱為「奉特旨」（又稱特簡、親擢），此在典制未備的明代初期十分常見；稍次一級的官員，吏部則不必會同其他部院，可單獨向皇帝推舉適任的人選，稱為「部推」；再次一級的官員不必由皇帝裁定，而是吏部與其他部院共同在弘政門進行選拔，稱為「會選」。

凡升遷者，必先歷經三年一次的考核，稱為「考滿」（又稱考課），如員缺當補，不待考滿，則稱為「推陞」。考滿法取《尚書・堯典》「三載考績，三考黜陟幽明」的遺

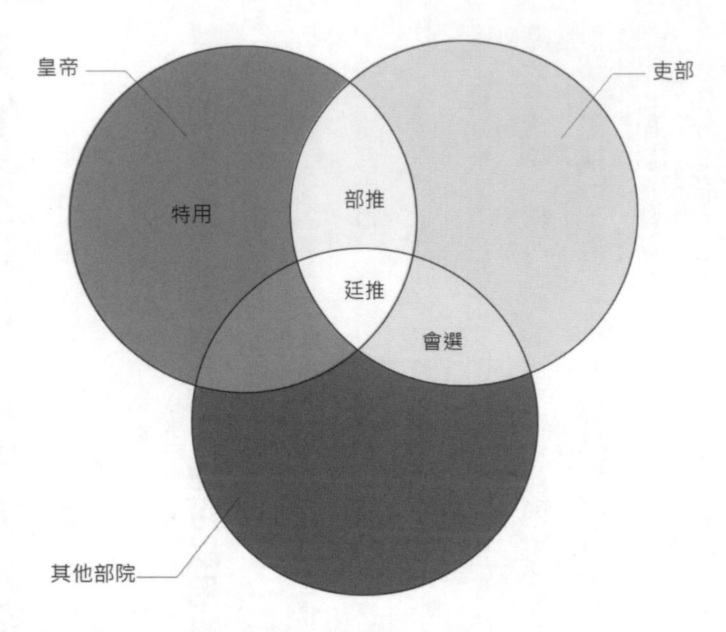

高層文官銓選形式示意圖，據《明史・選舉志三》製圖

意，須經歷三次，第一次考滿稱「初考」、第二次稱「再考」、第三次稱「通考」，結果有稱職、平常、不稱職三種，依據評價決定官職升降。所謂的評價是指上級為所屬官員填注的「考語」，大多以四、六字為一句的駢體文寫成，內容籠統簡短，往往難以描述官員的實際表現。例如張瀚將上司評判他的考語抄錄下來，包括「賦性溫雅」、「秀雅有文」、「性行不凡，操持有素」、「處事有倫有要」等，多集中在性格描繪，並沒有提到具體的政績。

京官與地方官的評比項目不同，京官是觀察他的能力，檢驗他的勤惰，地方官不僅觀察其言行、辦事績效，更會檢視任內徵收的稅糧是否完足。亦如高層文官的銓選，吏部亦無法考核四品以上的官員，其黜陟皆由皇帝親自裁奪。

另有只降不升的「考察法」（又稱大計），有八種負面評等，分別為：貪、酷、浮躁淺露、才力不及、年老、有疾、罷軟無為、素行不謹。考察法分為「京察」與「外察」兩種。京察每六年一次，四品以上官員自行陳述過失，由皇帝裁斷；五品以下官員則有勒令退休、降調、免去官職，令其家居等處分。外察每三年一次，外官入京朝覲時，繳交相關文冊以進行考察。

嘉靖四十四年，吏部尚書嚴訥（一五一一—一五八四）創立了「訪單」，用以考察官員，他向世宗說道：「今年朝覲考察之後，臣等已將資歷與聲望相應者量才推用，然而擔心在龐大的官僚隊伍中，尚有遺漏優秀的人才，所以創立訪單。發給來朝的官員，命他們推舉所屬衙門內的治行卓異之人，送到吏部計議評斷。」但訪單的實際作用卻與嚴訥的構想背道而馳，因其為匿名性質，官員多填寫同僚的罪過，美其名是「咨公論以定賢否」，若被冤枉了，卻不知是出自何人之筆。因此考察往往淪為攻擊政敵的手段，連科道官都為了各護其主，互相糾察。閣臣互結朋黨，徇私庇護，甚至干涉考察，與其他部院的關係變得水火不容，直至王朝傾覆。

嚴訥創立訪單後幾年，擔任吏部尚書並升任內閣首輔的高拱（一五一三—一五七八）對考察法有切中時弊的見解，他發現考察之時，吏部會比較往年淘汰的人數，再決定要淘汰多少人，高拱遂說道：「天下豈有六年之間，不肖者皆有定數？其為苟且了事可知。」且被黜官員不能申訴，容易遭奸細陷害，因此高拱認為應革去匿名訪單，負責考核的官員平時就該進行體訪，考核時亦務必核實考語內容，如某人曰貪，必列其貪某事；曰酷，必列酷某事，以彰公道。不過高拱似乎只是把建議寫在自己的著作裡頭，並未落實改革。時人總批評負責考察的吏部官員不問贓賄，而以閨房細事論罷各官。

又過了幾年，張瀚擔任吏部尚書時，看到某典史的評語為耳聾，按例應當被免去職務，但張瀚把該員找來，問道：「你有什麼疾病？」對答：「沒有疾病。」再三詢問其履歷，皆能應答如流。原來該員本為給事中，因建言而遷謫，可能因此與人結怨，所以考察時又遭誹謗，張瀚聽聞原委後，不但未將其免職，更拔擢為推官，最後出任福建學政。張瀚與同僚談及此事，不免感嘆連一個未入流的小官都差點身陷不公不明之罪，考察不可不慎。

張瀚是在萬曆元年時，獲內閣首輔張居正力薦，才有機會高就戶部尚書。張居正主政時，有感於近年來紀綱不振，法度不行，上下姑息，百事委徇，於是提出「考成法」，明定各項事務的完成期限，在各個部門分置考成簿，一本送六科註銷，一本送內閣查考，每半年清查一次。考成法的功能性體現在賦稅徵收方面，自考成法實施後，各地如期徵解，正賦不虧，府庫充實。這是因為設置考成簿讓內閣擁有稽查百官的權力，各地官員深怕降罰，不分緩急，嚴厲地催督欠糧，造成百姓苦不堪言。張居正的新政得罪了不少官員，所以當他逝世後，朝野對他展開一連串的清算。一年後，處事老成，有「長者」之稱的申時行（一五三五—一六一四）接任內閣首輔，為了收拾人心，遂將考成法停罷。[11]

夢想升官發財，只能玩大富翁

讀書人總說出將入相是為了國計民生，其實心裡頭也想著升官發財，唐代有一種名為「選官圖」的遊戲，玩法是擲骰子決定官職升降，選官圖在明清時代特別盛行，改良後稱為「陞官圖」，官員尤愛此道，繪製了歷朝歷代官制的陞官圖，在衙署辦公閒暇之餘，總是聚在一塊，以此作為消遣，不僅能熟悉歷代的職官銓選之法，也盼望自己能如同遊戲中的主人翁般官運通達。

陞官圖遊戲模式類似現代的「大富翁」，在紙上開列大小官位，玩家輪流擲骰子，依

11. 停罷考成法是《明史 · 申時行傳》的記載，但申時行可能只是降低了考成法的罰責，因為《實錄》（含《崇禎長編》）至崇禎朝屢屢可見有關考成的奏疏。

據點數多寡決定仕途遷轉。擲到六，稱為「才」；擲到四，稱為「德」；擲到二、三、五，稱為「功」；擲到么，稱為「贓」。遇德、才、功皆可升遷，遇贓則降罰。清代流傳的某陞官圖中有首樂府詩，頭四句云：「一朝官爵一張紙，可行則行止則止。論才論德更論功，特進超陞在不同。」彷彿提醒士大夫即使是在遊戲中，也不能忘記才、德、功這些經世濟民的理想。

千奇百怪的避嫌理由：迴避制度

歷代的官吏任用皆有「迴避制度」，前文提及朱元璋有南北更調之制，命北人到南方做官，南人到北方做官，後來放寬為不得在本省任官。但朱元璋的政令並未完全實踐，乃是因為開國初期需才孔亟，有時用人不拘鄉貫之故，迴避制度至永樂朝才漸趨完備。

地域迴避的目的在防止官員盤據一方，卻也衍生了若干問題，朱元璋曾向中書省官員說：「新授的郡縣官多來自於布衣，到任初期，或向人借貸，或侵漁百姓，皆無法保持廉潔的美德，難以要求他們奉行公事，所以賜予他們道里費。」朱元璋賜知府五十兩、知州三十五兩、知縣三十兩，其餘官員亦給予相應的道里費，又賜絹布給官員父母、妻子，安頓官員的家計。但路費往往不足用，在京城遲遲未授官的人，為了維持生計，竟淪落到替人看病、占卜。正德年間的進士歐陽重授官後，向人借了路費，笑著說：「樣樣借人的，如貧漢種田，工本都出富翁，比及秋成，還卻工本，只落得掀掃盤。我們借債做官，他日還了債，只落得一副紗帽、角帶。」意指官員償債後，只剩一身象徵地位的官服了。

晚明儒學家顧炎武亦說：「現在官員要上任，動輒跋涉數千里遠，不熟悉當地的風土民情與方言，且赴任的路費與安定家計的花費更難以估計。」致使官員還沒上任就先欠了一身債，待上任以後，施政都得倚賴地方上的胥吏，而他們往往是心術不正的狡猾之人。暗地裡與朝廷權要勾結的官員，就省去這些勞碌奔波，例如江南地區蘇州府、松江府、常州府、杭州府、嘉興府、湖州府彼此接壤，氣候環境相近，透過請託交際，易地而官，宛如在家鄉當官一樣舒適。

此外，還有親族的迴避，無論京官或外官，父子、兄弟、叔姪不可在同一個衙署工作，以官職低者迴避。在不同衙署，但有利害關係亦須迴避，如京堂官（中央機構的首長）遇到親屬為監察性質的科道官，則科道官改調品秩差不多的官職。京堂官既為三品大臣，又怎麼會虧待自己的晚輩呢？故多將親屬改調為翰林院編修、檢討等史官，日後仕途就順遂多了，嘉靖年間，連世宗也耳聞這種情況，說道：「近年科道官改調翰林院，這是陰厚私弊的行為。」故自嘉靖九年起，迴避者不得改調翰林院。

明朝原不准宗室應舉，但宗支繁衍，人口日益膨脹，朝廷難以維持龐大的祿糧（官吏的俸祿糧米）開支，自萬曆年間開放宗室應舉，惟中式的宗室子弟只能任地方官，或授予閒散的京職。與王府（親王或郡王）有姻親者，亦不得居京職，須改調外任。就連沒有姻親關係，只是在王府任官者，也不能內遷京職。回顧明代初期，王府官與朝官可任意遷轉，而後歷經靖難之役、高煦之亂、安化王之亂、寧王之亂等藩王發起的謀反案，明朝對於宗室的掌控日趨嚴格，開放宗室應舉實乃迫於財政困窘，故仍設有迴避之舉。

另有職務迴避，據《大明會典》記載，洪武二十六年規定浙江、江西、蘇州府、松江府人皆不能在戶部任職。建文二年雖一度解禁，但惠宗的政權遭推翻後，又恢復洪武朝禁令。為何有此禁令？《大明會典》沒有明說，朱元璋欽定的法規《教民榜文》比《大明會典》晚幾年頒布，其中提到浙江、江西人喜好訴訟，常常為了一點小事就到官府告狀，可能與此有些關聯。或合理的推測江南一帶是財賦重區，若由江南人執掌戶部，可能會涉及利益牽連，隱匿收稅資料。至於江西的禁因，就比較匪夷所思了，有人說是當地讀書人的風骨變化莫測，人心不純，所以也一併禁止。不過如同大部分的禁令，最後都淪為空文，雖然戶部的高層官員至明末仍鮮有江南人，但負責書算的基層吏員在明代中期已多為江南人。

銓選潛規則1：長相英挺特別吃香

明代銓選制度在制度之外，尚有許多「潛規則」，前文介紹科舉中式的原因，曾提到考生的名字、相貌、年齡都是中式的潛在因素，選官更是如此。景泰年間，代宗曾要求國子監祭酒劉鉉評鑑學生，若年紀大、長得醜，且學問差者，直接革退為民，別授官給他們了。萬曆時期，朝中各官員結黨為政，吏部尚書周嘉謨提出澄清吏治的方案，建議要用六個方式評選官員，分別是：操守、才能、心思、政績、年紀、樣貌。神宗覺得很有道理，下令照周嘉謨的意思去辦。前四項尚屬合理，後兩項年紀與樣貌，不免有以貌取人之憾。

以年齡而言，科道官掌風憲，需要閱歷經事，成化年間規定須選三十歲以上者。而庶吉士日後將成為朝廷輔臣，故選年紀輕者，嘉靖四十四年工部左給事中張岳建議選拔四十歲以內的進士為庶吉士。無怪乎謊報年紀的情況日益嚴重。

唐代通過科舉後，吏部的銓試稱為「四才」（身、言、書、判），只有體態豐偉、口

	可考證的人數	謊報人數	平均少報年齡
嘉靖以前	493	94	3.05
嘉靖時期	394	72	3.73
嘉靖以後	321	208	7.85

明代進士登科錄45科官年統計表，據陳長文《明代科舉文獻研究》修訂製表

語清晰、字體端正、思緒敏捷的士子才能通過。明清小說中的唐人鍾馗就是因為樣貌醜惡，即使文采不凡，皇帝認為他必定無法過銓選，所以乾脆不讓他當狀元。明代固然沒有四才，但對於官員的容貌也有一定的要求，據說吏部官員在會試後就會開始登記考生的體態，諸如「上下均稱」、「上寬下窄」、「上下俱尖」等評語。待傳臚儀式時，長相英挺或身長特高的人，皇帝也會特別留意。

明代初期，學問最淵博的儒臣首推宋濂，立國所需的禮樂制度、功臣碑銘多出自他手，各地士大夫，乃至外國貢使皆仰慕他的才氣。宋濂不只無所不通，而且相貌堂堂，留著一把美鬚。他曾經推薦同鄉的友人胡翰任官，胡翰與宋濂師出同門，兩人才學不相上下，但是朱元璋只授予胡翰一個府學教授的小官，這是因為他身形如同侏儒，面容麻黑、跛一足，朱元璋看了就生厭，說

道：「胡翰就算有班固、司馬遷的才學，朕亦不喜。」

洪武九年，天有異象，朱元璋下詔官員直言，時任國子監訓導的葉伯巨上了一封很長的奏疏，其中一段提到：「朝廷網羅天下的讀書人，必定不希望有所遺漏，地方官員看到人才，便把他們催逼至京城，彷彿像抓捕囚犯一般。到了京師，選官卻以樣貌為標準，致使他們不能發揮所學，或者只能從事不擅長的工作。」由以上兩例可知，朱元璋用人首重儀表。

英宗也是位特別注重官員儀表的皇帝，前文曾提及他以相貌為由，將有眼疾的狀元張和改置第二甲。另有一次，見到一位名為覃浩的給事中（正七品），覺得他儀表豐偉，直接提拔為工部侍郎（正三品），但覃浩沒什麼政績，不過幾年就被取代了。吏部尚書王翺曾推薦一位名叫岳正的官員擔任大學士，英宗召他入文華殿，遠遠地就看到他身材挺拔，鬍子也好看，高興得不得了，直誇這個人真好。待岳正進殿後，只隨口問了年紀、鄉貫等問題，就對他說：「你正值壯年，朕是北方人，你是朕所選定的官員，今後你進入內閣，當盡力輔佐朕。」

岳正離去之後，英宗寵信的官員石亨、張軏前來面見，他立刻向兩人分享喜悅，說道：

「朕今天親自選了一個閣臣呢！」又說：「不過官還是太小了，應當升為吏部左侍郎兼大學士。」石亨對岳正有點猜忌，表面上恭賀皇帝，卻有言外之意，對答道：「陛下既然得人，等到他表現稱職時，再升他官也不遲。」由於英宗一連誇了岳正六個好，官員便稱他是「六善閣老」，代表他是皇帝稱許的人，也帶有一點揶揄的味道。

內閣首輔李賢也知道英宗喜歡儀表端正之人，天順四年，適逢天下官員入京朝覲，政績良好的官員有機會推升，時任副都御史的賈銓盡忠職守，很有機會成為戶部尚書，英宗向李賢問道：「你覺得賈銓如何呢？」李賢回答道：「名氣是不錯，不過還沒見到人。」於是英宗命李賢就近觀察，待賈銓進京後，李賢發現他的相貌不如名氣，就不推薦他當戶部尚書了。

天順七年，大同巡撫韓雍有事入覲，英宗覺得他長得實在好看，便把他留下來，改任兵部右侍郎。因皇帝總是如此用人，時人屢有「朝廷用人，多取儀表」的感嘆。前文提及試卷被風刮走，又被朝鮮使節撿回的王越是個非常幸運的人，韓雍既然入朝，英宗正煩惱繼任大同巡撫的人選，先有官員推薦了某人，英宗以其樣貌醜陋而拒絕了，還說：「大同巡撫須得有韓雍的人品才算稱職。」首輔李賢遂推薦王越，英宗召見王越，看他身穿著短袖衣服，步履輕盈，大讚道：「王越是爽利武職打扮。」意思是英宗認為王越的體態很適合穿武官的衣服，便拔擢為右副都御史派往邊區。

到了成化年間，翰林院編修張元禎（一四三七－一五〇七）建議：「六科給事中不必拘體貌長大，當以器識學問文章為主。」但當朝的官員不接受這樣的看法，認為給事中是在皇帝近側供職的官員，必須是體貌強健且言語流利的人，如此才能在朝堂上體現出壯觀的景象，所以選缺時，先選拔體貌豐偉之人，再測驗他們的奏議能力，從中選擇優秀者。於是京師流傳的歌謠唱道：「選科全不在文章，但要鬍鬚與胖長。更有一般堪笑處，衣裳漿得硬幫幫。」就是諷刺銓選的官員以外貌、服裝取人。

銓選潛規則2：口條要好，口音要標準

張元禎會這樣建議，可能是因為他本身長得也不好看，所以感同身受吧！當年館選，張元禎原不在名單內，是李賢向英宗說：「此神童，不可以貌取。」特別將其補入。值得注意的是，反對張元禎的建議中，除了要求外貌，還強調言語流利，這是指官員必須講一口標準的官話。張元禎雖然身材不足四尺，御前講席時還為他特製矮几，但張元禎聲音朗

徹，連皇帝聽了都肅然起敬。可見成為一個稱職的日講官，或許口條比體態還重要。相傳永樂年間有一位名為林廷美的進士，儀貌豐偉，成祖原有意安排在身邊，但與其對答時，林廷美有著濃厚的福建鄉音，所以不被成祖喜愛，改派為山東某州知州。

尋遍記載進士名冊的史籍，並沒有查到林廷美這個人，可能是筆記小說杜撰的內容，但其記述閩音為朝臣所輕視之事，並非虛言。《明史》記載福建人入閣特別難，因為操福建方言的人官話很難讓人聽得懂，溝通上有些困難，所以從明初楊榮、陳山後，二百年來都沒有人入閣，直至明末李廷機、葉向高才有所突破，但他們從未分派至御前講席。

與福建接壤的廣東亦同，廣東人霍韜原本兼任御前日講，他卻以自己是南方人，語音多有偏差，自行請辭了該項職務，好心的世宗讚許他的忠誠，依舊請他前來講課。其實世宗還是喜歡聽標準官話，同一時期有一位名為夏言的翰林學士，不只長相挺拔，眼神清亮，蓄著一把美鬚，且講話聲音宏亮，咬字清晰，不帶一點鄉音，每次進講時，世宗聽得特別起勁。

畢竟不是每位皇帝都與世宗一樣寬厚，孝宗將操吳音的講官改調太常寺少卿、光宗朱常洛（一五八二—一六二〇）亦對太子的講官帶有吳音表示不悅。與霍韜同為廣東人的黃錦，進講的聲音細小而語調悲傷，竟沒有一個字能聽得清楚，思宗免去了他的講官職位，他的同僚衛胤文說道：「黃前輩講書，恰似哭了一場。」清代亦見如此情況，清世宗胤禛（一六七八—一七三五）下旨要福建、廣東的官學多加訓練讀書人的發音，大臣甚至建議以八年為限，此後官話不標準就不能考科舉，福建還因此設立「正音書館」，雖然這項政策沒有確實執行，但清仁宗顒琰（一七六〇—一八二〇）仍要求粵東口音的人不宜擔任皇子教育的師傅。

當官規則先搞懂，才能一路飛黃騰達

京官爽缺有哪些？苦差有哪些？

雜論了銓選官員應具備的年紀、體態與口音，那麼明朝讀書人心裡頭又是怎麼想的呢？在讀書人眼中，若不能獲選為庶吉士當翰林官，那麼到「四衙門」當科道官是最好的。所謂四衙門是指翰林院、吏部、六科、都察院。還有官員得寸進尺，竟抱怨身為科道官，升遷速度太快，當起官來真是沒意思。所以在四衙門任職的官員倘若犯錯被謫貶外地，上任前必定與當地的巡撫交關，希望能打好關係，一有機會就調回京師。畢竟天子腳下，是個充滿機遇的地方，外官的命運就難說了，有句行話叫「理刑三年後堂官」，意思是新科進士為了逃避外官，紛紛營求至三法司（刑部、大理寺、都察院）觀政，希望熟悉刑名事務後，將來能授為御史。

六科給事中掌封駁（彈劾百官）大權，六部上奏與內廷下旨，皆先經六科審核。其職責還包括稽查六部之違失，卻往往與六部如膠似漆，淪為閒官，所以有人說：「北京科道綿如羊，九年考滿陞京堂。」便是諷刺科道官（給事中屬於科道官）不願得罪人，只想安穩地過日子，等著考滿後升為六部首長。另有句俗諺說道：「吏科官、戶科飯、刑科紙、工科炭、兵科皂隸、禮科看。」此諺是概述六部職掌，吏部銓選文官、戶部主管錢糧、刑部閱覽狀紙、工部負責營繕、兵部選拔武官、禮部主持典章制度。此諺故意選用粗鄙的字彙，頗有輕視之意。

曾有人化用《孟子》的典故，將富、貴、貧、賤、威、武等六字對應至六部：「吏曰貴、戶曰富、禮曰貧、兵曰武、刑曰威、工曰賤。」吏部位列六部之首，被視為最尊貴的機構，其下轄四個清吏司，又有人用喜、怒、哀、樂四字對應其職掌，說道：「文選司掌陞遷、除授，故曰喜；考功司掌降革、罰俸，故曰怒；稽勳司掌丁憂、病故，故曰哀；驗封司掌封贈、廕襲，故曰樂。」說的便是在裡頭工作的心情。而工部位列六部最末，被士人視為冷局，直至嘉靖年間重修遭雷擊焚毀的紫禁城大殿，亟需營建人才，工部添設的官員增多，且升遷快速，其地位才大為提升。至於掌管軍務的兵部也經常被士人視為畏途，有謠諺曰：「武選武選，多恩多怨；職方職方，最窮最忙；車駕車駕，不上不下；武庫武庫，又閒又富。」武選、職方、車駕、武庫是兵部下轄的四個清吏司，只有武庫司有點油水，其餘三司不是容易得罪人，就是工作繁雜，升遷困難，不受士人喜愛。

相關的俗諺不少，明代中期還有句玩笑話，說京城有四種名實不相稱的機構，分別是：「翰林院的文章、光祿寺的茶湯、武庫司的刀槍、太醫院的藥方。」在外人看來，這些京職各個尸位素餐，致使衙門的聲望每況愈下，雖說是批評，多少也帶有點眼紅嫉妒之意吧！

當官怎少得了關說、賄賂

人人都想當京官，或是到富庶的魚米之鄉當地方官，免不了各種關說，俗諺云：「十兩銀，到處尋；一匹緞，看一半；一匹紗，沒處查。」是指官員賄賂權要也有薄厚之分，若給足銀兩，他們必定鼎力相助，若餽贈不值錢的紗布，他們也只會敷衍了事。若是在嘉靖年間，嚴嵩當權時，就不必煩惱那麼多了，因為嚴氏父子賣官鬻爵，明碼標價，例如：州判官三百兩、府通判五百兩、管事指揮三百兩、都指揮七百兩。

崇禎晚期，有人在長安門上寫了一首詩：「督撫連車載，京堂上斗量。好官昏夜考，美缺袖中商。」接著又有人補上四句：「銓司二萬外，科道十千頭。今日求人了，明日受人求。」這首詩的意思是官銜浮濫，都是靠買賣得來，今日買官，明日便可賣官營利。至明亡後，在南京的福王政權，官員亦不改賄賂得官的劣習，時有謠諺云：「職方賤如狗，都督滿街走。」

為杜絕權貴請謁之弊，朝廷本來採用一種名為「拈鬮法」的選官方式，把官職寫在紙上揉成彈丸形狀，供候選官員選取。萬曆年間的吏部尚書孫丕揚將拈鬮法改良，創立了「掣籤法」，主要用於大選外官，其在籤筒裡放了東北、東南、西北、西南等籤，讓候選官員自己決定命運。[12]官場上有句俗諺：「命運低，得三西。」三西是指江西、山西、陝西，江西土地較為貧瘠，當官撈不到油水，而山西與陝西則接近北方的邊關，生活較為清苦，都不如江南那樣繁華富庶。掣籤法延續至清朝，該諺又有變體，諺云：「時運通，掣二東。通又通，掣廣東。時運低，掣四西。低又低，掣廣西。」二東是富庶的山東和廣東，四西即為三西再加上一個最差的廣西。

雖然掣籤法的公平性獲得朝野稱頌一時，但不按官員的才能，將其放在適合的位置，也招致批評。且推行之後，明知有弊病卻鮮有改善，掣籤法成為了一種假公濟私的手段，竹籤的長短、大小、厚薄以及黏帖處皆有記號，名為「做籤」，倘若還是抽錯了，可以再

12.《明史・選舉志三》提到掣籤的對象也包括京官，略云：「在外府、州、縣正佐，在內大小九卿之屬員。」檢閱《實錄》，確實有零星掣籤京官的記載。

三抽換，出言制止的人反遭驅逐。某山人為此賦詩，略云：「冢卿無計定銓衡，枯竹拈來知有靈。若使要津關節到，依然好缺作人情。」冢卿是吏部尚書的雅稱，此詩是指尚書沒有能力銓選官員，竟用枯竹來決定，倒頭來還是沒能遏止請託的歪風。萬曆末年，常熟文人顧大韶寫了一篇〈竹籤傳〉，模仿竹籤的口吻向吏部官員說：「上到庶吉士、給事中、御史之選；下至鄉試、會試取士，都要用臣，臣可以發揮所長。」天啟初年，擔任吏部尚書的趙南星曾一度廢止掣籤法，卻衍生出更多弊端，天啟朝末期遂再次復行，士人們因此譏諷吏部為「籤部」。

任職地方官不是為了治理地方，而是想往中央 GO GO？

明朝士人雖然重內輕外，但銓選制度在成化朝以後有些變革，科道官較少授與國子監生、新科進士，多改從庶吉士中選拔，或是從三年考滿的官員中選取，包括南北兩京的五部主事（去除吏部）、中書舍人、行人司行人（頒行詔令文書的官職）、大理寺評事（協助審理刑獄的官職）和太常寺博士（協助祭祀的官職），及在外的推官、知縣。其中推官、知縣等外官調任京職稱為「行取」。無形中也保障了地方官日後的仕途，成化二年丙戌科狀元羅倫對於官場的態勢有深刻的體會，略言：

讀書人中了進士，最希望入翰林院，次為給事中，復次為御史，最後是六部主事。若得償所願，都會露出欣喜的臉色。他們自詡為高貴的鵷鷺，把知州、縣令當作腐鼠。一旦授為地方官，便嚇得魂耗魄喪，面對妻子也怛然失色，甚至在暗夜中拜訪吏部官員，乞求不要派往外地，這是我朝初期輕視地方官的情況。自從考選法施行後，六科給事中、御史只授與中書舍人、行人司行人、大理寺評事、太常寺博士，以及知縣、推官，於是地方官的地位驟然提升，所以授為知縣後，士人們也樂於赴任。他們在擔任地方官時收刮錢糧，拿去結交重要的官員，博得上司的讚揚。

有句俗諺與羅倫批評地方官結交要路、取譽上官的情況別無二致，諺云：「知縣是掃箒，太守是拚斗，布政是叉口，都將去京裡抖。」拚斗與叉口分別是指畚箕與麻袋，而太守是明清時代知府的雅稱，所以這句諺語的意思是指地方官一層一層地剝削百姓，把錢財都送往上呈，打點在京的官員，目的是為自己的宦途謀門路。倘若不如此，地方官恐怕還是難回京任科道官，萬曆年間京師諺云：「庶吉士要做科道，睡著等；中行博士要做科道，跑著尋；推知要做科道，跪著討。」

一般而言，知縣兩次考核無過失，可升為知州（從五品）。而洞達事理、評價卓越者，可召回京師，在六科辦事。若考滿遷轉後，仍是個不上不下的外官，心情必定是五味雜陳。有某知縣升為通判，品秩僅從正七品提高為正六品，其在京城擔任郎中的友人便寫了一首詩，頭四句略云：「最妙無如轉判通，州官門報氣何雄！班聯喜得先推府，尊重何須羨老同？」意思是指不必羨慕別人升任同知，當通判也是不錯的，此詩表面看似祝賀，其實是在調侃。據說寫這首詩的郎中後來竟也謫為通判，老友便把這首詩寫成軸畫還給他，他可就笑不出來了。

非經正當途徑而升官的傳奉官

概述了明代文官升遷途徑，可知仕途順遂與否，不只取決於操守與政績，還要有點時運。例如生活在景泰年間特別容易升職，這是因為英宗在「土木之變」被俘，繼位的代宗害怕兄長復辟，為收買人心，浮濫地為官員加官進爵，還多設一員聲望最高的吏部尚書，當時有句歌謠：「一部兩尚書，三公二十餘，侍郎都御史，多似景山豬。」所謂「三公」是指太師、太傅、太保，品秩為正一品，職位至重，是不輕易授予的，用此比喻皇帝輕踐名器。之後歷朝亦屢見率性加銜之事，弘治末年有「翰林十學士，禮部四尚書」之語，至嘉靖年間，則改為「六卿皆玉帶，吏部四尚書」。

另外，在成化年間一種不名譽的途徑，為士大夫所不齒，稱為「傳奉」，這是皇帝不經吏部選任，通過太監頒布聖旨直接任命官員的途徑，起初只為品秩不高的工部匠官、太醫院御醫升職，或將道士升為真人，有體恤嘉勉之意。而後工匠從事鋪床、設帳、架燈等小工役，僧道或因齋醮，或因節日進經，皆乞求傳奉升職，不僅傳奉的次數激增，升遷的職位也不再是所屬的衙門，而是轉任中書舍人、尚寶司、太僕寺、光祿寺、大理寺等清要的機構。傳奉對象亦不僅止於匠官、僧道，還包括進士出身的官員，完全破壞了銓選制度。

傳奉濫開，乃是因太監梁芳知道憲宗朱見深（一四四七—一四八七）對奇技淫巧、方術異書頗感興趣，於是收買古今玩器進奉，以啟皇帝好貨之心。一時之間，讀書人、膏粱子弟，甚至樂工、囚奴皆紛紛投獻珍異以求晉升。就連都御史李裕及翰林學士彭華也都是賄賂太監，傳奉升官，即使過了十餘年，京師猶傳誦一句謠諺：「八百燾臺陞李裕，三千館閣薦彭華。」恥笑他們分明是進士正途，竟淪為傳奉官。

憲宗駕崩後，孝宗繼位之初，曾淘汰一波傳奉官，但孝宗興趣和憲宗雷同，皆沉浸於方術、奇物之中。弘治十年十一月清寧宮失火後，大學士劉健、李東陽引咎辭職，孝宗回絕了他們的辭呈，說道：「卿等職居輔相，正要倚重你們的才能，你們應當竭誠處理政務，共同挽回天意。」並下詔求文武群臣直言，禮科給事中涂旦遂上奏請求將修建毓秀亭、製作煙火而升官的傳奉官革罷。

追根究柢，修築毓秀亭與製造煙火都是出自宦官李廣的主意，由於他以符籙蠱惑孝宗，能夠矯旨授傳奉官，吸引四方爭納賄賂。清寧宮失火後，李廣畏罪自殺，孝宗命人搜索其家，找到一本怪異的書籍，裡頭寫滿文武大臣的名字，其後條列黃米、白米各千百石，孝宗疑惑地問道：「李廣能吃多少，怎麼這麼多人送米？」左右近侍才告訴孝宗，此為黃金白銀的代號。早在當年三月，劉健與李東陽就曾上疏，略言：「近日兩京科道官指陳時弊，並彈劾了奔競交結、乞恩傳奉的官員，雖然未必處理得宜，也有可取之處。」劉、李兩人有意杜絕傳奉之弊，卻遭到一位名為江瑢的國子監生上奏，指責他們杜絕言路，掩蔽聰明，妒賢嫉能。如此看來，或許江瑢也是給李廣送米的一員吧！

至正德年間，劉瑾亂政，詔旨多從傳奉，票擬不由內閣。當劉瑾集團垮臺後，又有官員上疏革罷傳奉官。嘉靖初年，世宗下詔裁革傳奉中書舍人，便有人將杜甫的詩輯成一首，加以嘲諷，略云：「近侍只今難浪跡，青春作伴好還鄉。三年奔走空皮骨，愁日愁隨一線長。」綜觀成化朝以來浮濫的傳奉陞授，表面上是太監挑戰了吏部、內閣的權力，然而宦官是皇帝意志的延伸，事件的背後，隱含著明代中後期皇權與文官集團的矛盾。

第四章

歡迎正式來到官場，請準備好一顆強心臟

終於要開始官場生涯了，但當官這件事，可沒這麼容易！內閣與宦官的權力鬥爭讓人難招架、皇帝喜怒無常開會膽戰心驚、地方政治賄賂上司的潛規則讓人傾家蕩產。踏進官場之前，先去求個平安符，並備好一顆強心臟吧！

內閣大臣vs.宦官集團權力生死鬥

文字工作樣樣包的翰林院

明代初期，學問的傳統是由江南一帶的儒士所建立，他們有些是地方上的名門，有些曾在元朝任官，都有著極好的學問。元末戰亂之時，這批儒士回到山林裡過著隱逸的生活，當朱元璋建立政權後，又將他們徵集來修纂禮樂制度與《元史》，因此明初的學風深受其影響。後來燕王朱棣策動「靖難之役」，許多支持惠宗的文臣殉難，有「天下讀書種子」美譽的方孝孺（一三五七—一四〇二）及其師友皆受株連，且朱棣將國都北遷，南方的學統傳承因此斷裂。此時，內閣制度逐漸成形，富有學識的閣臣便取而代之，成為新一代的學問領袖。

明代閣臣多出自翰林院，翰林院又稱「詞林」，意指文詞薈萃之處，連官署也別具匠心，每三年進行一次修繕，堂廡宏偉壯觀，大廳前的院子整潔無比，院內樹木挺拔蒼蔚，有成樂軒、瀛洲亭等勝景。翰林院設有學士、侍讀、侍講、五經博士、編修、檢討等職，工作包括考訂制度源流、講讀儒家經典、充任科舉考官、編纂國史與皇室宗譜等。皇帝大婚時，創作讚頌的詞章，每逢元旦、端午、冬至等佳節，也進呈對聯。游宴時，陪皇帝吟唱詩歌，並為皇宮中的珍畫作題詠。凡朝中涉及文史諸事，多與翰林院有關，因此翰林官稱自己是以供奉文字為職。

翰林官作為皇帝的學術顧問，隨時要替皇帝解惑。朱元璋若有讀不通的經典，必定召翰林院儒臣來講解，所以方孝孺有句詩寫道：「黃門忽報文淵閣，天子看書召講官。」有時候召令來得突然，甚至來不及更衣，就急忙前去應召。此外，翰林官還會從事學術研究，如楊慎涉獵星象、翟鑾鑽研《說苑》、馮琦熟讀《祖訓》、許國與李維楨以博聞強記著稱，翰林院眾臣總說：「記不得，問老許。作不得，問小李。」這些冷僻的知識，總有派上用場的一日。宣宗有次在皇宮賞畫，見到畫中有條長著翅膀的龍，感到非常驚訝，將內閣大學士召來詢問，但他們都答不上來，又問在場有沒有官員知道？五經博士陳繼（一三七〇——一四三四）答覆道：「有翅而飛的龍，稱之為應龍。」並指明出自《爾雅》，宣宗命人取《爾雅》查證，果然找到這則典故。

陳繼有沒有獲得賞賜，史書沒有明載。一般而言，翰林官若能創作出令皇帝滿意的詩文，不但受到口頭嘉勉，還會獲得白金、文綺等豐厚的回報。尤其翰林官應召時，經常是在節日宴會上，皇帝賜金銀、酒饌，與諸臣同樂，共度佳節。即使在平時，翰林官修纂《實錄》（皇帝的言行錄）、起居注（記錄皇帝每日行為和言論的史書）、誥敕（朝廷封官授爵的敕書），亦享受優渥的待遇。皂隸、炭、紙均由朝廷提供，光祿寺另補助酒、米、肉的費用。憑藉著翰林院的名氣，攜帶財寶前來求索詩畫的人絡繹不絕，又多了一筆可觀的收入。

嘉靖時期，翰林院多了一項差事，顧鼎臣發現世宗崇奉道教，醉心於長生術，於是提倡撰寫「青詞」以取悅皇帝。[13] 青詞是一種道教的符籙，將祭祀神明的祝詞用朱筆書寫在青藤紙上，若是寫得一手好詞，必定會獲皇帝越級拔擢，當時李春芳、嚴訥、郭朴及袁煒（一五〇八—一五六五）皆因此進入內閣，被人譏為「青詞宰相」。其中袁煒才思敏捷，撰詞速度極快，且擅長用浮誇的言詞頌讚，例如世宗畜養的貓死了，袁煒有「化獅作龍」等語，讓世宗大為欣悅。他另有一副膾炙人口的對聯青詞傳世：

洛水玄龜初獻瑞，陰數九，陽數九，九九八十一數，
數通乎道，道合元始天尊，一誠有感；

岐山丹鳳兩呈祥，雄鳴六，雌鳴六，六六三十六聲，聲聞于天，天生嘉靖皇帝，萬壽無疆。

袁煒總以華麗的詞藻諂媚世宗，因此尤為得寵。每次世宗設醮（設立道場，向鬼神祈求福祉），需要耗費非常多的金子，以金泥代墨，製作這些青詞，袁煒從中得到了不少財富。而不願意作青詞，或是在青詞中有所規諷的翰林官，就會被世宗冷落。嘉靖朝中期，內閣首輔夏言寫的青詞，本來最稱世宗心意，但他不願穿戴世宗在醮壇上賜的香葉束髮巾，認為此非文官體統的穿著。而大學士嚴嵩最會奉承皇帝，表現出恭敬的樣子，將香帽籠上輕紗戴了起來，讓世宗非常高興，夏言在世宗心中的地位就被嚴嵩給取代了。

翰林院除了文字工作，還要擔任皇帝的講師

翰林官在文華殿定期為皇帝講授儒家經典的工作，通稱為「經筵日講」，惟經筵與日講不同，經筵場面隆重，每年只舉辦的次數不多，大九卿、勛臣、科道官等要員都得列席聽講，講後舉行酒宴。日講氣氛較為溫和，每年講十幾次，只有閣臣、講官等人參加。翰林官先至文華殿預演，嫻熟禮儀後，從中挑選聲音朗暢、學問淵博之人進講。

13. 嘉靖朝以前，亦偶有作青詞之事，例如天順七年，天有異象，英宗命李賢撰青詞。

講席前一日，講官例不見客，把身子洗乾淨，衣冠薰香，不吃味道重鹹的醃製物。若開講當日為皇帝或皇后的本命日（該年干支與出生那年相同的日子），改著紅色的朝服，若為先帝忌日，則延期舉行。講經每念到祖宗、皇上、聖明等詞，則拱手俯躬，表示尊敬。經筵講章在進講前一日先送內閣審閱，年末時復送至內閣裱裝，進呈皇帝，所以選擇講題時，盡量避免經典中有「君薨」、「人之將死」、「疾病」等不祥詞彙的章節，或是直接略過不念。

嘉靖初年，講官顧鼎臣論及《孟子・萬章上》時，直接唸出原典：「放勛乃徂落，百姓如喪考妣三年。」放勛是上古時代賢君唐堯的名號，而世宗是個迷戀長生不老的皇帝，眾臣聽到這段話都嚇傻了，顧鼎臣接著慢慢說道：「堯逝世時，已經高壽一百二十歲了。」大家才鬆了一口氣。其實明代前期的講官多不講《孟子》，因為孟子強調民本，主張民貴君輕，講官礙於君威，總是詞不達意，孝宗實在聽不下去了，才申令講經不必忌諱。不過每位皇帝喜惡不同，講官須多加斟酌，例如崇禎時期的講官王鐸論及時事，而有「白骨如林」等語，遭到思宗斥責。

若皇帝耽溺玩樂，行為有所偏差，講官也趁日講時，用古代君王的故事規勸皇帝，但勸戒不宜過直，景泰年間有位名為楊守陳的講官，一連講了秦末內侍趙高策動女婿閻樂謀反，及唐玄宗李隆基（六八五—七六二）怠政，寵幸楊貴妃，以致藩鎮安祿山起兵的故事，最後用《孟子．離婁上》的「樂其所以亡者」作結，在場聽講的官員都嚇出一身冷汗。代宗是因兄長英宗北征遭瓦剌部俘虜，才順勢即位，在朝政危難之時，講官進諫難免激烈。或因如此，經筵結束後，代宗總把錢幣丟擲在地上，讓講官爭相拾取，彎不下腰的老臣就沒有賞賜了。[14]

弘治年間，宦官李廣經常誘惑孝宗至西苑（別宮）遊玩，侍講學士王鏊擔任講官，講題是《尚書．無逸》：「文王不敢盤於遊田。」孝宗為之動容，對李廣說：「講官指的就是你們呀！」貪玩的武宗最討厭講官楊廷和、劉忠趁機規諫，遂向太監劉瑾說：「經筵就是講書而已，何來添出這麼多話？」劉瑾本來就厭惡兩人，便建議武宗把他倆調到南京去。思宗也曾與兼任講官的戶部尚書倪元璐起過爭執，當時講《大學》的「生財有大道」，意在告誡皇帝加徵糧餉之害，思宗震怒道：「不見戶部有良好的政策，卻在這裡說不切實際的道理。」過了一天，才與諸臣道歉：「講筵上只有辯論，沒有譴責。昨天說出那樣的話，朕感到非常懊悔。」

14. 沈德符於《萬曆野獲編》提到宣宗、代宗、神宗俱有撒錢於地之事，但對此存疑。而丁紹軾的《講筵恭紀詩》指出，皇帝溫書時，太監手持裝有金錢的小架，左右移動錢幣，計算朗誦的次數，撒錢於地的故事，可能是由此附會而成。

可見皇帝大多還是敬重翰林院的，講官經筵失儀，皇帝多加以寬慰，糾察的官員亦不可當面糾正。召對時，翰林官只須向皇帝行一拜三叩禮，而皇帝在應答時，總對他們說：「朕知道了。」對其他官員則說：「知道了。」多說一個「朕」字，以表示禮遇。若皇太子在旁，也會說「先生每辛苦」或「先生有勞」等語。自正統年間正式確立經筵制度以後，必稱講官為「先生」。經筵結束後，皇帝總會親切地說：「先生每吃酒飯。」所以李東陽有句詩：「近臣嘗造膝，閣老不呼名。」意指皇帝優禮翰林官，促膝交談，關係非常親密。

據學士程敏政的記載，他兼任講官收過的禮品除白金、錢鈔外，還有官冠、織金雲鴈緋袍、冠帶、烏紗帽，以及茶、桃、鮮筍、青梅、枇杷、楊梅、雪梨等美饌。神宗沖齡即位，指導皇帝讀書的首輔張居正更是幾乎每天皆獲賞賜。有時不僅是華美的衣裳與財寶，更是出於對臣子的關心，皇帝若知道翰林官染疾，便賞賜藥餌，命宦官偕同御醫前去探病。例如嘉靖年間，世宗聽聞內閣首輔嚴嵩有痔疾，特賜能夠緩解疼痛的紅柿，嚴嵩發揮翰林官的文采，在謝啟寫道：「草木何知，允賴乾坤之長養；桑榆有幸，長承天日之光輝。伏願於萬斯年，比蟠桃而獻壽，克昌厥後，立瓜瓞以宜男。」表示感激之情，並祝福國運綿長、皇帝子孫昌榮，短短四句話就化用了五句《詩經》。

皇帝找藉口不上課，而眾臣只想吃課後的酒宴？

只是君臣之情不通，漸漸地經筵日講就成了徒具形式的公事，雙方都只是做個樣子罷了！最初經筵規定每個月三次，只有寒暑暫免，後來出現了各種傳免經筵的理由，例如出遊騎射、接見使節、天氣欠佳、聖體不適、聽聞軍隊戰敗的消息以致心情不好等等，明代後期的皇帝大多長期輟講，改為直接進呈講章，就連宴會與節慶也賴著召翰林官進呈賀詞，所以翰林官在辦公時間關起門來睡覺、喝酒，雖然悠閒地享著清福，與皇帝的關係卻也愈來愈疏遠。

崇禎九年二月的經筵因大雪而停講，午門外的酒宴也一併取消，翰林官楊士聰笑著與同僚說：「經筵日講不過老生常談，為何不將此宴便賜諸人，豈不省事？」一旁的宦官答腔道：「此位老先生講的是，大雪如此，只是賜宴，即與經了筵的一樣。」楊士聰又提到他早上看到一群官員在彼此討論，其中一員說：「怪得雪中如此早來，原來今日該吃經筵。」據《大明會典》記載，經筵酒飯有茶食、麵食、攢菜、果子、點心、酒、飯等佳餚約二十餘道，吃完還可以將餐盤器皿領回家珍藏，當作傳家寶。原來眾臣在乎的不是經筵，而是想來吃皇帝請的酒席。不只經筵有賞飯吃，太子進講後本來也會賜宴，與會的官員都認為這是無上的榮耀，但神宗寵愛鄭貴妃的兒子，而不重視太子，裁減了太子講學的宴席與賞錢，講官只好帶著飯盒，裝盛光祿寺準備的餐點。一位名為劉曰寧的官員苦笑道：

我輩初做秀才時，每年擔任塾師的束脩不下五、六十金，又受人非常供養。今為皇帝家館師，今年才得三十金。吃著自己帶的食物，每日五鼓起身，步行數里。而黎明講書，非常勞苦，果然老秀才不及小秀才。

老秀才是指翰林院儒臣，劉曰寧感慨翰林院的待遇竟然比擔任塾師的生員還差，大概是個玩笑話，畢竟在皇帝與太子近側講學，有著其他官員沒有的恩寵與際遇，所以官場有句俗諺：「經筵頭，修書尾。」是指經筵官馬上就有機會升官，而同在翰林院的史官，卻要等到修成史書才能領賞。

正統十四年，發生「土木之變」，英宗北征失利，被俘虜一年多後，瓦剌部見到明朝立了新君，覺得英宗沒有價值了，便將人放回北京。而不願意退位的代宗，雖尊英宗為太上皇，卻將其軟禁在南宮中。英宗遭囚禁了好幾年，趁著代宗臥病，與幾位大臣合謀發動了「奪門之變」。復辟成功的英宗安排官職時，首先想到的就是過去經筵的舊臣，他向商輅問道：「當年和你一同經筵，有位長相挺拔的人是誰？他如今在哪裡呢？」商輅答道：「那人叫陳文，現在雲南擔任布政使。」英宗立刻將他召回北京。又如武宗有次興起，不顧經筵正要開始，跑到西苑遊玩，講官李廷相站在文華殿等候，到了夜晚才退坐到辦公房，仍不敢就寢。隔天繼續進殿經筵，大臣以為疲倦的李廷相應該沒有精神了。但當他開講時，聲音宏亮、條理分明，武宗非常高興，立刻傳敕升他入內閣辦事。

翰林官職務好清簡，但升遷也好難

有句揶揄的詩寫道：「一生事業惟公會，半世功名在早朝。」是指翰林官不必處理繁瑣的公務，最重要的事情是與眾臣開會商討公事，或是在早朝中露個臉，也就當之無愧了，只是仍有些翰林官連朝會都懶著出席，傳說李東陽因失朝被皇帝罰運煤碳，所以又補了兩句詩：「更有運灰并運炭，翰林身上不曾饒。」提醒儒臣別得意忘形了。成化二十三年七月十八日是成祖的忌日，憲宗在奉先殿舉辦祭禮，竟有一千餘名官員缺席，憲宗震怒道：「此輩不畏禮法，懶惰朝參，當治以罪，姑從輕處之。三品以上者，運灰五千斤；四品以下者，三千斤；九品以下者，一千五百斤；有病者，仍查驗以聞。」不尊重朝參的罰則竟是品秩愈高的官員罰得愈重，李東陽因失朝被罰運炭磚，可能確有其事。

一般的情況下，朝廷對於翰林官、內閣大學士可說是禮遇備至，據說宣宗特別准許文淵閣中庭空地能開火，讓閣臣烹膳，不必出宮用餐。且翰林官不必參加大型朝會的禮儀預演，官員若在朝堂上言語喧譁、咳嗽吐痰、張望交談，必定遭御史當面糾正並治罪，惟四品以上官員、翰林院學士（學士正五品、侍讀學士與侍講學士從五品）不面糾。入朝時，錦衣衛跟隨在內閣大學士之後，將其他官員區隔於百步之外。到了朝堂，門官高唱：「某老爺到！」待退朝時，百官皆要迴避，就連勛臣、外戚也不例外。每六年一次的京察，對翰林院而言，如同形式一般，內閣大學士向皇帝自陳述過，皇帝則下旨：「學行素優，照舊供職。」

晚明的官場流行一段話，說翰林官有「三易」：職務清閒容易產生懈怠、官署冷清容易敞開請託、體面尊榮容易養成傲慢。嘉靖年間，孫承恩與徐階先後擔任禮部尚書，兩人對巷而居，孫承恩生平寡交，家中鮮有訪客，而徐階家賓客甚盛，延接不暇，孫家奴僕私下向人說道：「同為尚書，他家車馬盈門。我家相公第中，鬼亦不至，我們在這當差，還有什麼希望？」萬曆中期曾任禮部尚書的馮琦說：「詞林多名譽，廣交游，皆為敗壞官道。」當時的內閣首輔的沈一貫也說：「翰林官，只要房內打了半盹，無咎無譽。」儘管徐階在嘉靖朝末期晉升為內閣首輔，卻晚節不保，沈一貫此言，或許另有所指。崇禎朝的大學士來宗道倒是很享受當翰林官的逍遙，不太過問政事，同僚倪元璐前去議政時，他笑著說：「你何事多言，詞林的傳統不過是香茗罷了。」時人譏笑來宗道只會泡茶，稱其為「清客宰相」。

在翰林院裡面工作，職務清簡，優游自如，便有好事者稱他們為「玉堂仙」或「天生仙」，其餘的進士則喚作「半路修行」。「玉堂」是翰林院的雅稱，加個「仙」字，形容他們不若其他進士職務繁雜，過著快活的神仙日子。但是翰林院也有它的缺點，就是升遷的速度極為緩慢，快者四、五年，慢者八、九年，有些人不堪等待，紛紛轉調其他職位。

正統七年壬戌科的狀元劉儼曾說：「我在翰林院任職，職位清高固然可喜，卻也為升遷之路淹滯而嘆息。就像是皇宮金水河裡頭的魚，雖未必能化成龍，但也不必擔心漁人的陷阱。」所以有句謠諺說：「翰林九年，就熱去寒。」意指士人進了翰林院，宛如入了冷局，編修（正七品）九年升侍講（正六品）、檢討（正七品）九年升修撰（從六品），而直接任職修撰的狀元亦要九年後才升中允（正六品），可能仕宦生涯熬了三十年才當上一個五品官。

當進士皆以翰林院為極選時，天順八年甲申科進士戴珊卻避而不往，他說：「我願意到各部司中實習民政，為朝廷立勛業。」在翰林院何嘗不是為朝立勛，戴珊是不願逐影隨波，抑或另有算計，今人就不得而知了。不過從同科進士的舉止也可看出一些端倪，前文曾提及天順七年禮部貢院大火，燒死了不少考生，考試也延後舉行，這科庶吉士都迫不及待地想當官，他們向大學士李賢吐露道：「庶吉士的教養雖然按規定為三年，我們卻因為火災的緣故，已耽誤了一年了。」李賢聽完此話，生氣極了，請旨把這些不願進學的庶吉士派各部觀政，身分既變回了觀政進士，仕途也就顛簸多了。

這些例子都說明了翰林院升遷之難，翰林官竟用閨怨的心情形容自己的處境，景泰二年辛未科進士楊守陳選為庶吉士後，在翰林院待了十六年，有人問他為什麼不找個有力人士幫忙呢？他說：「我像個等待丈夫歸來的婦人，都守節三十年了，為什麼老年還要改志呢？」無獨有偶，萬曆年間內閣大學士沈一貫寫了一首趣詩給官場前輩王家屏，詩云：「何勞赤眼望青氈，汝老編兮我老編。司業翩翩君莫羨，也曾陪點七年前。」他自嘲兩人都是與榮祿無緣的老編修，即便升到了國子監司業，卻不是令人稱羨的美官，下次升官還得再等六、七年，如同陪伴家中嫁不掉的老閨女。

生病也讓前輩先病・講究輩分的翰林院

翰林院固然升遷緩慢，且最高的官職僅為正五品的翰林學士。但在此任官，清貴無比，能與百官周旋抗禮，因此翰林院的前輩總是勉勵後生道：「吾翰林之官，不可用品秩論尊卑。」翰林院中最優秀者，將延攬至內閣擔任大學士，閣臣亦自承雖無宰相之名，實有輔佐之責。明代中期，逐漸形成「非進士不入翰林；非翰林不入內閣」的慣例，翰林院的庶吉士將來要主持國家大政，而有「儲相」之譽，明朝一百七十餘位內閣大學士，九成出自翰林院。

嘉靖初年，有一場名為「大禮議」的政治風波，武宗朱厚照沒有子嗣，堂弟朱厚熜以藩王入繼大統，朝臣對於朱厚熜應當稱生父朱祐杬（一四七六—一五一九）為皇考，或要認孝宗朱祐樘為嗣父的問題引發爭執，朱厚熜拔擢了一批投其所好，主張認生父為皇考的官員，張璁（一四七五—一五三九，賜名張孚敬）、桂萼因此未經翰林院培養就成為大學士，其他翰林院出身的官員皆以其為恥，不願與之並列。張璁懷恨在心，以量才外補的名義，奏請世宗將二十餘名翰林官、庶吉士發派為低層官員與地方知縣，翰林院因此為之一空。明代初期，翰林官確實多有外調，但多擔任布政使、參政等地方大員，發配為州縣官著實是一種對庶吉士的羞辱，張璁意圖報復的舉止可謂昭然若揭。

從翰林院諸臣以張、桂二人為恥的行為，可知翰林院是非常講究輩分的場所，所謂輩分是按庶吉士館選的年分先後，而非散館的官職尊卑，即使只相隔一科，就得自稱晚生。見面時，晚生要屏氣鞠躬，不可在前輩面前多說話。若有肥美的差事，晚生必須奉讓，就連要請病假，也得禮讓前輩，所以有句玩笑話：「差事讓前輩先差，生病也讓前輩先病。」同鄉的宴席中，晚生聽聞前輩在列，只能推辭，除非前輩發帖邀請，方可出席。散宴時，亦讓前輩先行。直到官拜五品，才可與前輩並坐，仍自稱晚生。升至三品官，才有資格與前輩並行，無須避讓。新進內閣時，晚生得先在一旁的小廳房等待首輔，出去行禮後，才可一同進殿。如此過了好幾個月，才可以免除這樣繁複的禮節，直接入殿辦公。與閣臣同行時，必定走在首輔後面數步，以表謙讓之意。

翰林院講究輩分，可能與內閣的權力愈來愈重有關係，尤其內閣的首輔制度確立後，閣臣內部自有排序，涉及職權分配，故須嚴論輩分。天順朝以前，翰林官在公私聚會時，大多以品秩或年紀安排坐次。到了弘治朝，李東陽主政時，他說：「翰林官是以道德文字為業，有德行的師長雖然坐在上位受人尊敬，仍要與後輩以賓客之禮相待。」意指翰林院重視輩分，不講私人情誼。在內閣大學士辦公的文淵閣裡，坐次就更考究了。天順年間，得寵的李賢執意要坐在正席，彭時認為在皇城裡不宜南面而坐，兩人不歡而散，後來英宗派太監送去一尊孔子像，擺放在正席的位子，李賢才不敢造次。

從無到有的內閣制度

內閣制度本不在明朝的行政體制中，明初設有中書省左右丞相統領六部，是中央的行政首長，洪武十三年發生胡惟庸謀反案後，朱元璋認為歷代丞相多擅權，遂革去中書省，由皇帝獨攬萬機。洪武十七年，一位名為張文輔的給事中告訴朱元璋：「自九月十四日至二十一日，八日之間，內外各部院的奏箚有一千六百六十件，共計三千三百九十一事。」朱元璋自承無法遍覽，盼六科給事中能詳加稽查。據說朱元璋用餐時，仍經常想起政事，便將羹匙與筷子放一旁，提起筆來將政事寫於紙片，編在衣裳上，若想到了許多事，則滿身都是紙片，像極了白斑的鶉鳥。至上朝時，才把紙片卸下來，一一交辦官員。

裁罷中書省後，朱元璋也深知不能無人輔政，故設立「四輔官」，由幾位沒有政治野心的老儒所組成，他們按四季供職，而每月又分三旬，一人只工作十大，協助處理政務，以及清理獄政。朱元璋這樣的安排，目的是防止專權，但工作不能連貫，也致使四輔官無法發揮職能，設立不到一年就廢止了。至洪武十五年，朱元璋再仿效宋朝的制度，設置華蓋殿、武英殿、文淵閣、東閣等殿閣大學士，以備顧問，就是內閣制度的雛型，後來的人將此通稱為「內閣」，是為了避開宰相之名，因為朱元璋在晚年重申：「以後繼位的國君，不可討論設置丞相。臣下有奏請設立丞相者，以極刑論處。」儘管不設丞相，內閣的職權與地位卻愈來愈重，《明史》公允地評價道：

成祖挑選翰林官入文淵閣工作，參預機要政務，有晉升至大學士者，直接將奏章送到皇帝面前，讓皇帝進行裁斷。儒臣在內閣輪值，只是充任顧問而已。到了仁宗以後，大學士晉升至尚書、少保、少傅，品秩尊崇，他們與皇帝關係親密，所以皇帝詔命批示、裁決機要政務等事，皆由閣臣票擬。閣權之重，偃然如漢、唐時代的宰輔，只是不將他們稱為丞相而已。

由《明史》這段話可以知道內閣權力驟升的關鍵，其一是品秩的提升，大學士品秩為正五品，在仁宗、宣宗在位時，部分大學士本是輔佐太子的東宮舊臣，為了報答師恩，特別加升至正二品的「三孤」（少師、少傅、少保）與六部尚書官銜。其二是職權從顧問轉變為實際參與決策，「票擬」（又稱條旨）是代皇帝擬答，即對各部院的奏疏提出意見，浮貼於奏疏上，上呈皇帝裁決。

票擬制度約在正統年間成為定制，因英宗幼年即位，閣臣擔憂皇帝身體容易疲倦，規定早朝只能討論八件政事，其餘奏疏前一日先由內閣擬定建議，待早朝奏事時，便依建議宣讀。內閣票擬批語僅供皇帝裁量，一切政令須皇帝用硃筆批示後才能下發各部院執行，稱為「批紅」。皇帝可採納票擬辦法，或者要求改票重擬，甚至做出完全相反的決策。但奏疏若未經內閣票擬就發下，六科給事中有權封還，要求奏疏按程序重新擬定，所以內閣成為中央行政制度不可或缺的部分，地位更在六部之上，即使有一、兩位尚書與內閣爭論，往往屈居下風。尤其在嘉靖、萬曆朝以後，內閣權勢更甚，各部院的職權皆被首輔牢牢掌握，六部形同內閣的下屬官吏，只能聽命從事。

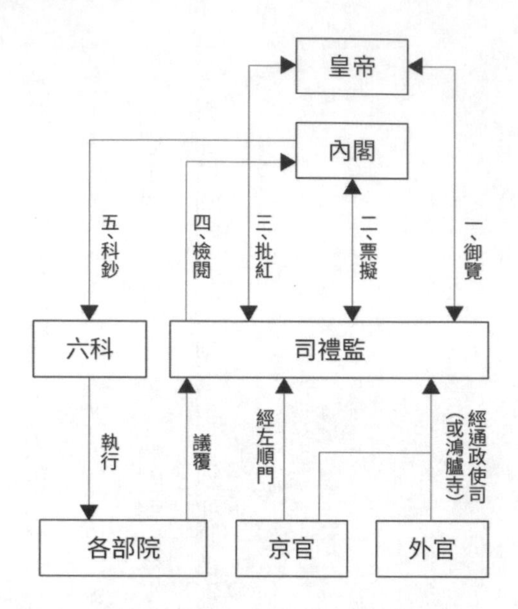

明代中期奏疏處理程序圖，據劉政賢〈明代通政使司之發展困境〉、那思陸〈明代內閣與司法審判〉及《明史．職官志》補充改繪

朱元璋將政務比擬為水，必須要使其通達，所以設置「通政使司」掌管四方奏疏，通政使在早朝時，將內外官員的奏疏彙整送入中樞行政系統。在京官員於朝會後，若有急事奏報，可將奏疏投交到「左順門」（後稱會極門），因京官總冀望速達，所以無論輕重緩急，總往左順門投遞，仁宗遂規定只有重要的公事方可投交左順門，其餘奏疏仍需交付通政使司。但規定沒有嚴格落實，逐漸形成京官投至左順門，外官投至通政使司的雙軌制。

在外官員進京時，由負責儀節的鴻臚寺引領進奏，鴻臚寺是掌管朝會儀制的機構，也可以引奏捷報，外官便將各種奏疏交付鴻臚寺，讓鴻臚寺轉達，特別是涉及軍情的奏疏，多由鴻臚寺封進。如同左順門般，鴻臚寺竟也成為一個傳遞奏疏的管道，連京官都會將奏疏投入鴻臚寺。萬曆九年時，禮科給事中帥蘭指出：「現今四方陳請建言等事，一切疏劄不在通政使司，而在鴻臚者竟超過一半。」帥蘭認為鴻臚寺侵奪了通政使司的職權，與太祖朱元璋設官的初衷違背，建議讓鴻臚寺回歸《大明會典》所記載的職權，只能引奏捷報、慶賀、朝貢等類的奏疏，其餘的政事回歸至通政使司，獲得神宗同意。

奏疏無論是投遞至通政使司、左順門、鴻臚寺，皆由司禮監的「文書房」收掌與發送。司禮監太監仔細查對有無錯字，若檢查到一個錯字，賞銀五錢。查核完畢，先進呈皇帝御覽，接著發交到內閣票擬，內閣通常不代六部做決策，只簡單地寫：「該部知道」、「該部議奏」，意為將奏疏下發至各部院商議。票擬後由皇帝批紅，再送回內閣檢閱。六科給事中自內閣領出奏疏，若程序有失誤則封還執奏，無誤則傳抄後發至相關衙門。有「該部知道」批紅的奏疏，大多可結案，若為「該部議奏」，部院於商議後奏進，進行第二次循環，此時內閣票擬才會較為具體。

奏疏並非皆按既定的流程進行，有些奏疏在通政使司就被攔阻了。例如崇禎年間，有封奏疏建議將年號的「崇」改為古字「崈」，緣由是山壓宗會造成不安，上下交換後，有宗廟安於泰山的吉徵，通政使覺得太過荒謬，不送至文書房。明朝皇帝多寵信宦官，讓司禮監太監代為批紅，甚有宦官不經內閣票擬就逕自批答的情況。例如正統朝雖將內閣票擬制度化，但英宗幼沖即位，政務多委由宦官王振代理，批紅經常與票擬相違。此外，萬曆中後期，神宗怠政，即使讀到了言詞激烈奏疏也不動怒，只說：「這些官員不過是想沽名釣譽，若予以重懲，反而成就了他們。」所以奏疏進呈御覽後，多不予下發，稱為「留中」，據說萬曆末期的內閣首輔葉向高在文淵閣裡空坐終日，自嘲道：「如何才能得到一封奏疏進行票擬，讓我有工作可做？」

皇帝、內閣、宦官的愛恨情仇

當皇帝與閣臣關係疏遠，情意不通時，閣臣只能透過宦官傳達訊息。成化七年十一月，天有異象，官員認為這是在警示君臣懸隔，希望憲宗能與閣臣面議政務，首輔彭時與司禮監太監說：「別說我們見不到皇上，就連你們諸位老太監也見不到吧！」頗有暗諷的意味，讓宦官難以推託。於是司禮監在文華殿安排一場議政會議，會前交代閣臣道：「初次見面時，情感尚未融洽，不宜多言，姑且等到下次見面時再說。」其實當天要商議的政事很多，但才報告了一件京官減俸的事情，大學士萬安應對時過於緊張，高呼萬歲，閣臣也只能同聲叩頭，憲宗以為閣臣都報告完了，命光祿寺準備酒飯，議政會議就這樣草草結束了。

太監擔心閣臣日後再見到皇帝恐怕要說自己的壞話，便譏諷道：「閣臣常說皇帝不召見他們，到了召見時，卻說不出巧妙的政策，只會高呼萬歲。」人們聽聞後，紛紛取笑萬安是「萬歲閣老」，萬安倒是覺得自己沒錯，後來大學士尹直也想面見皇帝，萬安制止道：「以前彭時與皇帝見面，一語不合，就叩頭高呼萬歲，不敢盡言。如今我們可以把事情都說清楚，讓太監轉達，從來沒有不依從的，更勝於面對皇帝。」

在萬安的口中，叩頭高呼萬歲的人竟然是彭時，由於萬安是個品學兼差的人，「萬歲閣老」的汙名究竟是被宦官誣陷，抑或確有其事，今人已無從知曉。但萬安從務實的觀點出發，認為太監作為內閣與皇帝的橋梁，能使政令暢達，能否面見皇帝，也就不是那麼要緊了。萬曆十八年，首輔王家屏統計自己一年只見到兩次皇帝。到了萬曆中期，大學士朱賡因繼母過世而退隱山林，又獲神宗起用，朱賡晉升為首輔後，在奏疏中提及自己已經入京五年了，卻還沒見過皇帝一面。

萬曆四十三年，發生了「梃擊案」，有名叫張差的男子，混進皇宮意圖刺殺太子，神宗這才召方從哲、吳道南兩位閣臣商議，未料方從哲只會叩頭應諾，而吳道南更是一句話也說不出來，反倒是御史劉光復發言激怒了神宗，遭宦官群起毆打，吳道南見狀，嚇到僵倒失禁，被門隸攙扶出宮，幾天後才恢復心神。即使君門萬里，天子不見群臣，龐雜的朝政仍然能夠勉強運行，只是少了皇帝統御，政務施行經常受到太監的阻撓。

如翹翹板般的權力關係

明代晚期，文官集團與宦官的關係比較緊張，甚至結黨相鬥。但宦官的知識養成與翰林院有密切的關聯，《明史．宦官傳》記載明初朱元璋嚴格地限制宦官的權力，在宮門置一塊鐵牌，刻有：「內臣不得干預政事，預者斬。」且不許宦官讀書識字，曾有一位老宦官說了幾句涉及政事的話，當日就被斥革還鄉。直到宣德年間，宣宗才命大學士陳山教習年幼宦官，從此宦官通曉文墨，逞巧作奸。

《明史》有意誇大宦官亂政的危害，致使記載失準。其實朱元璋相當信任宦官，多次派宦官到外地監軍、處理馬政，成祖亦曾派太監鄭和率兵出使西洋。明初宦官能夠識字，只是不通義理，至永樂初年，已開始撥派教官教導小內侍讀書，讓他們得以勝任衙門內的文職工作。正統年間，太監王振設立「內書堂」，由翰林官入內教習宦官課業。不過身兼戶部尚書與大學士的陳山，確實早在宣德四年就在教小宦官讀書了，據說是因為宣宗討厭他，故意讓他做低賤的工作。

起初，翰林官總覺得教宦官讀書不是件光彩的事。景泰年間，錢溥聽聞有太監要向他學習，便不悅地說道：「萬千好處不成全我，為何這件事囑託我？」不到一個月，見到其他指導太監學業的同僚紛紛升官，獲得豐厚的賞賜，他才感到懊悔不已，錢溥後來欣然接受了教習宦官的工作，仕途果然平步青雲。宦官若與翰林官勾結，必定會對行政體系造成不良的影響，因此在弘治元年，御史曹璘上疏道：「朝廷特設內書堂，令翰林官教習內使，本非高皇帝的制度。翰林官多夤緣以干進，而內官亦且假儒術以文奸，應當盡速停止這項制度。」但孝宗沒有接受他的建議，這樣的弊端延續了到嘉靖朝晚期，直至嘉靖四十四年才推行另一項改革措施，改由資淺的翰林官充任內侍教官，避免宦官請託的歪風，當年高中進士的沈鯉進入翰林院任職，當他教授宦官學業時，不少受寵信的宦官拿著錢幣意圖結交沈鯉，都被他嚴厲地回絕了。

宦官的教習地點，最初在宮內文華殿東邊廂房，設立內書堂後，改在宮外的司禮監授課，司禮監位於紫禁城的後方，路途相當遙遠。正德年間，一位名為陸深的翰林官，在家書中提到每五日須赴司禮監指導三百餘名宦官讀書一日，每次要徒步十餘里，極為辛苦。

翰林官赴內書堂教書，學生們相當敬重教師，在堂前迎接教師到來，然後請他們進房喝茶。奉茶後，在門外排列一一向教師行禮。其課程與一般蒙學教育類似，從基礎的《百家姓》、《千字文》教起，接著研讀《孝經》、《大學》、《中庸》、《論語》等儒家經典，指導學生寫字、背書，以及對仗技巧。學習好的給予嘉獎，不好的則要在孔子聖像前罰跪，甚至挨杖。較為特別的是，有些用心的翰林官會編製特別的教材，輯錄歷代賢宦事跡，或可鑒戒之故事，讓宦官誦習。程度好的宦官，將安排至文書房任職，他們精通《左傳》、《國語》、《史記》、《漢書》等史籍，能夠寫詩作畫，陪伴皇帝彈琴對弈，與名士比起來，毫不遜色。課程雖然勞苦，翰林官仍恪守職責，因為宦官是皇帝親近的人，總希望能將他們教育成材，為皇帝盡忠。

明代宦官戰力十足！不容小覷

明代中期後，受過教育的知識型宦官，發配到內府各衙門從事文書工作，其中司禮監的秉筆太監代替御筆批紅，謄錄內閣的票擬意見，有時還能夠挑出閣臣的錯字，加以訂正。但對那些擅權的太監而言，就不僅僅是挑改錯字了，例如正統年間，王振怙恩恃寵，將自己的話稱作聖旨，完全不理會內閣票擬，執柄獨斷，視勛戚如奴隸。

又如正德年間，太監劉瑾專權時，內閣首輔劉健發現吏部、戶部、兵部及都察院的奏疏皆不能落實，他向武宗上諫：「近來從內廷發出的聖旨，都未曾讓我們知道，而我們所擬定的建議，竟被隨意更改，諸如此類的事情，不可悉舉。」武宗駕崩後，御史程啟充擔心繼位的世宗重蹈覆轍，亦上疏指出君臣關係疏遠的原因是：「司禮之權重於宰相，樞機之地委之宦官。」可見內閣雖有票擬之職，實權卻掌握在批紅的太監手上，即使是嘉靖晚期，像夏言、嚴嵩那樣受到世宗信任，權勢凌駕六部，猶如真宰相的內閣首輔，也不得不聽命於太監，仰其鼻息。

秉筆太監的職權與內閣首輔相對應，司禮監遂成為宦官衙門「十二監」中最清要的衙門，其他衙門的宦官見到他們，必叩頭稱為上司，就連年紀較輕的司禮監宦官，穿著也明顯地與其他宦官不同，以清流自居，自稱為「內翰」，意思是內廷的翰林官。

而那些掌權的太監們總是機關用盡，挑選特別的時間向皇帝彙報政事。例如正德年間，劉瑾總在武宗玩樂時，請示裁決各部院的奏疏，令武宗感到不耐，屢屢將他趕走，說道：

「我怎麼叫你管事的？竟然來打攪我。」劉瑾便能夠專決，不必向皇帝報告。又如天啟年間，魏忠賢知道熹宗朱由校（一六〇五－一六二七）手藝精巧，喜歡做木工，故意趁他在鋸削木材時奏事，熹宗討厭極了，敷衍道：「朕都知道了，你們好好做吧！」魏忠賢於是恣意妄為，倚勢弄權，有首宮詞寫道：「盤盂珠翠未休工，何處封章瀆聖聰？六局印官承應慣，略宣數語付批紅。」就是描繪熹宗忙著做工，隨口吩咐幾句話讓太監批紅。

宮女與閹人關係如同夫妻般親密，稱之為「對食」。魏忠賢不識字，按例不能入司禮監，但他與熹宗乳母客氏結為對食的緣故，得到了司禮監的職位。魏忠賢命太監們批改各方進呈的奏疏，凡是有要緊處，先用指甲掐出痕跡作為記號。次早向熹宗報告時，他憑藉著記憶力與記號，在御前指導熹宗批閱奏疏，當太監向熹宗說：「萬歲爺，某處是關鍵，某票某字當改。」魏忠賢便在一旁讚揚附和，若是對己不利的內容，就改以刻薄的語氣，試圖挑激聖怒。天啟二年，給事中楊漣上疏彈劾魏忠賢，列舉二十四條罪狀，首條就是：「忠賢擅權，多出傳奉，或徑自內批，壞祖宗二百餘年之政體。」

前文已揭示傳奉官之濫，破壞了吏部的銓選制度，其中與宦官最密切者，就屬「鎮守中官」（或稱鎮守內官），此是指皇帝將宦官派往邊鎮，協助監督軍務，最早在永樂年間就已施行。原為臨時性的差遣，後來成為正式的職務，不僅在南北邊境，在內陸的重要關口要道，或治安不穩的地方，也都設置了鎮守中官。在明代中期，鎮守中官的數量急遽膨脹，他們作為皇帝耳目，以採辦物料的名義，到處蒐取珍玩、書籍、藥草，爭相將各地的土產進貢給皇帝，稱之為「孝順」。但其中部分的物料，是進了太監的私囊，成化年間有個王姓太監，跟著鎮守中官一同出使雲南，竟以經營檳榔致富，人稱為「檳榔王」。

鎮守中官最大的弊端在於許多太監並非按正規流程委任，而是傳奉任命，連皇帝都無法掌控。其實在嘉靖初年，世宗就有意撤換各地的鎮守中官，惟兵部尚書彭澤認為不可，說道：「內臣數易，為民害愈甚，養餓虎難於養飽虎。」世宗遂改變政策，逐漸裁撤各地的鎮守中官。至天啟年間，因遼東局勢緊張，熹宗恢復了部分鎮守中官。思宗初繼位後，鑑於魏忠賢之禍害，再度裁撤各地鎮守中官，改委任大臣，但這些官員成天內鬥，面對戰爭失利、軍糧短缺的窘境，竟提不出一點良策。思宗想了又想，覺得還是宦官可靠，崇禎四年九月指派太監前往邊關監視軍馬，官員紛紛為此上諫，思宗怒斥道：「如果你們盡心報國，朕何必派任宦官呢？」令官員羞愧地不敢作聲。

清朝官方修纂的《明史》批評思宗將鎮守、出征、督餉、坐營等事都交由宦官處理，導致了明朝的滅亡。這或許是因為參與修纂《明史》的史官有許多前朝遺民，他們有意為立場相近的士大夫護短，便淡化了文官集團誤國的責任。明代中期，有位名為凌翰的文人簡單地道出了皇權、相權與閹權的關係，他說：「宦官與朝臣的權力是互相消長的，當天子嚴明時，天下之大權掌握在朝臣；當天子受蒙蔽時，大權就落在宦官身上。」只是這樣的論點，仍帶有儒家的正統觀，文官集團為維持朝政穩定運作，故須限制皇帝，不讓其恣意妄為，而皇帝為了維護皇權，只得起用宦官，讓他們制衡內閣，這不必然取決於皇帝嚴明與否。

愈來愈囂張的宦官

明代宦官竊權，自正統朝的王振始，其後有成化朝的汪直、弘治朝的李廣、正德朝的劉瑾、天啟朝的魏忠賢，當皇帝愈寵信宦官，閣臣的地位也就愈低。英宗幼齡即位，不正經的王振陪伴在身邊，視天子為門生，經常傳授一些狡猾的詭計蠱惑英宗，英宗對他十分崇拜，尊稱其為「先生」，勛臣看到英宗尊敬王振，也跟著叫王振為「翁父」，某位沒有鬍鬚的工部侍郎，趨奉地說道：「公無鬚，兒子豈敢有鬚。」據說王振還將朱元璋高掛的「內臣不得干預政事」鐵牌撤掉了，舉止日益專恣。只是王振慫恿英宗御駕親征瓦刺部，引發了「土木之變」，英宗兵敗遭俘，王振也被亂兵所殺。後來英宗復辟，宦官曹吉祥「奪門之變」有功，成為英宗的新寵。

天順年間，李賢擔任首輔時，曹吉祥邀至左順門談話，李賢回絕道：「聖上宣召則來，太監請不來。」曹吉祥只好親自拜訪，李賢又說：「內閣乃天子顧問之地，我等是候顧問之官，太監傳聖上之命，有事來說，自當到此。豈可命人召我？」據傳李賢接見太監時，只穿著簡便的服裝，而成化朝繼任的首輔彭時，必定穿著正裝，並坐在下位。後來陳文任首輔，與太監談話完畢，會為太監送行出閣，至萬安任首輔時，則恭送至大門口。有時太監甚至不親赴內閣，只命小宦官傳話而已。

曹吉祥雖權傾一時，九卿尚不至俯首，只是敢怒不敢言罷了。而汪直擅政時，設立「西廠」，訓練宦官蒐集情報，官員多為之屈膝，時諺云：「都憲叩頭如搗蒜，侍郎扯腿似燒蔥。」意思是指都察院的御史、六部侍郎等高官競相趨附汪直。可是汪直還不是最跋扈的，畢竟被他整死的官員不多。到了劉瑾攬政時，他經常假公濟私，羅織罪名，抄沒文臣的家產，有錢賄賂劉瑾的官員尚可活命，沒錢的官員就凶多吉少了。大學士焦芳每次拜訪劉瑾，必稱其「千歲」，而自稱「門下」，票擬奏疏時，也必定迎合劉瑾的心意，各地賄賂劉瑾的人，都得先賄賂焦芳。嘉靖年間的文人王世貞觀察宦官的先後權勢，說道：「國朝文武大臣，見王振而跪者，十之五；見汪直而跪者，十之三；見劉瑾而跪者，十之八。嘉靖朝以來，幾乎沒有這種事了。」

世宗是以藩王身分入承大統，從前就聽聞過正德朝宦官的禍患，即位後對於宦官掌控甚嚴，裁撤了各地的鎮守中官，司禮監與東廠都不敢作亂，所以宦官的權勢在嘉靖朝有所削弱。儘管如此，閣臣的地位仍日漸低落，曾有個太監與翰林官朱大韶說：「我輩在便殿服侍皇上很久了，觀察到態勢的轉變。昔日張先生進朝，我們多要打個躬，稱他的別號羅峰。後至夏先生，我們只平著眼兒看哩。今嚴先生與我們拱拱手，方始進去。他們的姿態愈放愈低了。」嘉靖初期，宦官見到首輔張璁，要向他鞠躬及問候。嘉靖中期，宦官見到首輔夏言，只會平眼相視。至嘉靖晚期，反而是首輔嚴嵩要向宦官拱手打招呼。

天啟時期的太監魏忠賢，狠毒又較前朝更甚。他本是個目不識丁的無賴，因為欠了賭債，便改了姓名，自行閹割入宮。魏忠賢教熹宗唱戲、打獵，讓其沉湎於玩樂中，得到熹宗寵信。朝中不願意依附魏忠賢的官員，有的被革職，有的遭拷打致死，更多的官員或心灰意冷、或心生恐懼，自行辭官求去，魏忠賢的爪牙便順勢填補缺職。曾任都御史、尚書等要職的崔呈秀稱魏忠賢為「親父」，其他追隨者則尊其為「九千歲」，各方奏疏不敢直呼其名，而稱「廠臣」，大學士黃立極、施鳳來、張瑞圖草擬聖旨時，必定也寫「朕與廠臣」。時人給魏忠賢的黨羽起了許多外號，例如文臣有「五虎」，武官有「五彪」，自內閣以下，六部、總督、巡撫皆遍布他的死黨。許多地方官員順著風向，爭相獻諂，稱頌魏忠賢的功德，在各地建造宏偉的生祠，監生陸萬齡甚至提議將魏忠賢配祀在孔子旁，封魏忠賢父為「啟聖公」（本為孔子之父）。大學士韓爌嘆息道：「魏忠賢不過只是一個人，外廷諸臣盡依附於他，事態才變成如此，他們的罪行哪是一殺就能了結的呢？」

綜觀明代後期宦官擅權，周圍總少不了一批不矜名節的閣臣，這是因為內閣與司禮監皆是皇權決策中不可或缺的部分。正德朝，劉瑾得勢時，仍將各方的奏疏按程序送入內閣，只是阿諛的閣臣反倒與劉瑾商量此事當如何說、彼事當如何說，才使得劉瑾日益恣肆，所以《明史．閹黨傳》批評焦芳：「在內閣任職數年，讓劉瑾騷亂全國，不遵循法規，荼毒士大夫，全都是焦芳引導所造成的。」至天啟朝，魏忠賢勾結外廷諸臣，最先諂附的是大學士顧秉謙及魏廣微，而一切削奪官職、追討俸祿的聖旨，都是經顧秉謙等閣臣所票擬，並非魏忠賢自行下發的中旨。

雖然嘉靖時代的文人何良俊曾說：「近來的宰相，不由宦官援引，則是營求而得。」

但翰林官與宦官本存師生之誼，在為君盡忠的共同目標下，兩者亦非勢不兩立，為了能夠讓朝政順利運作，許多官員不排斥與太監合作。最著名的例子便是萬曆朝的首輔張居正，他固然是個有才能的人，之所以能夠獲得李太后支持，輔佐年幼的神宗，乃至獨攬大權，是出於太監馮保的幫助。

張、馮兩人情誼穩固，如膠似漆，甚至謠傳張居正拜見馮保時，名帖上以晚生自居。當張居正的父親去世時，新政才剛起步，為了不使改革廢弛，張居正授意馮保謀劃「奪情起復」，意思是奪去孝親之情，使自己不必去職服喪。有司禮監配合，張居正得以掌控票擬與批紅，那些反對奪情的官員受到了嚴厲的懲處。有人奉承地稱張居正猶如宰相，他竟答覆道：「我非宰相，乃是攝政。」足以見其權勢。時人沈德符評價道：「當今聖上沖年，張居正受先帝遺命，擔負朝廷輔弼之職，內廷與外朝形同一體，百官接受他的領導。其相權之重，本朝沒有第二人了。」

早起的皇帝和大臣有朝會要開

古人也要參加朝會？

相傳朱元璋有一首詩：「百僚未起朕先起，百僚已睡朕未睡，不如江南富足翁，日高丈五猶添被。」此詩傳到了江南富翁沈萬三耳裡，他一聽就知道朱元璋要清算富戶了，隨即買了艘船，帶著家人逃難去。另有一位名為錢宰的國子監官員，負責節選《孟子》的工作，某日回到家裡，作了一首小詩，抱怨每天早出晚歸，工作太勞累，詩曰：「四鼓鼕鼕起著衣，午門朝見尚嫌遲。何時得遂田園樂，睡到人間飯熟時。」次日，朱元璋召見大臣，笑著對錢宰說：「你昨天寫的詩真好，可是朕什麼時候嫌過你？何不將嫌改成憂呢？」錢宰既惶恐又慚愧，連忙向朱元璋謝罪，不久就辭官了。

據說官員會觀察朱元璋在朝會上的舉止形色，若朱元璋腰間的玉帶繫得高，代表當天心情不錯，若玉帶繫得低，官員各個面無血色，擔心自己要被殺頭了。每天上朝前，官員總要與妻子訣別，待傍晚平安返家後，便互相慶祝自己又活了一天。朝參是一日公務的開始，這幾則關於早朝的故事雖是虛構的，卻也反應了明人對朱元璋的兩個形象，其一是朱元璋宵衣旰食，勤於政務；其二是朱元璋恐怖統治，特務系統無孔不入，令官員戰戰兢兢，猶恐觸怒皇帝，以下介紹明朝京官的朝參文化。

明朝的朝參大致分為三種，最重要的稱為「大朝」，分別是元旦、冬至與萬壽聖節（皇帝生日），大朝前幾後數日，通政使司不奏事，百官得穿著吉服，先預習儀式。繁複的大朝儀式後，代表官員的致詞官會說幾句賀詞，例如元旦說：「具官臣某，茲遇正旦，三陽開泰，萬物咸新。」冬至說：「恭惟皇帝陛下，膺乾納祜，奉天永昌。」萬壽聖節說：「具官臣某，欽遇皇帝陛下聖誕之辰，謹率文武官僚敬祝萬歲壽。」百官則山呼：「萬歲、萬歲、萬萬歲。」朱元璋起初覺得「萬歲」一詞過於虛無，希望能改成「願君有道」、「天下和平」等富有意義的詞語，經過官員商議，改山呼為：「天輔有德、海宇咸寧、聖躬萬福。」只是才過了半年，禮部尚書崔亮發現過於拗口，百官喊起來不整齊，有損尊嚴，建議恢復舊制，所以山呼又改回三聲萬歲。

平日朝參分「朔望朝」與「常朝」，每月初一、十五日的朔望朝，亦屬於朝賀性質，官員不必奏事，而每日的常朝，皇帝御門視事，百官依序奏事。要發言的官員會先預咳一聲，然後高聲奏事，若要上奏的事情很多，就會聽到文武官員不約而同咳嗽，彷彿打雷一樣，當時人們笑稱為「打掃」。[15]奏事不用口語，而是朗誦奏章。官員在御前承旨，則發出「阿」的長音，作為應諾聲。沒有要奏事，不可咳嗽，更不可在朝班內與周遭聊天、喧譁，若有失儀態，立刻就會被御史糾舉。有痰咳無法忍受，可先離開隊伍，退至殿門外。宣德年間，學士曾棨因喉嚨卡痰，先行引退，宣宗遠遠地看到了，特別准許他以後不必參加常朝，免朝是給予年老有疾官員的一種禮遇。

一般的情況，官員很早就要起床，更換朝服，等待鼓響開門，依序入朝。午門護衛舉著「官員人等說謊者處斬」的紅牌，在入口嚴查門禁，檢驗官員的牙牌（識別證），不允許無牌人員進入，更不許官員私帶貨物，趁機從事買賣。

文武官員的隊伍排序，大致上依照品秩，後來增加許多例外，包括勳戚不與百官同列，內閣大學士、尚寶司、翰林官、科道官等清貴的官員不拘品級，一度於御座左右侍立，而錦衣衛權重時，竟站在隊伍前面，但這些多非正式的禮制。到了隆慶年間，由於先帝三十餘年不視朝，幾乎沒人記得正確的禮儀了，儘管穆宗命鴻臚寺搜查古籍，嘗試恢復禮制，

15. 預咳的儀式可能稱為「傳嗽」，據《明熹宗七年都察院實錄》載：「今日御門朝儀不肅，左班官大嗽聲，六科奏事聲低。御史糾儀，出班奏事太遠，聲低不明。以後傳嗽後，不許咳嗽。」

仍無法完全復原朝儀。當時才剛中進士，後來在萬曆朝擔任禮部尚書的于慎行，在他的見聞錄《穀山筆麈》內提到早朝的真實情況，前幾排朝班還算有秩序，最後面幾排不拘品秩，不僅隊伍凌亂，且冠服破舊，似乎也不把隆重的朝參當一回事。

牙牌是文武官員朝參的識別證，此制度始於洪武十一年，象牙或槐木製成的牙牌上刻有官職訊息及編號，是京官特有的配件，能彰顯京職身分，所以有則笑話提到外官與京官相遇，外官曰：「我愛京官有牙牌。」京官則曰：「我又愛外任有排衙。」說明了外官處理公務、升堂辦案雖有衙役站班，仍羨慕牙牌的尊榮。

明初官員李紀亦有句詩：「五品京官亦美哉，腰間銀帶象牙牌。」即使是個小京官，腰間懸掛牙牌，便是高人一等，使得宦官、伶官、匠官等卑賤的京職覬覦，成化年間興起的傳奉官，紛紛請造牙牌。成化十九年，禮部官員在奏疏中提到文思院（工部作坊）的匠官有九百餘人申請造牙牌，憲宗只說下不為例，因為傳奉官都是皇帝任命的狐群狗黨，比起正式的官員更能討皇帝歡心，牙牌濫給的情況至正德朝、嘉靖朝仍屢見不鮮。

朝會失儀1：打架滋事、暴力事件

即便是正規領有牙牌的文武官員，亦有許多不循禮法之事，諸如入朝時推擠、喧譁，在朝堂前任意走動、寒暄敘舊，御史見到了也不糾舉。成化年間，准許大臣帶隨從一同入朝，陰雨時還可多帶一、兩名，因守衛軍官只查驗身分，不可問入奏事務，更不可開看官員文書，致使有閒雜之人在皇城內外貿易，故嘉靖晚期，才又規定不許多帶從人入朝。或許是因為見到本朝官員如此，就連遠方來的使節，也曾不顧朝儀，於朝堂上爭賞。

不僅秩序欠佳，朝堂上更發生數次暴力事件，最著名的是正統十四年八月錦衣衛指揮同知馬順血濺午門，當時爆發「土木之變」，由郕王（即代宗）監國，在午門主持朝會，群臣以誤國之罪彈劾宦官王振，百官跪地請求誅滅王振同黨，郕王一時未作決定，而馬順竟出言斥喝官員，一位名叫王竑的官員，舉起手臂抓住馬順的頭髮，吼道：「你們這些奸黨，罪當誅殺，怎麼還敢如此？」一面斥責，一面咬下他臉上的肉，其他官員也一同出拳，後來又打死兩位王振餘黨。郕王害怕地想要回宮，被機智的兵部侍郎于謙攔住，于謙引導郕王宣諭：「馬順等人，罪當處死，勿須討論。」官員不必受罰，騷動的場面才穩定下來。

此後又有數起喋血事件，例如隆慶二年，有位名為許義的宦官因持刀恐嚇，詐取人財，事情被御史李學道揭發，李學道沒有按程序彈劾，直接笞打許義，宦官憤恨不平，在早朝結束時群毆李學道。萬曆四十四年元旦大朝，遭革職的巡捕提督凌應登持鐵鉤在端門伏擊御史凌漢翀，當場將凌漢翀的頭打破。這兩人本是同鄉，互稱兄弟，但不知何故反目成仇，互控不法，被彈劾的凌應登心生不滿，遂於大朝行凶，打算先殺了凌漢翀再自殺。

朝會失儀2：裝病缺席、下雨天不想上朝

天氣不好，會影響官員的朝參意願。景泰六年閏六月二十三日，陰雨綿綿，包括五軍都督府、六部、侯、伯、駙馬等文武官員，共計一百八十二人缺席朝參，鴻臚寺提請治罪，代宗全部寬宥。成化九年五月一日，也是個大雨天，官員多未按時出席，憲宗本來命錦衣衛與鴻臚寺按門籍清查，但雨下到退朝都未停歇，憲宗決定不追究，又降旨免罰。

另有一套與牙牌制度同年實施的「門籍制度」，類似簽到簿，稽核官員朝參出缺情況，因故不能朝參，需事先告假，稱為「註門籍」（簡稱註籍）。出公差者，附上敕書，寫明出差公所的位置，以便查考。咳嗽及小病可以註籍五日，大病請長假則須詳細寫明白，附上長官蓋章的文件。

請病假是最常見的註籍理由，因為理由正當，且病假三個月以內，是不扣俸祿的。天順五年五月二十八日，給事中楊壁等九十八人稱病不上朝，英宗命錦衣衛挨戶徹查，發現

大多是裝病，俱送錦衣衛審問，判決處以杖刑，都察院建議贖杖還職，英宗同意贖刑，官員仍停俸一年。正德元年五月，錦衣衛鎮撫司的官員王鋭、張銘皆以病嗽註門籍，不赴朝參，實際上是出遊去了。王鋭是某高級宦官的家人，經由傳奉授官，王、張兩人俱為挾勢弄權的紈褲子弟，所幸東廠太監王岳執法嚴厲，按罪革職。正因為官員總是借言公差、妄稱疾病，嘉靖九年才嚴格執行註門籍必須附上證明文書，若文官遭糾核三次、武官五次，分別由吏部與兵部議處。此外，若官員遭彈劾，宅門會被貼上註籍二字，得在家中自省，靜候調查，不可入朝申辯，更不能居家辦公。

另有一種失朝情形，是京官要詭避外任。明代中期一位行人司行人（頒行詔令文書的官職），聽聞吏部最近要選外官，便稱病註籍幾日，向人說：「近有湖廣差，將避之。」結果吏部選的是科道官，這位行人既已註籍，只能眼睜睜地望著吏科給事中這個美缺讓同僚給選走了，感到悔恨不已。其實吏部選官是以資歷為主要依據，嘉靖十四年乙未科進士孫植候選時，吏部先選了排名後一名的張瀚，孫植詫異道：「豈因註籍不取，何以解釋？」與張瀚同赴吏部詢問，吏部清查後，答覆：「是謄本有誤，孫留選，張暫還。」可見孫植雖註籍，仍不影響其候選資格，純粹是吏部作業失誤。行人因註籍失選，或可向吏部申訴，只是他裝病註籍，若被揭穿了，恐怕得不償失吧！像這樣苟且的官員不少，隆慶年間的吏科給事中周良臣上奏指出此弊，他建議若有兩京官員外任，以疾病為由辭官，就勒令退休，不允許病癒後起用。

沒參加朝會，會受到怎樣的處罰？

朝參尚且如此，更遑論文武官員以祭祖、患病、公差等理由缺席。據《實錄》統計，宣德自萬曆朝經常有官員集體失朝，天順朝以後尤為誇張，居然有四次失朝人數突破千人，形同沒有官員按時出席了。據《大明會典》規定：「凡大小官員，無故在內不朝參，在外不公座署事。及官吏給假限滿，無故不還職役者。一日笞一十，每三日加一等。各罪止杖八十，並附過還職。」輕者受笞刑，重者受杖刑，是免不了皮肉傷的，但皇帝體恤官員，對於失朝的懲處，大多寬宥。弘治年間某日早朝，孝宗沒看見兵部尚書劉大夏，以為他失朝了，次日對他說道：「你昨日沒上朝嗎？擔心你會被御史糾舉，所以不敢在朝會上召見你。」皇帝掩護失朝，可見對其寵眷至深。

除寬宥外，多輕罰官俸一至三個月，偶有重罰官俸一年，或是運灰、運磚、午門罰跪、送法司治罪者，例如前文提到李東陽運灰，官員品秩愈高罰愈重。弘治八年二月二十二日，

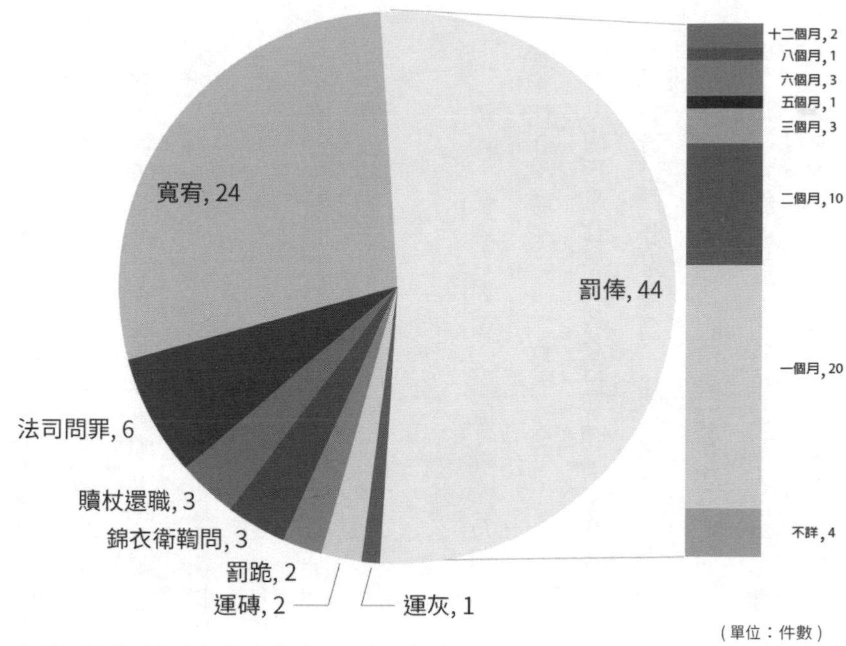

宣德至萬曆時期失朝懲處統計圖，據邱仲麟〈點名與簽到——明代京官朝參、公座文化的探索〉及《實錄》補充製圖

罰六百二十餘人朝參不到，亦與此類似，三品以上運磚五百塊、四品以下運磚三百塊、九品以下運磚兩百塊。嘉靖時期的失朝情況亦相當嚴重，集中在嘉靖朝前期，後期因世宗不早朝，也就比較少失朝紀錄了，世宗經常採取差別懲處，如嘉靖十年十月九日有兩百四十六人朝參不至，其中初犯者寬宥，累犯者奪俸二個月，三犯者送法司審問。

洪武三年七月，翰林學士宋濂剛修成《元史》，獲得金帛等賞賜，但同月就因失朝降職為翰林院編修，可見朱元璋注重朝會，且賞罰分明。明初官員害怕朱元璋的恐怖統治，豈敢失朝？到了明代中期，政務多委由內閣處理，朝參淪為形式，官員也就不那麼重視了。

萬曆年間擔任禮部尚書的于慎行與同僚張一桂在朝會後聊天，看見遲到的刑部侍郎魏時亮在隊伍間奔走，混入朝班中，試圖趕上點名，張一桂笑說：「你看道學先生的行為，失朝事小，何必在萬眾矚目之地，做出這樣的舉措？」就連于慎行偶爾也會失朝，負責點名的宦官有意攀交情，直言可以隱匿，于慎行倒是泰然，他說：「失朝事小，欺君罪大。忝為大臣，豈敢以欺自處？」身為禮部官員，屢有「失朝事小」的言論，大概是知道失朝的懲罰極輕的緣故。

國初，禮遇有爵位的勛戚、功臣及駙馬不置門籍，約在宣德初年，改為比照文武官員，皆須填報。張懋（一四四一——一五一五）九歲時，世襲英國公，宣宗以其年幼，特別免予朝參。成化十七年六月二日，四十歲的張懋及五百九十三名官員朝參不到，遭鴻臚寺糾舉，憲宗有旨：「此輩懶惰不謹，本當究治，姑宥之，再犯不宥。」張懋雖然認錯，但他在成化二十三年七月十八日又被糾舉了，此次未參加祭禮的一千一百一十八名官員按品秩高低罰運灰，只有張懋一人身分崇高，以自請罪免罰。張懋總想著國初的特權，在弘治十三年上奏，希望能恢復勛臣不置門籍，孝宗則不同意，命禮部答覆：「公、侯、駙馬、伯，朝參如舊，不許逸惰。」所謂有其父必有其子，前面提到裝病出遊被治罪的張銘，原來就是張懋的兒子。

朝宴：開完會，來吃飯囉！

明初官員較為重視朝參，除害怕朱元璋的嚴刑外，可能還有另一個原因，即每日常朝奏事完畢後，皇帝會賜予百官飲食，用餐地點在奉天門、華蓋殿或武英殿等處，公侯及一品官坐在門內、翰林官及二至四品官在門外、五品以下在丹墀（屋宇前沒有遮蔽物的平臺）內。文官坐東邊；武官坐西邊，叩頭謝恩後依序入坐，餐點由光祿寺準備，吃完還要叩頭才能退席。至洪武二十八年，禮部官員上奏：「百官朝參後賜食，實在是出於皇帝的厚恩，但是官員太多了，供餐有困難，請求取消這項政策。」於是常朝後，再也沒有提供餐點了。宣德四年冬天，宣宗命光祿寺賜官員羊酒，他說：「昔皇祖考在位，每旦恆賜食，朕偶多事忘之。」雖然難以恢復每日賜食的制度，但會在寒日賜酒，以效法朱元璋的精神。朔望朝的賜宴則延續至正統七年，在光祿寺卿奈亨的建議下，也跟著停罷了。奈亨前一年才因偷竊祭祀用的豬肉、麵食等供品為私用，被英宗嚴厲斥責：「爾為堂上官，乃貪饕若此，論法本難容，既服罪，姑宥之。」不知奏停賜宴的建議，是否別有居心？

唐朝太平之時，皇帝在退朝後，也會賜食予官員，稱為「廊餐」。弘治年間，學士丘濬在進呈皇帝的教材《大學衍義補》建議道：「廊餐要花費朝廷不少錢，我朝廢掉也是一件好事。元旦、冬至、萬壽聖節的禮宴，是我朝祖宗用來答謝臣下的，則必須要舉行。」丘濬的憂慮其來有自，早在景泰三年，戶科給事中李錫曾上奏：「近來京師物價湧貴，四方人民都感覺到資源貧乏，供給食物相當困難，光祿寺儲備的錢糧、果品也愈來愈少，乞求暫時將佛誕節、端午節等節宴中賜百官酒飯的儀式停止，才可使開支不竭盡。」代宗則說：「祖宗舊制不可因為多一點支出而輕易改變。」否決了這項建議。

奪門復位的英宗，亦刪減了部分大朝例宴，他向首輔李賢問道：「過節固然要設宴，不惜所費，但計牲畜甚眾，尚有正旦、慶成（指郊祀結束，郊祀：帝王在郊外祭祀天地的典禮），一歲四宴，朕欲減之，如何？」李賢建議冬至與元旦或可不宴，保留萬壽聖節及慶成宴。所以朝廷雖停止常朝、朔望朝供餐，大朝與節日仍會賜宴。嘉靖年間，鴻臚寺卿王道中上疏提到，每當歲時令節賜宴，諸臣入坐無序，甚至有一些不在名單的雜人也混入其中，建議要在席上貼註姓名，明確核實。

據晚明官員朱國禎的見解，每日朝參賜食本是對開國元勛的恩惠，而洪武朝末期已無元功宿將，所以順勢停罷，以節省經費。至於萬壽聖節、元旦、冬至等三大節日，以及太后、皇后、太子生日仍舊賜酒宴。品秩較低的京官，不賜宴改賜鈔，稱為「節錢」。此外，元宵、立春、佛誕節、端午、重陽、臘八等節慶，朝廷賜百官禮品，並命光祿寺在午門外提供餐點，例如元宵吃圓子，立春吃春餅，佛誕節吃「不落夾」（或作不落莢），端午節贈摺扇及粽子、涼糕，重陽吃糕，臘八吃臘麵，天冷的時候賜煖耳（或稱暖耳，禦寒耳套）。其中不落夾是一種供佛的糯米麵食，百官吃得開心，也不覺得有什麼不好，至嘉靖年間，大學士張璁、李時知道世宗崇信道教，上奏：「四月八日，例賜百官不落夾者，相沿佛氏之禮，於禮無據。」建議取消。到了萬曆年間，因神宗長年不上朝，每逢節日，輒下旨免辦，雖稍省浮費，卻少了一點過節的氣氛。

皇帝從事必躬親的工作狂到淪為傀儡

所謂風行草偃，朝會從肅穆轉為紊亂，皇帝的態度是一大關鍵。朱元璋的十七子寧王朱權（一三七八—一四四八），寫了一首宮詞描繪其父：「宵旰常存為國心，大庭決政每親臨。退朝鎮日憑綈几，御筆常書丹扆箴。」是指朱元璋相當重視早朝，天還沒亮，就臨朝處理政務，退朝後仍倚靠在几案上閱覽奏章，直至傍晚才回宮。朱元璋曾讚許禮部侍郎章祥有才幹，主持冊妃禮、萬壽聖節、元旦等大朝沒有差錯，可惜章祥侵吞銀兩，令他非常痛心。朱元璋並在〈大誥武臣序〉感嘆道：

且如在京的管軍官員人等，我每日早朝晚朝，說了無限的勸誡言語，若文若武，於中聽從者少，努目不然者多……我這般年紀大了，說得口乾了，氣不相接，也說他不醒。我將這備細緣故，做成一本書，各官家都與一本，這話直直地說。

朱元璋在早朝中屢屢勸誡文武官員，奈何中聽者少，說得口都乾了，於是只好在《大誥》三編外，又將訓言編成一冊《大誥武臣》，裡頭輯錄若干犯罪武臣的後果，讓武官自行詳讀。

洪武時期的早朝，不僅文武官員與會，將官弟子年紀稍長，亦要隨班入朝觀禮，洪武二十二年更規定天下州縣，各里都要派一位德高望重的耆老隨朝觀政。至永樂朝，成祖亦繼承太祖的精神，每月朔望朝，北京周圍宛平縣、大興縣的里老人須入朝聽宣諭。成祖每天早上四更起床靜坐，思考政務當如何處理，早朝後還與六部尚書等近臣召開午朝（或稱晚朝），他說：「早朝四方所奏事多，君臣之間不得盡所言。午後事簡，卿等有所欲言，可就從容陳論。勿擔憂天色漸暗，朕會感到疲倦，以致不能聽從諫言。朕有所欲言者，亦會在此時與卿等商榷。」[16] 午朝結束後，成祖也不急著回宮，而是繼續閱覽四方奏牘。

《實錄》與官員的奏疏中，屢見「復午朝」的建議，可見午朝制度存廢不常。景泰年間一度恢復午朝，並制定相關朝儀，皇帝在左順門聽官員奏事，參與的官員較少，包括閣臣、六部官員、六科給事中，多為皇帝的近臣，由翰林官先奏事。但代宗在位僅八年，皇位就被胞兄英宗奪回，而英宗早在正統年間就停罷午朝，復位後自然不復午朝。孝宗即位之初，頗有勵精圖治之心，亦曾恢復午朝，惟晚年倦勤，又暫免午朝。嘉靖年間，世宗詢問大學士是否應恢復午朝，張璁反而建議不必拘泥舊制，時常宣召大臣至文華殿質問政事即可。

張璁之所以如此答覆，是因為朝會的重要性已不如以往，早朝制度在正統年間有一大改變，英宗年幼即位，閣臣考量聖體容易疲憊，遂規定每日早朝只象徵性地上奏八件事，前一日先將奏疏送到內閣預先處理，隔日上朝時，只是宣布昨天處理完的內容。後來皇帝年紀大了，也沒人膽敢恢復祖宗的制度，就一直延續下去。

當決策權從皇帝轉移到內閣時，早朝漸漸地成為制式化應答，例如通政使所奏之事，

16. 午朝與晚朝一般混用，亦有將午朝、晚朝分論的記載，推測應有在晚間舉行的晚朝，但不常實施。

皆為前一日進呈，皇帝只須依性質答：「該部知道」、「都察院知道」、「該衙門知道」。太常寺奏祭祀，請皇帝用印時，答：「是。」官員面奏辭呈時，答：「與他敕」、「與他酒飯吃」、「與他賞賜」。御史糾奏失儀官員，若犯大過，答：「錦衣衛拿了。」若犯小過，則答：「饒他。」年終時，各衙門上奏自陳差錯，答：「你每說的是，且都饒了這遭；在外的還行文與他每知道。」

成化年間，憲宗因為生病導致舌頭腫大，答「是」時，發音相當困難。鴻臚寺的官員施純揣摩皇帝的難處，向近侍獻計，說道：「是字發音不便，請皇帝改說照例。」憲宗試了以後，果然玉音清朗，非常高興，將施純拔擢為禮部侍郎，不久又升為禮部尚書，並封太子少保，入仕不到二十年就位居一品。時人便諷刺道：「何用萬言書，兩字做尚書。」至隆慶年間，穆宗竟然連開口都不願意，全由閣臣代答。大學士高拱吩咐司禮監提供一張小揭帖，詳細寫明「某件不該答」、「某件該答」、「某件該某衙門知道」、「是，知道了」、「著該衙門查點」等語，請穆宗務必照件親答。

明代晚期皇帝工時短，晚起又早退！

皇帝不喜歡早起，愈來愈晚上朝啦

明代前期的朝參，依循著朱元璋的傳統，整體井然有序，惠宗即位時，稍微晚一點視朝，御史尹昌隆立刻上疏勸諫：

高皇帝雞鳴而起，天色尚暗就上朝，在太陽還沒出來時接見百官，所以各項事業都能興盛，天下得以安定。陛下繼承管理國家的大業，應當追隨先祖的功績，兢兢業業地處理各項政務。如今卻過著安逸的生活，太陽都已經出來許久，卻還沒上朝。群臣與侍衛疲於等候，荒廢了原本的職務，舉朝上下皆懈怠鬆弛。此事散布於天下，傳播至四方，非社稷之福。

惠宗聽聞後，深刻地反省道：「尹昌隆說得很懇切，命禮部將這則奏疏宣示天下，使他們知道朕的過失。」永樂七年，成祖遠征漠北，駐蹕（帝王出巡時，沿途停留暫住）北京，即使是寒冷的冬季，仍要舉行朝會，成祖向禮部尚書趙羾說：「北京冬氣嚴凝，群臣早朝奏事，不堪久站。今後朝見儀式結束後，欲於右順門內的便殿奏事，你們群臣斟酌可否如此？」經過商議，百官叩頭後，沒有奏事的官員就可以退朝辦公了。到了明代中期，早朝不僅次數減少、時間縮短，且變得紊亂，官員屢次上諫，竟一點也沒有改善。

成化二十一年，憲宗體恤朝臣，曉諭通政司道：「盛暑祁寒，朝官、侍衛人等難於久立。今後每歲自五月至七月、十一月至次年正月，止奏五事，餘仍舊。」至弘治年間，孝宗每日視朝，還會在言談中提及早朝的事，若有官員無法應答，就知道他朝會偷懶了。但孝宗漸漸地不喜早起，經常天亮後赴朝，尤其在炎熱的夏季，官員精力倦怠，累倒在御道兩旁，侍衛疲憊不堪，將兵器、盔甲卸下，甚至昏暈倒地，被攙扶出去。

弘治十三年，欽天監奏有彗星、地震等異象，孝宗命大臣提供建議以修持自省，大臣的建議中有一條寫道：「皇上即位之初，視朝太早，群臣擔憂聖體，建議您不要過勞。近年以來，視朝過遲，群臣又擔憂這樣會耽誤政事，所以提出諫言。懇切地希望自今以後，在黎明的時候視朝，起居有規律，政事就不會有所延誤。」官員並提醒孝宗，回到官署後官員還得吃飯，致使公事延宕，盼皇帝能體恤官員。

至武宗繼位，早朝的時間又比孝宗更遲，太陽已高掛多時，仍未上朝，侍衛紛紛坐臥休息，將儀仗棄置滿地，都被外國朝貢的使臣看在眼裡，有時甚至中午才開始奏事，至太陽西下才結束朝會。某年元旦大朝，朝鮮、日本、安南的使臣候朝過久，竟然輪流晝地寫詩以打發時間。

正德二年，大學士李東陽上疏鼓勵皇帝，提到武宗剛即位時，總在黎明上朝，中外官員皆感到欣喜，期盼能有所作為。但皇帝近來遲至巳時（早上九點至十一點）方出，令官員擔憂皇帝的狀況，希望皇帝能按時早朝，不但可維持朝廷氣象，侍從也不會過於疲憊，而官員可按時辦公，不致懈怠，可謂一舉數得。武宗雖說：「卿等所說的意見，朕已知道了。」卻絲毫沒有改進。據說李東陽擔任首輔後，某冬日上朝途中，遇到翰林院編修崔銑在喝酒，崔銑說：「請老先生少飲數酌，以敵寒氣。」李東陽遂下轎同飲數杯才升轎離去，此時已經是五更。相傳李東陽曾因失朝罰運灰，尚能如此風流，或許是知道武宗不會準時早朝吧！

正德七年後，武宗一個月只上朝一、兩次，經常流連在別宮「豹房」內玩樂、練兵。正德九年九月，武宗逗弄老虎受傷，整個月都不上朝，群臣亦不敢多言，只有翰林院編修王思勸武宗不要嗜酒喪志、好勇而不愛惜身體。奏疏送進宮中，本留中數日，突然又傳旨將王思降職至偏遠的潮州擔任驛丞（未入流），不知此是武宗的旨意，抑或宦官的中旨？

正德九年元月，按例要郊祀（祭祀天地）及賜宴文武群臣，但武宗傍晚才到，只得點起蠟燭，變成了晚宴，這是明朝從來沒發生過的事情。過了兩天，武宗命人在乾清宮每根柱子上掛滿燈籠，慶祝即將到來的元宵節，明亮的燈火照得皇宮如同白晝，卻不慎引起火災，身在豹房的武宗，見到遠方乾清宮的火焰，笑著說：「是好一棚大煙火也。」

接著幾年的大朝與祭祀，仍是狀況頻傳。正德十年正月的郊祀，百官在祭壇等待了一整天，武宗遲至晚上駕到，隨意地行禮後就宣布免朝。正德十一年元旦大朝，文武百官及外國使節清晨準備朝賀，典禮卻在傍晚開始，散朝已是黑夜，餓著肚子的官員爭相出宮，相互踩踏，一位大漢將軍（殿前侍衛）被踩死在禁門，其他官員或簪笏（冠簪與手板）丟失，或冠冕損毀，反倒互相安慰自己還活著。午門附近，胥吏尋覓官員、兒子呼喊爸爸、奴僕打聽主人，像是市場般喧鬧。當年冬季郊祀，武宗也是深夜回宮，趕著回家的官員又發生了踩踏。

翌年正月郊祀結束，武宗先去附近的南海子（又稱上林苑）打獵，命官員返回承天門（即天安門）等候，待半夜回宮，在奉天殿舉行慶成禮，慶成宴則延至隔日晚上，但不設蠟燭。同年三月的傳臚大典，武宗反倒帶著幾個隨從，騎馬赴北安門（即地安門）閱軍，狀元舒芬等到晚間才舉行傳制。從此以後，官員把皇帝晝夜顛倒的作息視如平常。

乾脆不要上朝，也不管政事了

藩王入繼的世宗，起初頗有撥亂反正之勢，即位一個月，用人適當，政策得宜，清除了不少積弊。朝會後若有閒暇，便到文華殿觀書寫字，大學士楊廷和盛讚：「堯舜之聖，復見於今日。」世宗經常天未亮就點著蠟燭視朝，即使風雨再大，仍不間斷，首輔楊一清甚至擔心聖體過勞，建議大風、寒日免朝，世宗卻認為皇帝應作為表率，警示那些偷閒怠惰的官員。但嘉靖十年以後，世宗的身體漸差，屢屢稱疾免朝。嘉靖十八年，世宗敬愛的生母章聖太后去世後，就更少上朝了。嘉靖二十一年十月，宮中發生一件離奇的事，幾位宮妃、宮婢趁世宗熟睡時，合謀用繩子將其勒斃，卻不熟悉結繩方法，打了個死結，以致行弒失敗，史稱「壬寅宮變」。劫後餘生的世宗，移居至西苑萬壽宮，不再回到皇宮，只與在西苑值班的大學士嚴嵩保持來往，其他的官員都難以謁見皇帝。

「壬寅宮變」的原因眾說紛紜，由於世宗長期服用丹藥，身體發熱，時常與不同的宮女交媾，人數多到來不及冊封，所以有人認為是失寵的宮妃積怨過深。另有人認為世宗聽信了道士陶仲文的偏方，多次選少女入宮，用宮女血液提煉延年的「先天丹鉛」，使得宮女產生怨憤之情。無論出於何種原因，皆與丹藥有關，陶仲文曾以符水驅趕宮中的妖怪，並以祝禱的方式治癒太子的天花，受到世宗的寵信。「壬寅宮變」後，世宗的心思已不在朝政上了，日夜祈求神明賜福，尋找長生不老的方法。若天有災異，也只與陶仲文等術士諮詢，而不聽從官員的勸諫。

嘉靖二十二年冬天，世宗按例賜百官煖耳，包括成國公朱希忠、大學士嚴嵩等四百二十五人在謝恩時缺席，世宗憤怒地說道：

朕生長於南方，起初為政不懈，以致身體多疾。十三年，病咳兩月以後，經常不能視朝。然而早朝盡是繁複的禮制，至於軍國大務，難道朕不是時刻留心嗎？而朱希忠等臣全無敬謹之心，蔑視君恩，放逸過甚，心中可存有免職的懼畏？

世宗斥責官員不敬，亦坦言厭煩早朝的繁文縟節，認為處理軍國大務不必上朝。嘉靖二十九年，世宗重申了這樣的觀點，說道：「朕在半夜時分，也親自處理政務，輔贊大臣日夜陪伴於左右，沒有一刻積滯軍機，而朝堂一坐亦何益？」當時，蒙古的俺答汗率兵包圍北京，負責防衛的官員竟說：「皇帝不視朝，我亦不任事。」

嘉靖晚期，京師流傳一則笑話，有個罹患怪病的人，試了各種藥方都無效，某名醫提供一個「五更不語唾」的藥引，那人問：「何處尋得？」醫者說：「若有早朝時，於午門側等候科道官入朝，拜求他們即可得。」即是譏諷早朝徒具虛文，科道官根本不奏事，退朝後就有「五更不語唾」了。只是世宗長期輟朝，有早朝的日子，恐怕與五更不語唾一樣難尋吧！

嘉靖四十五年，戶部主事海瑞（一五一四—一五八七）上疏大罵皇帝，提到世宗在西苑玩樂，二十餘年不視朝，以致綱紀鬆弛。不時有水旱災與盜匪，亦不見朝廷有什麼賑濟，徵稅卻比以往更甚，所謂的嘉靖，就是家家皆淨。又說陶仲文都死了，可見根本沒有長生不老仙藥，希望世宗幡然悔悟，這就是有名的〈治安疏〉。

世宗看了幾行，就氣得把奏疏扔在地上，大喊：「快點抓住他，別讓他給跑了。」旁邊的宦官答覆：「此人素有癡名，聽說他上疏時，已經知道觸犯聖怒將被處死，買了一具棺材和妻兒訣別了，正等候朝廷治罪，而他家的僮僕也都遣散了，這個人是不會逃的。」

世宗沉默一會兒，撿起奏疏反覆讀了幾遍，嘆息道：「此人可與忠臣比干相比擬，但朕不是紂王。」海瑞雖然被關了起來，但刑部將處以死刑的判決上呈，都遭留中不發，直到隔年二月，世宗駕崩，海瑞才獲釋。

穆宗登基後，勉強維持早朝的義務，退朝後就不理政務了。官員提醒穆宗，早朝只是徒具形式的儀式而已，應不時與大臣面議，討論時政。但沒過幾個月，連上朝也遲到，並暫停經筵日講，漸漸地也不上朝了，沉湎於淫逸，不理國事。隆慶二年，戶科給事中石星上疏道：

> **自正月以來，陛下稍有倦勤，可能是有奸諛之徒迎合聖意，以先帝雖二十餘年不出宮闈，天下仍太平無事，有意讓陛下效尤。千萬不可聽從這樣的建議，因為先帝雖不視朝，仍操持大權。先帝遺詔中也說：「朝講儀式久廢，對此亦感到懊悔。」陛下若不勤勵，如何能有好的結果？希望陛下日出視朝，體察民間不能上達的疾苦。**

石星的奏疏很長，提了六點建議，並將穆宗起居失調的根源，歸咎為縱慾過度，請求穆宗養身節食。穆宗讀了這篇奏疏，怒斥其惡言訕上，廷杖六十下，革黜為民。民間亦流傳穆宗頗為好色，據說官窯燒製的酒杯、茗碗，上頭畫滿了男女猥瑣的圖樣，是因為宦官知道穆宗的喜好，命工匠造作此樣。又說穆宗遭宦官蠱惑，服用了太多春藥，陽具晝夜不痿，所以不能上朝。

皇帝就是不上朝，大臣上疏也沒用

隆慶六年五月，穆宗病危，召大學士高拱、張居正、高儀至乾清宮，任命他們為顧命大臣，輔佐太子（神宗）登基。但高拱在文淵閣悲慟地說：「十歲太子，如何治天下？」言者無意，但聽者有心，太監馮保加油添醋地將此言轉告李太后，李太后憤而將首輔高拱驅逐出京。本已病重的高儀，沒幾天也病逝了。三位顧命大臣只剩下次輔張居正，神宗將他升為首輔，主持大政。考慮到神宗沖齡，尚在學習階段，張居正認為視朝不如勤學，提議每月定期以三、六、九日上朝，其餘的日子到文華殿聽課，如此聖體不致過勞，且有益於聖德。

張居正行政嚴厲，曾有御史、給事中等言官勸張居正施行寬政，或對其有所指責，皆遭削職為民，甚至逮入大獄，言官日益畏懼張居正。呂調陽、張四維同為閣臣，卻恭謹地像是張居正的下屬官吏，不敢表達不同意見。而張居正教導皇帝，亦如對待官員般嚴厲，神宗每天早上在文華殿聽儒臣講經書，稍作休息，接著讀史書。張居正用圖冊、俗語講解古代歷史，使幼小的神宗容易理解。

張居正於萬曆十年逝世，先前受壓抑而噤口的言官群起發難，指責張居正種種的不法，神宗遂派司禮監太監張誠、刑部右侍郎丘橓帶著錦衣衛去抄家。當地官員先將張家宅第包圍，待丘橓等人抵達時，已餓死十餘口，抄得黃金近萬兩，銀子十餘萬兩，張居正的長子張敬修挨不住刑求，自縊身亡；胞弟張居易與次子張嗣修發配烟瘴之地充軍。

揭穿了張居正表裡不一的面具，不曉得是否對剛成年的神宗造成心靈上的創傷？顯然神宗很快就發現，即使擺脫了張居正，天子仍處處受到群臣的約束，尤其體現在立太子的「國本之爭」上。神宗偶然臨幸的宮女王氏（即孝靖皇太后）為他產下了皇長子朱常洛（一五八二—一六二〇，即光宗），然而神宗鄙視王氏出身卑微，不願意提起這個兒子，另將愛妃鄭氏進封皇貴妃，有意冊立其剛出生的兒子朱常洵（一五八六—一六四一，即福王）為太子。萬曆十四年，大學士申時行兩度上疏請求儘快冊立太子，神宗推託道：「皇長子還幼小，稍候兩、三年舉行。」諸臣看出了異狀，亦紛紛上疏。

神宗重懲了若干上疏的官員，並明白告訴諸臣，他知道立儲的規範，但立太子、進封皇貴妃都是家內的事情，不許外人揣測。也因神宗屢次明示「立儲自有長幼」，即使想反悔也沒辦法了。據說相關的奏疏成百上千，後來神宗也不降懲，乾脆一概留中不理。國本之爭延續至萬曆二十九年才告終，當時李太后責問神宗為何遲遲不立太子，神宗說：「他是都人的兒子。」李太后大怒道：「你也是都人的兒子！」神宗惶恐地伏跪於地，久久不敢起。「都人」是宮女的蔑稱，李太后也曾是宮女，才會如此氣憤。年近二十歲的皇長子朱常洛終於立為太子，而朱常洵封為福王。

進封鄭貴妃及立太子受挫，可能使得神宗意志消沉，因此逐漸對政事意興闌珊。萬曆十七年元旦，因日食免群臣朝賀，此後每年的元旦，神宗皆不視朝，文武百官及外國使節在五鳳樓（午門）前行賀禮，只有幾位閣臣進宮拜賀。同年三月，神宗遣太監至內閣，說：「奏對數多，不耐勞劇。」申時行建議官員授官的謝恩儀式，若遇到三次免朝，具文以進，即可直接赴任，從此神宗就更少臨朝視事了。過了一個多月，大學士王錫爵提醒神宗已久未上朝，今年的經筵春講至今未開，婉轉地勸神宗能夠振作一些，甚至代為規劃了作息時刻表，十二時辰中用六個時辰休息、三個時辰玩樂、二個時辰閱覽奏章、一個時辰探望李太后。

當年十二月底，大理寺評事雒于仁上了一封措辭激烈的〈酒色財氣四箴疏〉，不避諱地批評道：「皇上之病，在酒色財氣者也。夫縱酒則潰胃、好色則耗精、貪財則亂神、尚氣則損肝。」神宗讀畢，氣到肝火復發，於元旦召申時行討論此事，而史官竟毫不修飾地記錄下兩人的口語對話。當時，神宗將奏疏遞給申時行，說道：「先生每看這本，說朕酒色財氣，試為朕一評。」申時行還未開卷細讀，神宗緊接著說：

他說朕好酒，誰人不飲酒？若酒後持刀舞劍，非帝王舉動，豈有是事？又說朕好色，偏寵貴妃鄭氏，朕只因鄭氏勤勞，朕每至一宮，他必相隨，朝夕間小心侍奉勤勞。如恭妃王氏，他有長子，朕著他調護照管，母子相依，所以不能朝夕侍奉，何嘗有偏？他說朕貪財，因受張鯨賄賂，所以用他，昨年李沂也這等說。朕為天子，富有四海，天下之財，皆朕之財，朕若貪張鯨之財，何不抄沒了他？又說朕尚氣，古云少時戒之在色，壯時戒之在鬥，鬥即是氣，朕豈不知？但人孰無氣？且如先生每也有童僕家人，難道更不責治？如今內侍宮人等，或有觸犯及失誤差使的，也曾杖責，然亦有疾疫死者，如何說都是杖死？先生每將這本去票擬重處！

神宗一一辯駁，命申時行重辦雒于仁，但申時行處事圓融，說：「此無知小臣，誤聽道路之言，輕率瀆奏。」又說：「他既沽名，皇上若重處之，適成其名，反損皇上聖德，唯寬容不較，乃見聖德之盛。」說完將奏疏放回御前，神宗亦覺有理，思索了一會兒，說道：「這也說的是！到不是損了朕德，卻損了朕度。」申時行接著說：「聖上聖度如天地，何所不容？」豈料神宗又將奏疏遞給申時行，命他詳閱，說：「朕氣他不過，必須重處。」

申時行勸道：「此本原是輕信訛傳，若票擬處分，傳之四方，反以為真。臣等愚見，皇上宜照舊留中為是，容臣等載之史書，傳之萬世，使萬世頌皇上為堯舜之君。」見神宗怒氣稍緩，申時行趕緊轉移話題，詢問神宗吃藥否？又徵詢立太子等事。雒于仁因此未受到嚴厲的處分，過了幾天，雒于仁稱病歸鄉，神宗說道：「雒于仁出位妄言，朕已姑容。今又託疾規避，令革職為民。」

皇帝不批公文，人事任用一團亂

自雒于仁上疏風波後，神宗似乎聽進了申時行傳授的哲理，總將批評他的奏疏留中不發，對於政務愈加消極。萬曆二十四年，陸續有彗星、日食等異象，乾清宮與坤寧宮又遭祝融，大學士趙志皋情詞懇切地請皇帝振朝綱以回天心，奏疏提到神宗已經十年未按期視朝了，更令人擔憂的是，過去神宗雖不上朝，仍會批閱奏疏，近期則一概不發。吏部尚書孫丕揚某日收到二十餘本下發的奏疏，京城官員歡聲動地。趙志皋請神宗不要留滯奏疏，官員才能順利地任命及補缺，但神宗未聽從建議，萬曆三十年後，頻繁出現六部尚書缺員不補，由侍郎暫代的情況。

萬曆四十年二月，內閣只有葉向高一人，六部尚書僅刑部尚書趙煥是正職，還得兼理吏部，科道官皆剩不到十人，趙煥難以勝任，多次請神宗補官，神宗都不理睬。萬曆四十七年，御史蕭毅中批評：「自古無三十年不郊、不廟、不朝之天子。啟事十不得一，急務概從停擱，精神不貫，內外不通，天下奈何而不亂也？」

神宗於萬曆四十八年七月駕崩，繼任的光宗身體不佳，勉強上朝後一病不起，先服用了太監開的通利藥，一夜腹瀉三、四十次，頭暈目眩，身體無法動彈。後來聽聞鴻臚寺有官員進藥，向方從哲問起此事，方從哲答：「鴻臚寺丞李可灼，自云仙丹，臣等未敢輕信。」光宗仍召李可灼進宮診治，聽取了他的治法，服用其所進獻的紅丸，感覺身體舒暢，也有了食慾。又進用第二粒，未料病情急遽惡化，隔日清晨就猝逝了，在位時間僅一個月。

終於恢復朝會了！但為時已晚

熹宗在位七年，大致維持三、六、九日視朝不輟，有次還親自糾舉朝班上的大漢將軍衣服破洞，有失儀態。前朝的官員缺額也都補充了，但補上的人多為魏忠賢的黨羽。例如薊遼總督閻鳴泰在奏疏中先稱讚熹宗勵精圖治，勤政恤民，早起視朝，寒暑不輟，接著又誇廠臣魏忠賢真誠任事，忠義沁人。閻鳴泰一點謀略也沒有，曾與擔任遼東經略的同年進士熊廷弼一同派往瀋陽，半途就哭著折返，稱病辭職了。後來巴結魏忠賢，竟擔任兵部尚書、薊遼總督等要職，在邊區建了七座生祠。用這樣的人鎮守邊關，如何能夠阻擋後金女真呢？因此《明史》評論熹宗平庸懦弱，放任宦官竊據權柄，使忠良慘遭禍害，明朝想不亡都不行。

思宗是明朝最後一位皇帝，亦維持朔望及三、六、九日視朝，勤勵自勉，開設經筵與群臣討論儒家經典，屢召大臣至平臺諮詢國情。為防政務壅遏，思宗總是批閱奏疏直至深夜，他要求內閣先摘錄奏疏的大要，用黃紙黏貼在奏疏上，稱之為「貼黃」，貼黃以不超過百字為原則，如此便能快速閱覽。且思宗經常召太子一起瀏覽章疏，教導他如何看出奏疏的真意，不被臣下所欺瞞。但思宗用人多疑，頻繁更替內閣首輔，後人有「崇禎五十相」

之讖，其中賢能的文震孟入閣僅三個月，而奸猾的溫體仁，輔政長達八年。

思宗在位十七年，不近聲色，勤於朝政，儘管想要有所作為，任用的人卻多非合適的人，只好復用宦官，卻使局勢更加嚴峻。思宗曾說：「朕非亡國之君，諸臣皆亡國之臣。」後人評價這句話，認為思宗在亡國前夕仍不知自省，反諉罪於諸臣。

朝會後有在辦公嗎？還是在摸魚？

綜述了明朝皇帝的視朝概況，那麼官員在早朝之後，又是如何呢？前文已提及官員退朝後，最要緊的是吃飯與辦公。真實的情況未必盡然，即使是在雷厲風行的洪武時期，負責拱衛京師的京衛指揮使司，仍遭舉發退朝多不入公署蒞政事，遇有責成，就互相推避。

翰林官職務清簡，楊士奇於永樂晚期升為左春坊大學士，退朝後謝絕訪客，獨自坐在小軒中整理自己的書冊、把玩圖畫。可能是太過鬆懈了，指導太子讀書出了差錯，被錦衣衛捉去關了十天才獲釋。某日，宣宗經過文淵閣，問閣臣在做什麼事？對答：「正在下棋。」宣宗又問：「怎麼沒聽到落子的聲音呢？」閣臣說：「棋子底下墊了紙。」宣宗非但不生氣，還笑他們太寒酸，命人明日贈送一副象牙棋。楊士奇曾說：「退朝後有空的時候，與同僚棋弈，準備酒饌以玩樂。不能飲酒的人，就吃粔籹（甜糕餅）。」又說：「長安門西邊五、六里，地勢幽曠，有美麗的池塘與林木。翰林官恬淡寡欲，沒有繁雜的工作，都喜歡待在這裡。」

有一則笑話提到明初某解元登第後，流連妓館，妓女將茶水分成三杯，出了一道重字對：「三分分茶，解解解元之渴。」解元對答：「一朝朝罷，行行行院之家。」明律雖規定官吏宿娼，重處杖刑六十下，卻未禁止官妓陪酒，因此朝參結束後，官員結伴暢飲作樂，妓樓的窗外掛滿了牙牌，直至夕陽西斜，才帶著醉意回到公署，以致公務廢弛。不僅是閣臣，連掌管風紀的都御史劉觀也流連宴樂，貪縱無忌，遭宣宗撤職，由通政使顧佐（？—一四四六）取而代之。顧佐上任後，嚴厲地整頓秩序，倡議禁妓，有「明之包公」的美譽。等候上朝時，官員都不願坐在顧佐旁，平時遠遠地看到他，就趕緊避開，深怕遭到糾舉。

宣德四年，宣宗同意顧佐禁妓的建議，與禮部尚書胡濙說道：「祖宗時，文武官之家不得挾妓飲宴，近聞大小官私家飲酒，輒命妓歌唱，沉酣終日，怠廢政事，甚者留宿，敗禮壞俗，爾禮部揭榜禁約，再犯者必罪之。」使得京師縉紳頓時沒了娛樂，竟然流行起「小唱」，即讓年輕俊美的男童僕陪酒唱曲。

只是官妓陪酒的禁令不彰，官員很快地就故態復萌。正統元年，監察御史李輅上疏十事，有兩條與朝參有關：其一是文武百官每日朝參，不循禮法，任意走動，嘻笑自若。其二是五軍各衛所管事官員，清晨到衙畫押，隨即回家，甚至挾妓飲酒、賭博遊蕩，其首領官不敢糾舉，以致文案盈積。據成化年間的官員陸容觀察，元旦大朝後，京官就結伴到處交際，喝到半夜爛醉才回家，到了初三、初四，猛然想起還沒給自己的父母拜年。平時也差不多如此，翰林院、六科等閒散的官署，白天就開始聚會、飲酒。而六部、都察院十三道御史公務較重，得待工作結束後才能赴宴，所以經常喝到入夜。

弘治年間某個寒夜，孝宗詢問內侍：「今各衙門官，每日早起朝參，日間坐衙，其同年、同僚與故鄉親舊亦須燕會，哪得功夫飲酒？」內侍答：「經常在夜間飲酒。」孝宗接著問：「這時候百官還有參加宴會而還沒回家的嗎？」內侍答：「有。」孝宗又問：「這麼冷的天氣，而且天色又昏暗，倘若廉潔清貧的官吏在回家的路上沒有燈火引導，該怎麼辦呢？」內侍答覆：「確實有這樣的情況。」於是孝宗傳旨，今後京官夜歸時，不論品秩高低，皆令鋪軍（負責交通的吏員）執燈傳送。雖然孝宗不知道有些官員退朝就曠職，但他體恤群臣的做法，讓官員感念在心。

除了宴飲會聚外，官員也參與文藝活動。正德年間，李東陽擔任首輔時，朝廷裡盡是他的門生，而李東陽又樂於拔擢有才能的人，所以朝參結束，或是散衙後，官員就相聚到李東陽的家中，談文講藝，直至深夜。當時的戶部尚書劉璣（一四五七—一五三二）與太監劉瑾同為陝西人，因為劉瑾的支持，劉璣仕途平步青雲，從知府（正四品）內調為太僕寺少卿（正四品），不久升為太常寺卿（正三品），累官至戶部尚書（正一品）。但劉璣不願與劉瑾再有所瓜葛，退朝回到官署後，既不聚會，亦不辦公，閉門飲酒酣睡，每當劉瑾問事，劉璣就裝醉不起，說道：「我氣弱，只能靠喝酒支撐。且嗜睡，不睡就會生病。」劉瑾想要變更制度時，則推託道：「祖宗立法，盡美盡善，行之萬世無弊。」劉璣曾因怠忽糧務被罰俸三個月，其身為戶部首長，不惜墮廢公事以明志，可謂矯枉過直。

萬曆前期，神宗亦發覺衙門官升堂太遲，已過辰、巳時（七至十一點），仍未開始辦公，申飭官員應以身作則，不可怠忽職守。朝廷雖屢次禁止官員宴會，命科道官指名參奏，卻不見官員遵行。時人沈德符說：「京官除了政事之外，將拜客、赴席當作每日要做的功課。」此固為冷言酸語，也有幾分身不由己的無奈。沈德符接著解釋，官員在衙門，凡事得聽胥吏指示，坐在裡頭就像個受擺布的傀儡。而拜客的時候，全憑僕從指揮，該進門就進門，該入廳就入廳，與木偶無異。至於宴席應酬，都是唱曲伶人主導，請麵即吃麵、請酒即吃酒、請湯即吃湯，一點趣味都沒有。沈德符又說：

> 宣德二年，尚未有顧佐禁妓之疏。官員退朝休息時，抱著美女當作消遣。且元宵節各種令人目不暇給的燈樓，尤其壯觀，士大夫生在當時，是多麼幸福的事情！最近偶然與朋友黃汝亨談論到官妓，我說：「若因循唐宋時代，以及國初不禁官妓的制度，則你們這些當官的人真比神仙還快活了。」黃汝亨正在吏部等候考選，振聲回答道：「不可不可，若真如你所說的，那妓院佳麗都會被吏部的科道官霸據，與我們周旋的，必定是麻瞎跛禿之類的醜女，只會讓人更無法忍受。」聽完大家都笑了起來。

元宵節賜假十日，讓百姓盡情放燈是成祖所制定的規矩，豈料萬曆年間，有迂腐的言官認為過於放縱，提議禁止，燈市的規模可能大不如昔，沈德符才憧憬明初未禁官妓，以及元宵燈會的盛況。相較之下，明朝中後期的京官雖拜客、赴席，卻是在應付官場上的人情往來，如同變調的早朝，聊復爾耳。

地方官與地方政治的糾葛

赴任地方官前，請先熟讀當官守則「官箴書」

新科進士若外派至地方，初授的官職約在七品上下，主要是知縣（正七品），或是協助知府判案的推官（正七品），少數官運好的能擔任知州（從五品）。[17]當吏部發出任命通知後，除授予就任的憑證，還會給官員一本名為《授職到任須知》的手冊，吩咐官員務必細讀，一一遵行，這是由朱元璋親自制定的當官守則，他在前言寫道：「四書五經、修身治世之道，你們這些有抱負的人都已經研讀過了。而這本書雖然粗俗，卻是為官的機要，最好熟讀。」《授職到任須知》記載了三十一項地方官的職掌，大略包括祭祀禮儀、撫卹孤老、審訊獄囚、徵收田糧、曉諭百姓、管理衙役、視察物產、表彰節婦等事項。

《授職到任須知》是官方的文書，而官員也會將自己的從政經驗編寫成書，提供來者借鏡，例如《新官到任儀註》、《初仕錄》、《州縣事宜》、《知府須知》、《居官必要

17. 知州雖品秩較高，但進士任外官仍不如京官，故多不懌。

為政便覽》、《居官寡過錄》、《牧令要訣》、《讀律心得》、《辦案要略》，可以簡單地從書名就知道大致內容，不外乎是指導新任官員就任、施政與判案的技巧。這類的書籍通稱為「官箴書」，不僅分享為官心得，更可以展現自己政績與文采，以須知、便覽、要訣、格言、問答命名，試圖用簡易的方式闡述要旨，藉此吸引新任官員的注意。明人吳遵的《初仕錄》標題有「節供費、清田賦、造黃冊、勸農桑」。

清初官員鄭端的《為官須知》標題有「律己以廉、撫民以仁、存心以公、蒞事以勤」。用三、四字箴言的方式，讓官員容易記誦。清代最具代表性的官箴書是黃六鴻的《居官福惠全書》，他在康熙年間先後擔任山東兗州府郯城知縣、直隸河間府東光知縣，「福惠」乃是取「造福地方，施惠百姓」之意，其詳實的內容，使此書在刊刻後廣為流傳，被初仕者奉為金針。

私著官箴書的特色是講求實用，記載了許多官書不能言之事，例如在京候選時，若不得已要借貸，最好向族人或同鄉協助，萬萬不可向富商、納粟監生借款，因為他們追債最緊，屆時被債務逼急了，非得拿官倉的銀兩來償債，有負於清譽，晚清文人李木庵向朋友告誡道：「今日之京債，即異日之公帑。」便是指這種情況。此外，選官之後，打探上司是否在京城，前去打招呼，送禮物是不可免的，但不宜餽贈過於貴重的禮品，否則不合乎法度。

清代晚期的官箴書《知府須知》開列赴任攜帶的書籍，除為官必備的《洗冤錄》、《折獄便覽》、《大清例律》、《居官自省》等書四十餘本之外，暢銷文學讀物《隨園詩話》、《鴻雪因緣》、《紅樓夢》、《聊齋志異》也名列其中，推測明代的官員也會如此吧！此外，在京城或沿途備買皮帽、朝服、香絹、京靴、小刀、書籍等物，不單可為自用，亦可當作餽贈上司的禮物，尤其前往不生產綢緞的地方，必定在上路前預先採買。

赴任最不可少的是家丁與僚屬，《大明律》規定功臣之家才賞給奴婢，庶民不可蓄奴，當士大夫家庭需要勞動力時，就與奴僕訂立有年限的契約，稱其為「雇工人」，或是收養為義子，隱諱地稱之為「義男」、「家人」，以逃避法律的規範，實際上仍是地位卑賤的奴僕。讀書人一旦有獲取功名，便會吸引許多奴僕前來門下投靠，希望能憑藉著士大夫的特權提升自己的生活待遇。為難的是當新官透露要攜帶家丁赴任時，新舊奴僕各個想要跟隨，不外乎是心存發財的念頭，宜謹慎挑選精明幹練、通曉官事者一、二人。

家族子弟則不宜隨同，因為官衙氣息最壞，年輕人血氣未定，容易受到迷惑，沾染賭博唱曲、養鳥畜魚、嬖優伶、狎孌童之類的惡習。至於親戚想謀個差事，應當設法婉拒，俗諺云：「莫用三爺，廢職亡家。」是指少爺（兒子）、姑爺（女婿）、舅爺（妻子兄弟）未必沒有才能，但有依附權勢之嫌，若將來違法究辦，還擔心親人責怪。與其造成家族失和，不如選用可信任的好友，才不會被拖累。

儘管在官學已學習過擬制判詞，但實際的案情往往更為複雜，因此許多官員會聘請私人顧問協助處理政務，稱之為「幕友」（俗稱師爺）。隆慶年間的進士李樂初任知縣時，家中族人便建議他聘一位熟悉法律的幕友同行，李樂婉拒了建議，選擇用豁達的心態去做官，但他的同僚卻沒這種膽識，據他的觀察，約有一半的新官會聘請幕友。清代更是如此，幕友專精劃分為刑名（刑事案件）、錢穀（稅務）、徵比（徭役）、掛號（編造文冊）、書啟（掌管文書）等類，處理刑案、稅務的幕友到了當地再聘請，才能找到熟悉地方民情的人。管理帳目、公文的幕友則選擇可靠的舊識同行，沿途可以照應，排遣寂寞。

相較於上京趕考，離京赴任的路途想必輕鬆許多，《知府須知》提供了一些消磨時間的方法，他建議官員路上無事可做的時候可以寫日記，以供他日備查。或者拿出佛經來唸，既有助於安定心神，又可消愆滅罪。途經名勝古蹟時，不妨停車瀏覽一番，遊歷山河美景，作詩抒懷，也是人生一大樂事。若經過城郡，想起有親友留寓於此，必定前往拜訪，在夜裡挑燈話舊，維繫情誼。

俗諺云：「新婦看進門，新官看到任。」行抵府城之日，如年節將近，宜遲一、二日再到，當地官員就不必在過年時忙於接待。若遇上國忌、家忌或各節日，亦應避開，可暫居在寺觀中，擇日再到任。究竟何時適合上任呢？官箴書也有獨到的民俗建議，例如《新官到任儀註》內載「新官到任圖」、干支對照表，附詩云：「上官之日最難量，第一須防四不祥。受死之日君須忌，罪失亡字定有殃。」官員按圖推算就任的日程，宜避開不祥日、受死日，若在「遷」字到任，任內大吉；若在「罪」、「失」、「亡」字到任，則必定大凶，其列舉趨吉避凶的方法，此處不能盡言，且各地風俗不同，亦有不同的見解。

成化年間的官員陸容考據其由來，發現官員忌諱在正、五、九月上任，是因為唐宋時代崇尚道教，這三個月禁止屠宰，而新官上任，祭告應祀神壇，必用宰殺，於禮俗不合。另一位文人郎瑛認為這三個月對應的地支是寅、午、戌，五行屬火，故有所忌諱。晚清方大湜所著的官箴書《平平言》則以自身經驗為例：「余以正月回任，均忌月也。均未見有甚不好處，是其明證。」而有〈正五九月可上官〉、〈四絕、四離、四不祥、月忌不足信〉兩文，勸人為官不必迷信。民初文人徐珂更說人臣係避「正」、「九五」等專制時代的至

新官到任圖，據《新官到任儀註》改繪

尊之位，非有所不祥。

民俗紛紛，莫衷一是，只是圖個心安罷了！傳說某個知縣在祭祀城隍時，看到神座兩旁有銀錠，便有意中飽私囊，身旁的吏員告知銀錠是假的，知縣卻說：「我知道是假的，但今日新到任，要取個進財吉兆。」這則笑話固然是取笑知縣貪斂，卻也道出前程未卜的官員寄託徵兆的心理。

地方官上任N件事，先拜拜、熟悉環境、拜訪耆老

朱元璋要求地方官到了任官所在地，先巡視祭壇，為百姓祈福。每年

春、秋二季，祭拜山川、風雲雷雨、城隍諸神，祈求風調雨順。「城隍」原本是指城牆與護城河，在傳統信仰中，當地人民將忠良先賢祀奉為城隍，成為冥界的守護神。虔誠的官員在城隍面前宣讀到任誓文，期盼施政順利。當自然災害發生時，也會前往城隍廟祝禱，曾有地方官祈雨未果，遂將自己與神像綁在一起，在烈日下曝曬，讓神明也感受乾旱的滋味，甚有官員在禱文中語帶威脅地表示，再不降下甘霖，就要搗毀廟宇。地方官的舉止不只盼望上天感應人世苦難，多少也帶有戲劇成分，彷彿是要告訴民眾人事已盡，靜聽天命。

不在《祀典》內的神祇祠宇，通稱為「淫祠」（或稱淫祀）。出身草莽的朱元璋，尤其崇敬鬼神，他認為這些信仰仍有功德於民，只規定官員毋須祭祀，未禁止百姓祭拜。不允許官員祭祀《祀典》未載之神祇，在於士庶之別，朱元璋在〈禁淫祠制〉寫道：「古代的傳統是天子祭祀天地，諸侯祭祀山川，士大夫與庶民各有適宜的祭祀對象。民間適合祭祀的神祇，由禮部議定後頒布，違者治罪。」但經過禮部官員商議後，民間信仰的限制就多了，不許塑畫天神地祇，不可加入白蓮社、明尊教、白雲宗，不能使用巫覡、扶鸞、書符、咒水等法術。

洪武朝末期，寧波知府王璡將境內的淫祠全部搗毀，甚至包括名列《祀典》的三皇祠，有人向他詢問原因，他答覆道：「只有天子才能祭祀三皇，這和士庶都沒有關係，有什麼需要懷疑的呢？」王璡不只遵循士庶之別，更貫徹了禮部的意志，將他所認為的歪門邪教予以消滅。在明代中期以後，以儒學為正宗的地方官，若有志於興革，大多與王璡相同，以激烈的手段將淫祠搗毀，卻沒發現自己違背了朱元璋的初衷。另有些較為務實的地方官，將部分淫祠保留，改建為官署、社學，讓童子在裡面學習詩歌、禮儀，使其達到端正風俗的作用。

地方官執政，首要面對的難題是生疏的環境。上任前，當先謁見上司，接見僚屬，諮訪當地賢達，尋覓合適的幕友。拜謁上官行大禮，尊稱某大人；平行官稱親切地稱老兄、某翁，初次見面也行大禮；下官則呼其職位，如某縣丞。此外，找個十二歲左右的村童，早晚隨侍，學習當地方言，將來問政時，才不致被講土話的人所蒙蔽。新官初到地方，總會有一群無賴接近，以錢財、女色、古玩，試探官員喜好，當勤力檢飭，千萬不可落人口實，免得玷汙官聲，日後悔之不及。

各地民情不同，為官不應抱持成見，應多向耆老請教當地風俗，即使一天只理解一件事，幾個月後便諸事瞭然，能夠精準地剖析政事了。曾有位蘇州知府進京接受考察，負責考察的吏部侍郎吳寬正好是蘇州人，詢問起同鄉文人沈周的近況，未料這位知府竟然不認識，吳寬非常不高興，責難道：「太守是一郡之主，郡中有賢者尚不能知，何必再問其他的事情呢？」

生活於乾隆年間的汪輝祖，自二十三歲起擔任幕友，歷經三十餘年，晚年才考中進士，謁選為湖南寧遠知縣，擁有幕友、知縣經驗的他，在官箴書《學治說贅》中寫道：

樂於詢問，分析言談中傳遞的涵義，是為政第一要務。書役之言，各為其私，不可輕信。門隸之說，往往袒護書役。紳士雖不必然是賢者，畢竟還是個要面子的人，所以官員不可不勤於會客。我上任之初，會見訪客時，立即問當地的風俗。後來見面時，又問此地有無不良分子、盜賊、訟師，如有這類的人，必詳細問清楚他們的容貌及住所。

可見蒐集輿情最重要的管道，是當地的紳士，新官在衙屬的廳堂接見紳士，而紳士收到邀請，也覺得是件榮耀的事情，將官員的名片掛在牆上向親友誇耀。朝廷的法紀不能盡諭民間，地方政府亦多委由紳士幫忙。但誠如汪輝祖所提醒的，紳士、耆老不盡然是賢者，對公正廉明者，應當以禮相待，若是沒有德行的刁生劣監，萬萬別讓他們近身，才不會被他們的伎倆所蠱惑。

珍惜生命，遠離胥吏

書役、門隸皆是官府的吏員，他們的話雖不能輕信，但官員也不能與之交惡，因為知府、知州、知縣名義上是地方之長，實際上的政務多委託吏員執行，這與元朝的統治手段有關，由於蒙古人不熟悉中原文化，語意不通、文墨不解，只能凡事倚賴吏員，明朝亦承襲這樣的弊病。民間出身的朱元璋，見識過不少奸詐玩法的胥吏，所以他將儒、吏分途，禁止吏員考科舉，他們固然可經由考核升職，卻不能擔任地方長官、御史等要職，只有極少數人破格擢升。

萬曆時期，張居正曾提拔一批吏員擔任知縣、同知，儘管他們機敏有才幹，能肩負繁重的工作，但因非進士出身，不受同僚、學生所尊重。例如山東費縣知縣楊果就任後，生員有意羞辱他，竟然沒有一個人前去拜謁。當他主持學校考試時，生員在試卷上胡亂作答，寫滿嘲謔的文字，於是楊果把試卷交給提學官批閱，生員這才改變態度，穿著囚服磕頭求饒。因為提學官是評鑑生員學業的官員，生員再不認錯，不但不能考科舉，恐怕會被發充為吏員。

吏員的來源，少部分是來自各級官員、學校生員，他們因犯錯或品行不佳被罰充為吏，主要則是從農家中挑選三十歲以下，略懂文書者，規定身家無過的農民才可成為吏員，是因為朱元璋認為，沒有田產的人不能體會農業的艱難，容易產生奸詐之心。但僉充的限令並沒有落實，官府經常濫設額數，不務正業的流氓與官員勾結，也成為衙門的皂隸。正額之外，還有不求薪俸、自願受差遣的人，皆欲藉此狐假虎威。就算原本是安分的農民，充為吏員後，禁不起誘惑，竟也成為危害民眾的惡吏。

濫選的後果是吏員良莠不齊，像楊果那樣能幹的人畢竟是少數，更多的是市井無賴、心術偏差的農民。明朝文人最喜歡取笑的對象，除了學問甚差的塾師之外，大概就是吏員了。有則笑話提到縣官欲置酒延賓，吩咐胥吏買豬舌，但「舌」字寫得太長，胥吏看成買「豬千口」，發現弄錯了，還與縣官爭辯道：「今後若要買鵝，千萬寫短些，休要寫作買我鳥（鳥與屌同音）。」科舉出身的士人大多看不起吏員，編造了這些笑話，以自命清高。

儘管如此，大家都明白衙門裡面不能沒有吏員，所以官箴書中經常提醒官員要慎防胥吏變詐，並傳授若干駕馭之術，例如吏役宜用持重的老人，雖然體力不如壯年，但是歷事既多，能夠準確判斷利害。在差遣老吏時，多留情面，使之感畏，產生圖報之心。又如不許胥吏任意靠近辦公桌，以免卷宗遭到抽換。不在門隸面前講述機密，平時經常清點吏員，勿讓他們在外酗酒、遊蕩，趁機結交權貴。

晚明以文學著名的歸有光到湖州府吳興縣擔任知縣，每當升堂辦事時，胥吏總是盤踞在桌邊，讓他幾乎沒地方坐了，於是歸有光將硃筆飽蘸墨水，對著胥吏們說道：「再不退開，我就要灑向你們了。」衙門裡的人們看到這般情形，也都笑了起來。李樂比歸有光晚一科中進士，他也曾說：「不拘郡邑官，要做得好，時須先屏遠吏胥、門皂，不容近身。」郡邑是府與縣的雅稱，意指地方官無論層級高下，皆不可輕信胥吏，尤其書吏最為弊藪，挪移錢糧、侵占公款，甚至賄賂其他吏員，令他們聽從指揮，共蝕民脂。因此有句俗話：「任你官清似水，難逃吏滑如油。」長官若律下不嚴，放任吏員胡作非為，縱然一身清清白白，猶恐身負罵名。

當然也不乏與吏員沆瀣一氣的官員，某官上任時，向吏員問道：「做官事體當如何？」吏員回答：「一年要清，二年半清，三年便混。」官員嘆氣道：「教我如何熬得到第三年？」吏員勉勵新上任的官員先要保持操守，未料官員一上任就想打混。另有一句謠諺：「太守摸魚，六房曬網。」用諧音暗諷宣德年間的常州知府莫愚無所作為，與轄下的六房（如同中央六部的編制）吏員通氣攬事。但據《明史》記載，莫愚是一位宅心仁厚的好官，當他任滿時，百姓們還乞求他留任，那這則謠諺會出自誰手呢？

顧炎武指出明代晚期有三種危害社會之人，分別是鄉宦（居住在鄉里的高官）、生員與胥吏。生員之害尤甚，他們在地方上享受特權，不僅稅糧不會遭受胥吏苛扣侵吞，官員與其見面亦要保持禮數，不可對生員用笞、捶之刑。部分的生員竟倚勢把持官府，與胥吏合謀魚肉鄉里。明代的徭役是按田糧多寡進行攤派，生員卻利用特權將徭役轉嫁到百姓身上，因此生員持有的田產愈多，百姓負擔的徭役愈重。而莫愚極為重視稅務，曾於宣德六年奏請朝廷減少宜興縣進貢茶葉的數額，可能就是在徵稅方面得罪了鄉宦或生員，才被其批評為貪酷。

稅沒收完，地方官別想升遷

地方官為政最要緊的事便是「催科」（徵收稅糧），據《大明會典》記載，自宣德五年起，官員每三年一次的考核，評判其是否稱職的標準，便是依據稅糧是否完足。新到任的官員得先清查前任官員的逃民數目，在任內招撫其復業，憑人數多寡來黜陟（升遷或降級）。追糧的政令愈來愈嚴格，至萬曆元年，外官進京接受吏部考核時，戶部先查勘錢糧，完過八分者，才能進一步考核。而實際情況竟然比《大明會典》的規定還嚴厲，萬曆八年任戶科給事中的蕭彥上奏道：

> **考核官員的方法，不應該只看他徵收稅糧的成效。之前隆慶五年時，先帝下詔規定任內徵收稅糧不足八成者，停發他的俸祿。到萬曆四年又改為九成才及格，以前拖欠的稅糧也要徵收兩成，使得百姓納稅超過十成。官員害怕「考成法」，必定用重刑威脅百姓，百姓不堪負擔，只能選擇逃亡。臣認為任內稅糧徵足九成，以及積欠稅糧追回兩成，這兩個政策不能同時並行。陛下多放寬一成，百姓就多受到一成恩惠。**

吏部原先接受蕭彥的建議，但不久之後，浙江巡撫張佳胤竟奏請回復舊例，吏部又同意了，蕭彥只好繼續上疏力爭，吏部才改行新政。從吏部反覆的態度，可以推測催收稅糧的緩急不是吏部可以定奪的，當時首輔張居正把持著考核官員的權力，考成法正雷厲風行地推行著，就算是萬里之外的邊區，也無不奉行他的號令。

蕭彥的奏疏透露了一個訊息，原來考核官員不只依據任內的完糧程度、逃民復業的數量，還包括追回從前欠糧的數額，但這種事情往往是拿不準的，官員若派任到一個逋糧（拖欠租稅）嚴重的地方，恐怕宦途坎坷，升遷無期了。尤其錢糧難完之地，總是分派給舉人出身者，而進士出身者，多外派至腴壤，偶至瘠壤，亦不久輒調任。因此舉人出身的官員盼望升職，只有嚴厲地催收稅糧。李樂在他的見聞錄中用口語化的文字寫道：

天下極冤最枉之事，莫如帶徵錢糧一節。凡知縣、知州在任，止該清理任內錢糧，任以前自有官在，這官既不清得，如何一併責備後官？行取文書一到，合干上司，俱另具一眼相待，惟恐得罪何人。行取因錢糧不完，上司留著他在。今日則更有可笑，如萬曆十年官，直要他追而上之，到萬曆四、五年也要兼比來，如何做得去？天下只是這幾個百姓，百姓只有這些皮膚，前面太寬，後面太緊，直是趕到大壞極亂，不可救藥便了。

萬曆十年的官，竟要追回五、六年前的欠糧才能升官，這是何等荒唐的事情，李樂這段不用文言修飾的話語，應該代表他最直觀的感受。原來李樂考中進士後，翌年分派至江西新淦擔任知縣，前文提過一句官場諺語：「命運低，得三西。」江西是一個物產匱乏、土地貧瘠的地方，但李樂只擔任知縣三年，就經由行取回任中央擔任禮科給事中。這時張居正才剛就任首輔，尚未推行考成法，若再晚個三年，李樂可能就不能行取了，誠如他所言，若前任欠糧沒追足，是不能調職的。

萬曆中期，著名「公安派」文學家袁宏道（一五六八—一六一〇）第一份官職是擔任蘇州府吳縣知縣，他在與朋友彙報近況的書信中有句話：「但恐成為五百里糧長。」糧長是負責徵收與解運稅糧的差役，由田土最多的富戶充任。袁宏道是個風雅的人，他擔憂縣官要催科而煩苦，反而像是個大糧長。正如他所料，吳縣錢穀多如牛毛，袁宏道在另外幾封書信中提到知縣甚為煩苦，自己疲於奔命，肥腰瘦成細柳，對照起過去在園林中觀松賞菊、飲酒下棋的日子，恍如隔世。就任知縣不足一年就覺得當官無味，萌生辭官回鄉過著自在人生的念頭。

地方政府上呈至中央的稅銀，必須逐項細列，若某項溢收百兩，另一項不足幾文錢，狡猾的吏部書算可能藉故找麻煩，討取賄賂，但朝廷規定就是如此，地方官員有苦難言，也只能任其需索了。崇禎年間的京城有句謠言：「未去朝天子，先來謁書手。」意指地方官進京接受考核時，最要緊的是先打點好書吏，才去朝見皇帝。

崇禎四年，擔任知縣的周瑞豹行取為給事中後才補足稅糧，被思宗降級外調，同時外調的還有行取為御史的鄭友玄，思宗發現他擔任華亭知縣任內還欠銀兩千九百兩，戶部尚書畢自嚴宣稱鄭友玄已經繳清七成，但思宗命戶部核算太倉庫的積銀，卻找不到這筆錢，認為畢自嚴有意掩蓋事實，將他革職下獄。

戶部尚書為二品大員，是主持國家財政的首長，思宗卻一點情面也不願意給，可見催科的問題是很難通融的。正因如此，地方官的施政，極大的部分都是為了要使稅糧完納。朱元璋在《授職到任須知》中告訴官員清點戶籍冊、土地冊是地方官的重要任務，在祭祀神明、清點獄囚後，地方官就得把本地人民該繳的稅糧一一核算清楚，開列呈報。

錢好重要，地方官如何收稅？

戶籍冊在明代稱為「賦役黃冊」（簡稱黃冊），登記各里人戶的役籍、丁口、財產等資料，每十年編造一次，一次造四本，一本上呈戶部，剩下三本則布政使司、府、縣各存留一本。黃冊是以「里」為單位，所以黃冊制度自洪武十四年創立時，一併把地方上的基層組織整合，形成另一套與黃冊制度並行的「里甲制度」。里甲制度是將一百一十個人戶組成一里，在一里之中推家產殷富的十戶為「里長戶」，剩下的一百戶稱為「甲首戶」。甲首戶均分為十甲，每一甲有十戶，每年由一名里長率領十名甲首管理一里之事。當十年週期後，再依據家產貧富，排定里長與甲首輪值的順序。

每年輪值應役的里長與甲首，其職責可用「催辦錢糧，勾攝公事」八個字概括，即負責協助徵收、運送稅糧，以及拘傳詞訟的相關人員到案。農民每年繳納稅糧兩次，稱為「夏稅秋糧」。夏稅五月十五日開徵，要在七月底前收齊；秋糧則在十月一日開徵，十二月底收齊。若沒在期限內收足稅糧，相關的吏員、里長要挨杖刑，若涉及貪汙，最重處以絞刑。

官員雖然不挨打，但誠如前述，吏部考核不通過，影響日後升遷。聰明的地方官在催糧的告示附近放了刑具，用以威嚇百姓。有句俗話：「家有二頃田，頭枕衙門眠。」是指小民為了田土賦稅，終日奔波於官府。有的官員不只是威嚇，是真的用刑，元末謠諺云：「天高皇帝遠，民少相公多。一日三遍打，不反待如何？」是指小民不堪地方官的嚴刑，才起身推翻暴政。在鄉野奇談中，亦流傳著貪酷的地方官催科太嚴，打得百姓滿地鮮血，最後遭受果報，家族絕子絕孫的故事。另有一些地方官貪圖方便，讓土豪劣紳包攬稅務，這些奸人為了不蝕本，必然用更嚴酷的手段向鄉民催收更多的稅糧，導致百姓苦不堪言，鬻妻賣子所得的錢財，都進了豪強的囊袋中。

要稅糧完足，根本之道是勸課農桑，地方官到任後，清查轄區內的田土，與官方冊籍相對照，追查豪強之家有無隱匿田產與人丁。並招撫逃民復業，若發現荒蕪的田地，命里長招募附近人戶開墾。在開墾過程中，地方政府亦提供協助，諸如將古今農書中簡單易懂的道理傳授給農民，指導農民選擇合適種植的作物及採收時程，另介紹如何將糞便燒製成肥料。工務部門則在河深地高之處興建水利設施，疏導江水至農田中。距離水源較遠的高地，改以獎勵措施，勸民挖鑿水井。

地方官還要救濟孤老、出題測驗學生

催科之外，還有許多要緊的政事，就是每年視察氣候與農作收穫，適時調節人力與物力。在荒年歉收時，奏請中央減免稅糧。平時則緝捕盜匪、審理訴訟、管理獄政，維持地方秩序並贍養孤老與窮困之人。來自平民家庭的朱元璋，目擊鰥寡孤獨者因饑寒而困頓潦倒，無以為生，所以命中書省訪查天下窮民，提供衣食、屋舍。具體的辦法是令各處地方政府設置慈善機構，諸如「惠民藥局」供應藥材給生病的軍民；「養濟院」收容老疾孤貧者，定期發放米糧、布匹；城市近郊的義冢與「漏澤園」提供棺木安葬貧民，及收埋無主枯骨。這些大多是唐宋時代既存的制度，或許是因為與考績較無關聯，地方官並不重視，有些環境髒亂不堪，有些則因缺乏管理而荒廢。官員只是想從中貪汙，北直隸順天府宛平縣的養濟院名冊中，八十歲以上者百餘人，甚至有五人超過百歲，管理的吏員為了冒支補助而不更新名冊，甚至把親友也納入冊中，導致貧者未必賑，而賑者未必窮的情況。

地方官就任之初，親自拜謁文廟、名宦鄉賢祠，檢查有無損壞。然後在學宮的明倫堂與生員會晤，用抽籤的方式測驗生員。由於地方官得負責鄉試出題，因此須仔細閱讀當地的志書、儒學著作，以及本省的歷年試卷，避免出題重複。其實整頓學風的大任，應當是由地方的最高行政長官布政使主持，但他們政務繁忙，往往不親自測驗，委託給知府、推官、知縣等基層地方官協助。貪斂的地方官拿了好處，用這個機會巴結鄉宦子弟，總把有權勢的學生成績評為最佳。

當官不簡單！對上對下都難做人

貪汙的貪官與迂腐的清官，手牽手壓榨百姓

貪汙是十分常見的行為，前文提到新官向紳士打探民情，其實也是在彰顯官威、索討禮物，因此人們總說：「滅門刺史，破家縣令。」刺史在漢代初期是中央派任的監察官，後來演變成地方長官，在明清時代是知府或知州的雅稱，這句話的意思是指地方官雖小，對付庶民仍是易如反掌的事情。識相的人收到官府的帖子，必定準備禮品、酒宴招待地方官。有則取笑貪官的笑話，提到官員向神明發誓：「左手要錢，爛了左手；右手要錢，爛了右手。」原來他收賄的時候，讓人們把錢放在袖中，如此便只是爛了袖子。

李樂擔任給事中的時候，曾經聽同僚說道：「公等只見到地方官受賄四、五百金，就說他是貪官，這眼眶太小了。我在廣東時，見到拿珠寶餽贈給官員的人，有著大小不等的珠寶，其中如同豆子般尺寸的，竟是用斗而非用升來估算，且不止餽贈一次。若照貪官的

標準，該如何治罪？所以我們這些長官，還須放寬一些才好。」明代各地方官衙走道旁皆設有一座「戒石亭」，裡頭刻有十六字〈戒石銘〉：「爾俸爾祿，民膏民脂。下民易虐，上天難欺」，據傳是宋太宗趙炅（九三九—九九七）頒行於天下。有好事者在每句下又添了四個字，變成：「爾俸爾祿只是不足，民膏民脂轉吃轉肥。下民易虐來的便著，上天難欺他又怎知？」或許在人民心中，這才是地方官真實的形象。

地方官除了官俸與收賄外，另有一筆稱為「陋規」的灰色收入，是指衙門向納稅、洽公的民眾收取一點額外的費用，相沿成為一種慣例。若赴任於財賦繁重之地，管理倉庫的書吏會饋獻陋規，這筆錢實際上不是陋規，大多是挪用錢糧而來，收下之後，宛如飲鴆止渴，無形中被書吏把持，以致不敢據實清查帳冊。官員收受陋規前，應當注意名目，牽涉訴訟的陋規，涉及利害關係，分毫不可收。若是向商人收取的陋規，則沒有大礙。

官員甚至勸民眾不可逃避陋規，因為將這筆錢聘請幕友，有助於提升行政效率。某些官員為了博取美名，將陋規裁革，吏役反而找其他藉口變本加厲地向民眾討錢，所以陋規因地制宜，不宜全部革除。黃六鴻在《福惠全書》中寫道：「官員與胥吏的俸祿有限，而應酬的費用無窮。」裁撤陋規看似一樁美事，但衙門的僚屬過著克難的日子，無以為繼的時候又要開徵，不免招來有始無終的蜚語。重要的是能夠以公濟公，取之於民，用之於官，妥善運用這些款項。只是知易行難，陋規大多進了貪官的私囊中，朝廷亦不得不介入，盡行裁革。

李樂在見聞錄中寫道：「當官者貪財固然是無恥的事情，也是人性使然，不必過度苛責。」在他看來，有時候迂腐的清官缺乏膽識，比起貪官更為可恨。例如萬曆十六年江南發生災荒，有個地方官竟命令窮人們都去富戶家吃粥，飢餓的人們蜂擁成群，讓城市秩序大亂。該官還下令囤米的人戶不可漲價，一石米只許賣一兩銀，人們不願賤賣，市場上的米愈來愈少，米糧的市價就愈高，這樣的清官又有何用呢？明末文學家凌濛初（一五八〇—一六四四年）在一則小說中，開頭先寫了一段閒話，闡述自己對官府抑制米價的看法，寫道：

> 嘉靖四十三年，吳中大水。田禾淹盡，寸草不生。米價踴貴，各處禁糶閉糴，官府嚴示平價，越發米不入境了。原來大凡年荒米貴，官府只合靜聽民情，不去生事。少不得有一夥有本錢趨利的商人，貪那貴價，從外方賤處販將米來；有一夥有家當囤米的財主，貪那貴價，從家裡米倉中發出米去。米既漸漸輻輳，價自漸漸平減。這個道理，也是極容易明白的。
>
> 最是那不識時務執拗的腐儒做了官府，專一遇荒就行禁糶、閉糴、平價等事。

他認道是不使外方買了本地米去，不知一行禁止，就有棍徒詐害。遇見本地交易，便自聲揚犯禁，拿到公庭，立受枷責。那有身家的怕惹事端，家中有米，只索閉倉高坐；又且官有定價，不許貴賣，無大利息，何苦出賣。那些販米的客人，見官價不高，也無想頭。就是小民私下願增價暗買，懼怕敗露受責受罰。有本錢的人，不肯擔這樣干繫，幹這樣沒要緊的事。所以越弄得市上無米，米價轉高。愚民不知，上官不諳，只埋怨道：「如此禁閉，米只不多；如此抑價，米只不賤。」沒得解說，只囫圇說一句「救荒無奇策」罷了。誰知多是要行荒政，反致越荒的。

凌濛初的觀點與十八世紀歐洲的自由經濟市場理論不謀而合。萬曆四十三年山東大荒時，山東參政張五典亦有此見解，反對官府強逼富人用便宜的價格賣米，他說：「革去平準米價的政令，則遠方賣米的人聽聞此地米價貴，都會爭相前來販售，而米價自然就會平穩。」可惜的是，此類違背傳統的論述總是招致物議，而不能實現，救荒如此，治水如此，學術思想更是如此，新穎的學說往往只存留在士大夫的著作中。

訴訟案件堆積如山，新官上任有夠忙！

記載當地的環境物產、歷史沿革、人文風情的史書，稱為「地方志」（簡稱方志），修纂方志是地方官的職責，也是地方上的大事。當官員要編纂人物傳記時，達官子孫必定會前去拜訪，希望能美化祖宗事蹟，將其列入名賢傳，所以地方志修竣後，通篇盡是溢美之詞，與歷史原貌相差甚遠。儘管官員在人物傳上妥協，在記錄風土民情的風俗志中倒是忠於事實，明代中期以後的地方志經常出現好訟、健訟、刁訟等詞彙。地方官總在政書中感嘆純樸之風日薄，民眾自私好利，打官司成為民眾生活的日常。

地方官放置通告牌，宣布本月某日審理百姓的告訴，稱為「放告」。投遞進來的訴狀不可讓胥吏經手，俱由本職官員整理，每十紙作一封，當堂蓋上鈐（蓋印章）後收入公箱內，以防被抽換。衙署公門在放告日大開，門隸不可阻攔民眾。若要檢舉官署內有誆騙的胥吏或官員，可當庭大聲喊告，避免遭壓案隱瞞。若涉及機密重情，則可隨時進告，不拘放告日。

訴狀依案件內容分有人命、盜案、姦情、賭博、貪汙、婚姻等若干類別，皆有固定格式，其格式各地略有差異，例如有些官員要求每狀不能超過三行，每行不能超過五十字，一狀不可告兩事。訴狀大致是先載明某地某人為某事告狀，接著簡述事由，最後提出證據。例如控告審案流程不公的〈告故勘狀式〉：「某府州縣某人為故勘事。某年月日被某官吏挾仇詐財，故將某人勘拿，監禁／拷打身死。指某人證上告。」其中監禁與拷打可替換為實際情境，又如〈告姦情狀式〉如下：

某府某縣某人為姦情事。財娶到妻／兒婦某氏。或妹／女某名。年若干歲，被某人誘姦日久，拐帶財物若干，到某地方潛住。或云強姦不從，見打劄某處傷痕。或強姦已成，見扯破何衣、奪下何物，氏喊叫何人聽證。或不堪羞忿，某日某時自縊／刎／投井身死。某人證上告。

這則〈告姦情狀式〉出現了許多「或」，因為狀式把常見的情況都預先寫上了，涉案人的部分可填入妻子、兒媳婦、妹、女兒。案情的部分則有誘姦、強姦不從、強姦已成、羞憤自殺等選項。有些民眾會另請訟師撰寫言詞聳動的訴狀，以提高勝訴機會。

負責司法事務的官員先瀏覽訴狀的內容，牽告多人、多年久事、籍貫資料不齊全的訴狀不受理。若為匿名文書，按《大明律．投匿名文書告人罪》規定，看到就直接燒掉，並追查投遞之人，告人者絞刑、協助傳遞者杖刑八十、受理官司的官員杖一百、被告人無罪。但有些官員覺得鄉里民眾多不熟悉法律，如此治罪，難免不通人情，仍然受理案件。

初步篩選後，由地方首長主審案件。新官上任，若先處理困難的案件，會讓人有許久不了一事的感覺，所以容易的案件先處理，一下子就能發落十幾起，百姓便會認為官員斷案神速。有句戲謔的俗話：「原告被告，四六使鈔。」四六的原意是指官員問案不聽信一面之詞，估量兩邊的說詞，秉持原告六分理、被告四分理的原則，在此則被好事者改成擺平訴訟的費用，原告得出四成錢，而被告出六成錢。據說浙江衢州府開化縣有個貪財知縣，無論案情曲直都得罰錢，民眾嚇得都不敢來了，當地的胥吏還瞎說：「官府賢明，民眾都革除好訟的風氣了。」

打官司真是門好生意？

有一諺云：「衙門六扇開，有理無錢莫進來。」便是形容打官司的花費不少，縱使官員不貪，底下的胥吏也會多少索取一點陋規。鄉民進城告狀，舟車往來的耆用無算，請訟師寫訴狀又是一筆開銷。有人因為案件幾經延期，拖得太久，只好把幾畝田地都給賣了，淪落至無以維生。所以一個好官，不應隨意更改審期，早日完結，才不會使民怨沸騰。若民眾累訟以致破產的名聲傳開，官員便成為名副其實的「破家縣令」了。隆慶年間，浙江金華府永康知縣張淳，日夜審閱案牘，迅速地將積累的訴訟案件處理完畢，據說來縣告官的鄉民只要裹飯一包，當天就可以結案，百姓於是稱他為「張一包」，一語雙關，既讚許他斷案機敏，又將其媲美為包公。

速審固然好，但孔子的理想社會是「必也使無訟乎」，在儒者的心目中，能夠化解訴訟才是最高的境界。來告官的人，十之四五，都是里鄰之間的口角，不過是一時氣憤，就冒然啟訟，俗諺云：「一紙入公門，九牛拔不出」，真是興訟易而息訟難。松江府是天下大府，錢糧浩大，訟獄繁多，宣德年間的知府趙豫，就經常勸退告官的民眾，對他們說：「明日再來。」原先氣憤的人，過了一夜沉澱，也就沒有那麼憤怒，打消了告狀的念頭，於是當地人給趙豫取了一個暱稱，稱他是「松江太守明日來」。鄉里之間大多熟識，或有姻親關係，若能以情理調停，使之和睦相處，就不必動用國法。

最可惡的是靠著打官司賺錢的訟棍，他們教唆訴訟，撰寫與事實不符的詞狀，意圖增減罪情，乃至誣告，此在明清時代皆屬違法。訟師不敢明目張膽地執業，遂潛伏在茶館中，覓尋要告官的人，再與之接觸。唯有把這些訟師捉出來治罪，才是減少訴訟案件的根本。

曾有個縣官在衙門外懸掛對聯：「鄉下有田宜早種，縣中無事莫頻來。」期許百姓安分守己，平息爭訟，然而世道人情卻與縣官的願景相悖。隆慶年間出任應天巡撫的海瑞就批評江南地區刁訟太甚，當時流行一句俗話：「種肥田不如告瘦狀。」儒生們拋下經書、農夫們丟棄鋤頭，紛紛研究如何告狀，從中訛取錢財。據說海瑞看到各地送來的詞訟卷宗堆積如山，讀也不讀完，氣到一把火全燒了。

應天巡撫主要任務是督察糧務，兼巡視民政與軍務，其巡行區約涵蓋南直隸與浙江部分地區，屬於朝廷財賦重區，也是人口最稠密的地區。據宣德年間擔任蘇州知府的況鍾（一三八四—一四四二）奏疏，每日告官者不下一千人，他只得造冊列表，一日分理一縣。蘇州一府如此，而應天巡撫統理十府一州，無怪乎海瑞會有處理不完的案件。但不是所有的案件都得上呈巡撫，訴訟案件可分為「戶婚田土」與「命盜重案」兩類，前者屬於輕微的民事案件，州縣政府可以自行結案；後者屬於刑事案件，須交由上司覆審，視情節輕重上呈至知府、布政使、巡按御史、巡撫，乃至中央三法司。

地方官兼任柯南，驗屍辦案樣樣來！

地方官處理案件前不可飲酒，以免宿醉有失儀態，大怒後也不可審案，避免遷怒於民，反遭刁民借口。審案時，嘗試旁敲側擊，欲問牛先問馬、欲問趙甲先問錢乙，適時地插問，或以反問的方式窺探，令嫌疑人猝不及防，觀察其表情變化，推測是否吐實。必要時，差遣吏員詢訪鄰里人等，與嫌疑人的供詞相互參照。所謂「無謊不成狀」，凡涉及人命案件，當事人為了脫罪，必定有所隱匿。證人也可能過於驚駭，胡亂指證凶嫌。尤其狡詐的訟師，用賄賂或哄騙的方式，誘導相關人等製作不實口供、偽造不在場證明，企圖混淆辦案。官員應當把嫌疑人隔離，一一詳細盤問，千萬不可自恃聰明，輕易下判斷。退堂後，官員身心疲倦，最容易遭到狡黠的胥吏蒙蔽，應當打起精神，細心檢校案件卷，一一過目後用硃筆標示，防止胥吏抽換滅證。

至於各種刑具，原是用來懲罰罪證明確卻不肯招認的盜匪，有些官員卻拿來審訊普通民眾，這是非常不好的事情。刑具最好備而不用，只要放在一旁，然後用威逼的方式斥喝道「我已訪知實情了」或「你不說實話，交你拿下了」，就能達到震懾人心的效果。有些官箴書則主張該打就打，不該打則不輕打，例如《牧民政要》記載二十三條慎打的情況，包括老不打、幼不打、病不打、生員莫輕打、人醉勿就打、盛寒酷暑憐不打、佳晨令節憐不打等，不符合寬限之人，就得挨板子了。但俗諺說：「清官難斷家務事」，若是家族紛爭的案件，官員也不會輕易用刑，而改用宣諭的方式調解，讓他們自己悔悟，否則就算案件完結，也難以彌合親族嫌隙。

處理刑案，尤須謹慎，例如鬥毆案件，應當雙方皆有負傷，須勘驗傷勢，追查是否有同謀。若鬥毆致死案，凶手直接擊傷其致命處，應視為蓄意殺人案。毒殺案件有可能只是誤食，應查明毒物來源，並將剩餘毒物取驗作證，使用銀針試毒前，先確認銀針的純度，因為許多銀匠抽真換假，導致驗毒結果失準。自盡案則往往是凶案假作自殺，應勘查死者身上有無其他傷痕。未報官即私自掩埋者，若經查為凶案，須開棺驗明屍傷。

在江南地區有種惡俗，將無關人命的小事，先誇大為人命案件，再尋覓屍骨，藉此向人詐財。因此凡是人命案件，每個細節都要調查清楚，為何被害？在何地謀害？用何種器械？有何人見證？然後依據證詞檢查屍首，對照有無虛誣。驗屍宜速，以免屍變。勘驗前，地方官多帶幾個隨從，免得被害者的家屬前來與凶嫌爭鬥，搗亂現場秩序。地方官先食用薑蒜，在口鼻塗抹香灰，身帶香包，在上風處聽取仵作喝報（驗屍官員大聲報告），圈畫

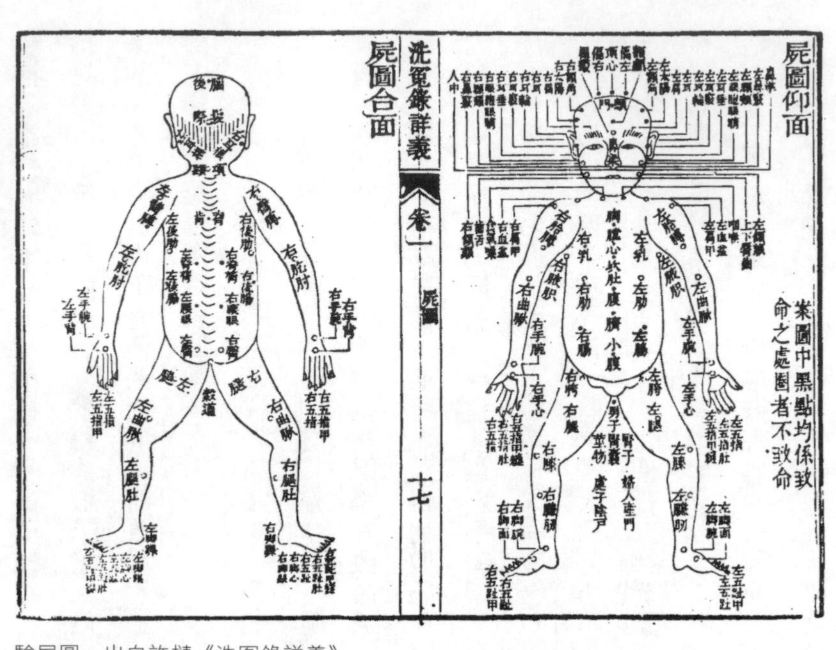

驗屍圖，出自許槤《洗冤錄詳義》

屍圖，並審問案情。

驗屍工作雖由仵作進行，但他們的品行不佳，容易受到收買，或是誆騙家屬，造成複驗結果不同，所以地方官仍要格外留意，或是親自檢驗屍首，諸如上吊的繩結勒痕是否吻合？溺屍口腹是否有水流出？指甲有無泥土？判斷其是生前或死後落水。毒發者的指甲是否發黑？口鼻有無出血？各要詳審明白，避免造成冤案。

辦案當然講求證據，有時也需要變通，或可設計圈套令嫌疑人認罪，例如有件殺夫案多年未解，官府派人扮作陰間判官質問死者的妻子，這才尋獲屍首。與此相反，若相關人等指證歷歷，而犯人極不服輸，此案可能還有冤情，因為證人供詞不一定可信，鄉里間總有一夥棍徒，二、三十個人互結為死黨，自號「十三太保」、「三十六天罡」、「七十二地煞」，當趙甲告狀，則以錢乙、孫丙作證；錢乙、孫丙告狀，則趙甲作證，他們與胥吏串供勾結，以訴訟罔利。

民間苦事，莫過於株連，一些健訟刁民，憑一詞牽告二、三十人，藉此獲利或報仇，其中與案情真正有關的人，只有十之二、三。某些地方官為了彰顯官威，若兩次傳喚不到，則不問案件曲直，先打一頓再說。所以有句俗諺：「堂上一點朱，民間千點血。」意指官員用硃筆一圈，傳喚某人，那人就要跋涉前來官府聽審，耗費時間、氣力、錢財不知凡幾。故官員不應信手牽連，少喚一人，即少累一人。傳喚婦女更要謹慎，以保全其顏面與貞操。若婦女是原告，審訊時不宜過近，更不可縱容屬下凌辱恐嚇。此外，大明宗室、生員、上司的親信都是有靠山的人，若非證據確鑿，也都不宜輕易抓捕。

進行判決時，如果能夠當場背誦法條、《洗冤錄》的內容，明白陳述原由與罪狀，最能使刁徒折服。不能背誦時，只要大略說出罪刑，不可當場翻閱法典，細查出自何律何例，以免耽擱，且觀望不雅，有損官威。況且《大明律》完成於洪武初年，有些律文在明代中期已不合時宜，例如監守自盜倉庫錢糧四十貫即問斬，這是因為明初一貫寶鈔的價值等同一兩銀，但是朝廷浮濫發鈔，致使通貨膨脹，民間早已不用寶鈔交易，四十貫寶鈔在萬曆年間只值五錢，便有官員認為五錢論死，於法太重。

官員可斟酌實際情況，作出合適的判決，有幾則笑話提到官府的趣味判決，例如兩戶農家的牛相觸，致死一牛，官府判決死牛同食，生牛同耕。又有一養鵝者，鵝因誤食鄰家穀物遭撲殺，官府判鵝主賠償穀物，穀主賠償鵝。許多日常糾紛，法典上沒有罪刑，所以採用情理的判決，屬於調解性質。法典罪刑過輕時，官府也會以情理量刑，例如某富豪杖刑不足以懲戒，尚得顧及他的身分，不妨命富豪捐錢購買米糧、出力整頓官倉，既保全他的顏面，又能備荒。

有些判決甚是胡鬧，崇禎晚期的揚州府如皋知縣王岾生喜歡鶴，如皋縣是個產鶴的地方，他高興極了，買了十幾隻鶴畜養在衙署內隨時玩賞。王岾生有次發現鶴在吞蛇，就下令納蛇代替罰款，於是全縣的蛇都被抓光了，後來王岾生改養貓，覺得貓咪撲蝶的樣子尤其可愛，又開放輸蝶抵笞刑，當時的人們說道：「隋堤螢火滅，縣令放蝴蝶。」意指荒淫的隋煬帝為了夜宴時的美景，命人到處抓螢火蟲，勞民傷財，導致隋朝覆亡，而王縣令卻未記取歷史教訓，還命百姓抓蝴蝶。

早上忤逆長官，下午就丟官：巴結上司之必要

志怪作家蒲松齡改編了王蚪生放蝶的故事，說王蚪生在夜裡夢到了一位美麗的女子對他說：「遭到你暴虐的政策所害，姊妹們多因此身亡，你要為你那風流的行為付出一點代價。」女子說完就化成一隻蝴蝶，迴翔而去。翌日，王蚪生在衙署內獨酌，忽聞門隸報告巡按御史來訪，他匆促地前去迎接，竟忘了昨夜在閨房玩樂時，頭冠上插了一隻素花簪，御史看到素花簪冠，斥責他不恭敬，挨罵的王蚪生回到官署後，便取消了蝴蝶贖刑的政令。

王蚪生的故事說明了地方官雖為一方之長，還是得受制於中央巡視政情的御史、督撫、鎮守中官等上司。聽聞達官貴使過到訪，地方官紛紛差人打聽他們的喜好，不僅餽贈金銀財物，更要準備豐盛的酒席，就連最正直的官員也不得不如此。萬曆十八年，給事中楊文舉奉命到江南提督荒政，卻四處受賄收贓，嘉興知府王貽德接待楊文舉時，餽贈十兩銀了，楊文舉嫌少，轉贈給船夫，王貽德見狀說道：「此是知府俸金，老大人看得甚輕，自知府看之甚重，不是賞人之物。若賞船頭，不如仍還知府。」可見王貽德是掏自己的俸祿作為饋金。

後來楊文舉繼續在嘉興巡視，當地兵備道官員委託縣丞料理酒席，縣丞又交代廚夫

道：「今日是我性命所關，你不要害我。」這位縣丞可能聽聞十多年前首輔張居正回鄉奔喪的故事，當時途經州縣的官員皆跪在地上迎接，並準備山珍海錯百道佳餚，張居正卻一點胃口都沒有。北直隸真定知府錢普是無錫人，親自下廚做了一桌江南菜，張居正才大喜道：「我直到今天才吃了一頓飽飯。」答應要為錢普升官。

萬曆二十三年，袁宏道擔任吳縣知縣，談到自己可笑的醜態，接待高官時，像是有著一副賤皮骨的奴才；等候客人時，像是個陪笑的妓女；處理錢糧時，像是個狠心腸的倉庫胥吏；曉諭民眾，則像個媒婆。袁宏道與友人梅國楨通信，聽聞對方高升大同巡撫卻有思鄉之情，便對照自己的處境，勸其不要輕易辭官，信中寫道：「知縣可捨，開府不可捨也。何也？開府無簿書、牛馬之累，終日高坐堂皇，其折腰跪拜者，皆金紫也。既不妨飲酒，又不妨好色，又不妨參禪。」「開府」是巡撫的雅稱，而「金紫」是金魚袋與紫衣，原為唐宋時代官員的佩飾與官服，在此代指為高官，袁宏道認為巡撫既不像知縣供上級驅使，又可飲酒、好色、參禪，不必處理錢糧瑣事。

巡撫豈是像袁宏道說得那麼威風快活，明末有位名為宋一鶴的官員，原先只是個知縣，因為擅長兵法，屢屢建功，獲提拔為湖廣巡撫，已是地位崇高的官員了，但他拜見上司楊嗣昌時，聽聞楊父名為楊鶴，亦為重臣，為了避諱，竟然在名片上署名「木一鳥」，鳥與屌同音，遂傳為笑柄。諸如此類巴結上司的故事，不勝枚舉，因此謝肇淛感嘆道：「現在當官的人，寧得罪於朝廷，不敢得罪於官長；寧得罪於小民，不敢得罪於巨室。」畢竟地方官員升遷或謫降，往往就在長官一念間，就怕早上忤逆長官，下午就丟官了。

長官不必然是在朝的現任官員，因免職、候任、告假、退休等因素居住在鄉里的官員稱為「鄉紳」（或稱鄉官，即前述顧炎武所稱的鄉宦），「紳」即「縉紳」，是指將笏板（臣子覲見天子時手中所拿的板子）插於紳帶間，而後作為官員的代稱。這些鄉紳憑藉著權勢，在鄉里間作惡，地方官卻莫可奈何。即使是正派的士大夫家庭，亦不乏有倚勢恃強之事，例如明初五朝老臣楊士奇的兒子楊稷屢次橫虐鄉民，甚至犯下殺人案件；正德年間，內閣首輔梁儲的兒子梁次攄與民爭田，竟謀劃了一場二百人的滅門案；成化年間的南京吏部尚書錢溥奴役民眾，將他人墓園的土磚運來修建自己的宅第。

地方官離任，百姓不捨

隆慶年間，應天巡撫海瑞不畏權貴，執意進行改革，強勢地要求鄉紳將強占的土地退還給貧民。內閣首輔徐階退休回到老家松江府華亭縣不久，就遭到海瑞清算，許多富戶不願意與固執的海瑞作對，紛紛躲避他鄉。而徐階畢竟位居高官，在朝的給事中戴鳳翔立刻為徐階撐腰，上疏彈劾海瑞，理由居然是「魚肉縉紳」。從來只聞魚肉鄉民，海瑞面對這樣的罪狀，在奏疏中辯駁道：「今日鄉官之肉，乃小民原有之肉，是鄉官先奪於民，命令他們還回去的並不是原本鄉官之肉。況且鄉官先奪民田數以百計，如今償還了一些，實在是沒還多少。臣猜想戴鳳翔恐怕在鄉里上，也是那樣的鄉官吧！」

只是海瑞終究迫於形勢而罷職，當百姓聽聞他將離任，沿著街道哭送，將他的畫像放在家供奉。可見官員若能苦民所苦、廉政愛民，自然受到擁戴，尤其州縣是明朝最低層的行政機構，州縣官須直接面對民眾，遂有「親民官」或「父母官」之稱。史籍經常記載百姓對地方官表達感激之事，當官員積勞成疾，百姓為之祈福，發願折己壽以續官命。當官員因公殉職，百姓出錢出力料理後事，身穿白衣為官員送喪，並修建祠堂。當官員離任，士民為其立碑，以彰顯政績。而百姓們號哭罷市，將自己的名字寫在紙上，編織成「萬民傘」贈與官員。再捨不得，便向朝廷請求將官員留下來，有時朝廷順應民意，增加官員的俸祿後，命其還任。

宣德初年，皇帝發現蘇州賦役繁重，是個很難治理的地方，歷任知府多不稱職，命部院大臣推舉能人，吏部尚書蹇義與禮部尚書胡濙共同推薦了禮部主事況鍾。況鍾不是進士出身，是由吏員特別擢升，所以知道如何醫治沉痾，出任蘇州知府後，他不負眾望，鋤豪強、植良善。在澄清吏治方面，剷除豪猾的胥吏，又將貪虐庸懦的僚屬斥退；在賦役改革方面，他奏免蘇州等地七十餘萬石重賦，改進運糧的流程，造簿冊管理，免除胥吏侵吞。在況鍾執政期間，倉庫每年皆積貯十萬石粟米，以備飢荒。人民愛戴況鍾，將其視如神明，稱之為「況青天」。當況鍾秩滿離去時，八萬餘名民眾迎道相送，時有儒生作歌謠：「況太守，民父母。早歸來，樂田叟。」朝廷也回應民情，讓況鍾支領三品官的俸祿，繼續留任蘇州。

在明朝的歷史中，有不少像況鍾這樣廉潔的地方官，清初學者朱彝尊輯錄的詩歌總集《明詩綜》收錄了一些稱讚官員的歌謠，例如正統六年任揚州興化主簿的蒲政，為官寬恕廉靖，民謠云：「蒲政打蒲鞭，青布緣了邊。九年三考滿，不要一文錢。」倘若是貪墨之輩，地方百姓也會造謠傳誦，有首〈德政謠〉唱道：「來時蕭索去時豐，官帑民財一掃空。只有江山移不去，臨行寫入畫圖中。」

無論是編歌謠、立政績碑、建生祠堂、贈萬民傘，這些紀念儀式倒也不全然出自真心，反而像是一種裝模作樣的傳統。某縣官升遷離任時，父老們跪在地上請求他寫一篇記文，縣官連忙說：「我無遺愛於邦人，不敢當此。」父老對答：「這只是形式上的舊規矩罷了。」甚至有官員甫到任便詢問官署書吏能否作文，說道：「他日我滿任時，一篇德政碑文自不可少，故必請老夫子先為預備也。」

似乎愈不得人心的官員，就愈在乎這種禮數，所以晚清官員裴蔭森總是告誡下屬：「凡得德政碑、萬民傘之最多者，其政聲之惡可想而知。」《福惠全書》則如此勸戒道：「雖不敢云攀轅卧轍，冀吾民借寇之求；或亦得免窒戶懷磚，為共歌推謝之。」所謂「借寇之求」是指漢代的潁州太守寇恂頗有政績，百姓乞求其留任，整句話的意思是說地方官離任時，不必奢望百姓抱著車輪、躺在車軌前，不讓官員離開，只求百姓不要門閉戶、投擲磚頭，共同唱歌慶賀地方官終於離開了。

百姓有舊規矩，官員執政何嘗不是如此？李樂認為當官最害人的就是「舊規」二字，因為漢儒董仲舒曾說：「在太平盛世，繼起者只要依循原來的治理方法；在混亂的世道，繼起者則要改變治理的方法。」歷朝官員總把這句話當作治理方針，不願意更改不合時宜的法令，總因循舊有的制度，以致積弊叢生，李樂在官廳堂柱上寫了一副對聯：「敢曰今人行古道，柢憐積弊作成規。」勸諫同僚不要墨守成規。

福建文人謝肇淛自萬曆二十年壬辰科中式後，出任浙江湖州府推官，歷任南京刑部主事、兵部主事、工部郎中，累官至廣西布政使。從基層小官升遷至地方最高行政長官，謝肇淛對地方官為政的難處，自有一番見解，他認為在上位的京官總是不信任地方官，要求地方官用人避嫌、處理稅務不得經手錢糧，把他們當成賊一樣提防。而皇帝遠在天邊，地方官就算勤瘁盡職，受百姓愛戴，皇帝也未必知曉，但疏於對上司的禮節，就容易觸怒當道，以致招到懲罰。所以地方官總是想著處理官場人際關係，政務也就因循守舊，多由胥吏委辦，只求不出錯，便等著任滿遷轉。

什麼樣才是官員模範生？

究竟什麼樣的官員才稱得上是官僚楷模？明初朱元璋曾公布一封私信，那是洪武四年檢閱刑部上呈的獄囚文書時，偶然讀到一封囚犯協助轉送的家書，由浙江湖州府德清縣布衣王升，寫給擔任陝西平涼府崇信知縣的兒子王軫，信中交代本家已經服完今年的里長正役與弓兵雜役，希望兒子能代買藥材附子二、三枚，但必須是經由稅關而來，不可走私，王升並勉勵道：

凡是為官必須廉潔自持，清貧是士大夫的常態，所以古人曾說：「貧乏不能存，此是好消息。」撫育人民以仁慈為心，報效國家以忠勤為本，對待自己以謙敬為先，研習進修以學業為務。有空閒的時候，應當熟讀經史，至於儒學的性理之書，也當潛心於其間，如此研究得透徹，自然就沒有邪念。另外要熟讀律令，執法就不會有所困惑，仕與學不可偏廢。

朱元璋讀完這封信，心裡高興極了，在給王升的詔書中嘉獎道：「今日讀到你的家書，知道你是個善於教導的人，能夠用忠盡之言叮嚀你的兒子。王軫是否賢能尚不可知，然而在風俗澆薄的今日讀到這封家訓，再也沒人說得比你更好了！勸善懲惡，移風易俗，確實是朝廷首要的任務。」朱元璋賞賜王升白金、附子、絹布，並免除王家的雜役。王升雖沒有功名，卻不是平凡的布衣，元朝曾邀請他出任德清縣知縣，王升推辭不就。明朝建立後，王升擔任里長，可見王家是一戶世代書香的殷實人家，所以才寫出如此懇切的訓詞。

由此可見，廉潔是只當官的基本操守，重要的是能夠秉持儒家士大夫的精神，盡忠職守，慈愛百姓。明代著名的官箴書《實政錄》提到州縣官既有父母官之稱，應如父母般養育人民。誠如《大學》教導的齊家治國之道所云：「如保赤子。心誠求之，雖不中，不遠矣。」其中「如保赤子」原典出自《尚書・康誥》，意思是愛護人民如同慈母呵護嬰孩一樣，抱持著這樣真誠的理念，就算不能完全做到，也不會相去太遠了。

清代的衙署中多掛有一塊「清慎勤」的匾額，這是晉文帝司馬昭與官員李秉討論為政之道時所提出，他說：「為官長當清，當慎，當勤，修此三者，何患不治乎？」宋代呂本中在《官箴》中將此三字箴發揚光大，被後代官員奉為居官三字符，清聖祖經常書寫這三個字，賜給內外大臣。清廉、謹慎、勤政，微言大義的居官箴言，貫穿了中國歷史。

第五章

待遇差、不穩定，明朝公務員一點都不鐵飯碗

當官前，本想盡己畢生所學為國為民服務；當官後，卻發現荷包很瘦，且三不五時被罰俸。俸祿中的白銀與寶鈔亦一再貶值，致使士大夫用盡各種門路開啟財道、遊走於灰色地帶。從上任的第一天，官員們就開始期待退休的那一天吧！

比22K還慘，明代官員的微薄薪水與一點福利

米糧、寶鈔、胡椒、茶葉，都是官員的薪水？

《明史・食貨志》記載俸餉的篇目中，第一句就寫道：「國家經費，莫大於祿餉。」明代的財政支出大項中，除了軍費之外，就屬俸祿了，包括進呈給皇帝私用的銀兩、各地宗藩的俸祿、官員的俸祿、生員的廩食，以下介紹明朝文官的收入與特權。

明代初期，亦如前朝制度，朱元璋將「職田」撥與勛臣、百官，讓他們招募佃農耕作，將收成當作官員的俸祿。這項制度雖然沒有明文廢止，但發出的田土陸續又被收回，朝廷改以祿米替代職田。

洪武四年，朱元璋命中書省與戶部制定文武官員的歲祿，這是明朝第一次明文規定各

層官員的俸祿。當時俸祿是發放米糧，而民間交易則普遍使用銅錢，少量使用銀兩。但市面上有許多盜鑄劣錢，且銅錢不方便攜帶與大量交易，所以朝廷於四年後發行了「大明寶鈔」，有一百文、二百文、三百文、四百文、五百文、一貫等六種面額。紙鈔四周以龍紋花欄裝飾，頂端印有「大明通行寶鈔」字樣，其下為面額，兩側分別為四字篆文，即「大明寶鈔，天下通行」。寶鈔中間為錢貫圖案，一串錢為一百文，一貫即為十串（一千文錢），等同銀一兩，從此以後，嚴禁民間再用金銀交易。洪武十三年，朱元璋再命戶部重訂歲祿，不但歲米略為增加，並加發俸鈔，規定一貫鈔可抵米一石，官員的俸祿比起洪武四年豐厚許多。

洪武四年與洪武十三年兩次制定的俸祿皆是以年為單位，而實際發放的俸祿則是以月為單位，當年俸要分為十二個月來發放時，幾乎各層官員的歲俸米都不能整除，所以有的月多發一些，有的月少發一點。此時朱元璋發現官員的俸米有以斗、升等小單位發放，他認為有損朝廷重祿之道，要求月俸皆必須以石為單位，最小止於斗，不可再瑣碎。戶部遂於洪武二十年奏定新的俸祿，明確規定了各層官員的月俸米。這次修訂的俸祿不再發放俸鈔，且換算回年俸後，中高層官員歲俸普遍減少。這相當於所有層級的官員都遭到減俸，

	洪武四年	洪武十三年		洪武二十年	
	歲俸米（石）	歲俸米（石）	俸鈔（貫）	月俸米（石）	換算歲俸
正一品	900	1000	300	87	1044
從一品	750	900	300	74	888
正二品	600	800	300	61	732
從二品	500	700	300	48	576
正三品	400	600	300	35	420
從三品	300	500	300	26	312
正四品	270	400	300	24	288
從四品	240	300	300	21	252
正五品	180	220	150	16	192
從五品	160	170	150	14	168
正六品	100	120	90	10	120
從六品	90	110	90	8	96
正七品	80	100	60	7.5	90
從七品	75	90	60	7	84
正八品	70	75	45	6.5	78
從八品	65	70	45	6	72
正九品	60	65	30	5.5	66
從九品	50	60	30	5	60

洪武年間官員俸祿變化表，據《實錄》製表

卻成為了明朝永制，此後兩百餘年未有大改變。

朱元璋何以減俸，目前未在史籍中看到具體原因，若從當時的朝政推測，明初兩次的各級俸祿是採等差級數遞減，帶有恩賞性質，具體的發放狀況並不在皇帝的考量中。至洪武二十年，既已重開科舉，文武官員的任用與升遷皆已納入體制，勢必需要更嚴謹的規範，戶部才將俸祿的額度依據實務進行調整。

洪武二十年的俸祿刪去了

俸鈔，並不是不再給鈔，而是改用另一種方式發放。俸祿在名義上仍是俸米，實際上卻將一部分俸米折算為錢鈔、布帛、胡椒等物品，所以俸祿由兩個部分構成，支領米糧的部分稱為「本色俸」，將米糧折算為其他實物的部分稱為「折色俸」。層級愈高的官員領折色俸的比例亦愈高，大致而言，官高者支米四十%—五十%，官卑者支米六——八十%。

朱元璋將發行的寶鈔，浮濫地賞賜給皇子、高級官員、外國使節，財政史專家黃仁宇舉例：洪武二十三年一年當中，朱元璋僅是有紀錄的賜鈔次數就高達六十九次，金額約為九千五百萬貫，而將當年的總收入換算為寶鈔後，約只有兩千萬貫，收支完全不成比例。

歷代發行貨幣的政府，疏於對財政的宏觀調控，往往面臨通貨膨脹的惡果，明代亦為如是。洪武九年規定一石米折換一貫寶鈔，至洪武十八年，增為二貫五百文寶鈔。永樂初年，再增為十貫寶鈔，而永樂末期，竟可折換二十五貫寶鈔。俸祿的米鈔折算比例是由朝廷規定，完全不能反映實際的購買力，官員的俸米被換成了一疊價值甚低的寶鈔，欲將一貫寶鈔換算成銅幣，卻僅能換回幾文錢。在成化年間，有時寶鈔堆積在市場如同廢紙，路過的民眾也沒有意願撿拾，因為除了當作朝廷的俸祿以外，民間幾乎都已不使用了。

俸祿還會折換成各種實物，明代初期是將官員的折俸鈔改為胡椒、蘇木。胡椒是調味香料，蘇木屬於藥材，大多當作染色顏料，兩者主要產於東南亞一帶，是外邦進獻的貢品之一。正統元年，司鑰庫（又稱天財庫，貯存錢鈔的機構）的官員龔政上奏：「由於減省了購買物料的幅度，向庫房支領的寶鈔數量減少，而每個月收庫的寶鈔增多，已缺乏倉庫貯鈔，建議將官員的折俸全改為支鈔。」戶部答覆道：「若如此辦理，則發出的寶鈔愈多，只會造成寶鈔的流動愈加阻滯。」因此戶部稍作修正，讓兩京官員的折色俸上半年支領寶鈔，下半年支領胡椒、蘇木。成化七年，戶部尚書楊鼎上奏，提到倉庫的胡椒、蘇木供應不足，而綿布還堆積不少，所以又將折色俸的實物改為綿布。

陝西、甘肅地區囤積了許多各地運來的茶葉，目的是與遊牧民族交換馬匹，故自正統年間起，當地軍官的部分俸米改折算成茶葉。景泰元年，南京附近的龍江鹽倉存積了過多的鹽，於是南京文武官員的本色俸米便改用鹽折算。成化五年，御史李瑢巡視皇宮倉庫，發現倉庫內堆積了數萬發弓矢，以及紵絲、綾羅、繒布、衾褥、書畫、几案、銅錫、磁木諸器皿，而上頭皆已遍積厚塵，或遭蟲蛀。李瑢認為不該任其腐壞，遂奏請皇帝將其中堪用的物品折為俸鈔。

官員的俸祿，統統換成銀子

由以上數例可知，官員的俸祿經常是朝廷倉庫多了什麼物料，就將其改折算成俸米。然而刨根究底，這些物料的來源，少部分是貢品，大部分是百姓繳納的稅糧。如同百官俸祿，百姓納稅也分成本色與折色，繳納米、麥是為本色，繳納土產是為折色。雲南地區盛產礦物，所以用金、銀、水銀、丹砂等礦產替代米糧，在某些土地貧瘠的地方，若逋欠太多稅糧，朝廷也容許折收土產，以紓解民困。

江南一帶雖為糧食供給區，但有些地方交通不便，民眾只能先將糧米變賣，到了交通發達的地方再買米上繳。另一方面，隨著成祖北遷的武官，由於制度的僵化，還得拿著「俸帖」回到南京支領俸糧，不願遠行的武官，遂將「俸帖」賤賣出去。換言之，納稅者與支領俸祿的官員都因買賣受到商人盤剝。御史周銓想到一個簡便的方法，遂於正統元年建議在南京、浙江、江西、湖廣等交通不便之處，折收布、絹、白金當作武官的俸祿。江西巡撫趙新、南京戶部尚書黃福皆贊成這項政策，於是英宗詢問北京禮部尚書胡濙的看法，胡濙表示太祖朱元璋就曾折納稅糧，這是完全符合祖制的做法，因此英宗下令將江南、湖廣、福建、兩廣的稅糧折算為銀兩，稱為「金花銀」，南方各地倉庫漸漸地就不再積滿稅糧了。

金花銀一部分撥為武官的俸祿，若邊區駐軍需要經費，亦由此撥給，其餘收入內庫作為御用。同一時期出現愈來愈多臨時性的折銀理由，與金花銀略有不同，這些折糧銀不入內庫，而是收入朝廷的倉庫。例如徽州府明明不生產絲，卻要上繳絹布，這是因為明代初期沿襲宋元時代的「兩稅法」，每年納稅兩次，合稱「夏稅秋糧」，夏季要繳納棉布、麻布、絹布等物，秋季則繳納糧米。[18]巡撫周忱遂於正統二年上奏請求將徽州府的稅絹折銀解京，作為北京軍職的俸糧。同年七月，周銓又上奏提到江南地區的倉庫經常滿貯，得在收稅前放盡倉庫，才有空倉收納各處送來的稅糧，有時甚至會處理不及。戶部徵得皇帝同意後，向周銓指示道：「蘇州府、松江府、常州府，若願意將稅糧折銀，可送至北京。」翌年四月，戶部認為廣西、雲南、四川、浙江等處留存的米糧過多，猶恐年久腐蛀，建議將多餘的米糧賣出，換成銀兩送到北京作為軍官俸糧。

至成化二十三年，歷任大同巡撫、保定巡撫的李敏（一四二五—一四九一）因救荒有功，升為戶部尚書，李敏在大同巡撫任內，發現山東、河南等地的居民運輸稅糧路途遙遠，且耗費巨大，遂令地方政府除保留必要的糧食，其餘折銀繳納。擔任戶部尚書後，李敏又建議北京、山西、陝西等地要輸往邊區的稅糧改為徵銀，作為軍餉與置辦軍備的經費，從此以後北方的夏稅秋糧也開始折銀了。

在李敏的折銀政策施行的同年，時任禮部侍郎的丘濬向皇帝進呈他所作的《大學衍義補》，這是一本詳列歷代政治得失的教科書，作為皇帝治國之參考。丘濬在書中表達了對租賦折銀的憂慮，他寫道：

自古以來，通曉治國綱領之人，總是重視穀粟，而輕視錢幣。這是因為可以沒有錢幣，而不能沒有穀粟。後世以錢幣代替租賦，可謂失去輕重之宜，違背緩急之序。所以對國政有長遠規劃之人，寧願將穀粟視同錢幣，即使放在倉庫中腐壞，沒有用到，仍要貯備著。絕不肯將錢幣當作穀粟，擔心一旦發生災荒，土地無法耕作，那些金、銀、布帛是不可充饑之物，只能坐以待斃了。

丘濬代表一個標準的儒臣思想，從農業社會的角度考慮人民的生計，反對過度的商業化與物質文明。憲宗讚許丘濬學識淵博、考證精詳，將其擢升為禮部尚書，並賞銀二十兩，命人謄抄《大學衍義補》副本，將此書刊行天下。但稅糧折銀已成為趨勢，丘濬的建議完全沒有起到一點作用，或許他獲賞的銀兩，也是來自某地上繳的折糧銀吧！

丘濬過世的前幾年，哥倫布（Christopher Columbus）率領的西班牙船隊橫渡大西洋，發現美洲新大陸，開採的白銀陸續流入中國。又過了一百年，派任到廣州處理刑案的王臨

18. 夏稅不應簡單地理解為棉布、麻布、絹布，此處只是採用《大明會典》中「不種桑者，使出絹一疋；不種麻者，使出麻布一疋；不種木綿者，使出綿布一疋」的說法。梁方仲在《明清賦稅與社會經濟》中細緻的梳理明初夏稅的各種稅目，指出最原始的設計應該是夏收麥、秋收米，而銀、錢、絹、鈔、布皆為米、麥折色後的代輸物。

亨在他的見聞錄《粵劍編》寫道：「西洋古里（Calicut）乃是西洋諸番匯聚的都市。三、四月間，抵達中國購買雜貨，再轉賣到日本諸國，以獲取暴利，各船皆滿載金銀。余駐省時，見有三舟到來，各舟贈白金三十萬，投入稅司納稅，便任憑他們入城與百姓交易。」古里是印度西南岸的城市，滿載白銀的歐洲商隊抵達印度後，下一站前往馬尼拉、澳門、廣州，最後再到日本。大量的白銀在市場上流通，確立了明代中期以銀為本的財政體系。

明代中期的農業生產力提高，米糧的產量不斷增加，農業經營呈現專業分工，適合種棉花、養蠶的地方則專注在商品加工。為了追求更高的獲利，有些農民甚至捨棄農務，專職從事手工業，將商品加工出售後再購買糧食。官方既然開放折糧為銀，對於民間金銀交易的禁令亦愈趨鬆弛，體積小、價值高的白銀普遍地成為民間的交易媒介。在嘉靖、萬曆年間推行的「一條鞭法」更將人民的力役、賦稅折算為銀兩，官員的俸祿自然也就改以銀兩的方式發放。萬曆《大明會典》記載官員的俸祿為米、鈔、銀三種形式，其中俸米無論官員的品秩高低，每個月都只能支領一石，其餘無論本色俸與折色俸，皆折為錢鈔與銀兩。

官員的俸祿折來折去，愈折愈薄

明代的俸祿自洪武二十年重訂後就未有重大改變，官員經常在言談間反應俸祿之薄。宣德初年，四川雙流縣知縣孔友諒在奏疏中提出六項改革朝政的建議，其中一項是要求朝廷增加俸祿，他寫道：「俸祿用以供養官吏，使其保持廉潔。俸祿過於微薄，則難以侍奉父母。本朝的俸祿制度已較前朝微薄。現在京官和地方首長稍有增俸，其餘的官員除了支領俸鈔外，每個月也不過領得二石俸米，不足以讓幾個人過活。」孔友諒只是一個七品知縣，月俸七點五石（歲俸九十石），且俸祿大多為折色俸鈔，因此覺得生計頗為困難。

大約同一時期，楊士奇兼任兵部尚書，他向仁宗說道：「臣身兼少傅、大學士，官位已踰越了適當的限度，尚書一職，更不敢當。」仁宗嚴厲地回絕道：「黃淮、楊榮、金幼孜皆身兼三職，卻只給你二職，外面的人會如何評價朕呢？你千萬不可推辭。」楊士奇於是退一步，向仁宗說道：「請務必讓臣辭領尚書的俸祿，尚書月俸六十石，可讓國家養六十名壯士。臣受二俸已覺得過分，不敢再多拿了。」這段對話透露了兩件事，首先是洪熙、宣德年間的文官可身兼多職，支領多份俸祿，自然過得寬裕，楊士奇身兼少傅（從一品）、尚書（正二品）、大學士（正五品）三職，月俸約為一百五十石，是孔友諒的二十倍。

其次是一石米雖足以供給一個壯丁，若像孔友諒要再供養父母，就稍嫌不足了。

由此可見，高層官員的生計綽有餘裕，低層官員卻苦不可言，孔友諒的增俸建議顯然沒有被接受，陸續又有兩位中央官員為低層官員請命，大學士張瑛於宣德七年乞求增加南北兩京七品以下官員俸祿。正統元年，副都御史吳訥認為俸祿從支領俸米轉為折色俸，每個月只能領一、二石的本色俸米，變相地減少了官員的俸祿，使得官員不得不向人借貸，所以請求皇帝替官員增俸，吳訥舉例道：「廣西道御史劉準，由進士授官，月支俸米一石五斗，不能養其母妻、子女，因此向御史王裕、刑部主事廖謨等人支借俸米三十餘石。劉準去年病死，積欠同僚的俸米竟還未還清。」英宗這次倒是很果斷地以民生困苦為由，拒絕了吳訥的建議。

吳訥點出了薄俸的原因，洪武初年官員俸祿全為俸米，即使官員收入不高，仍足以養家餬口。自從改為本色俸、折色俸以後，除了收到形同廢紙的錢鈔外，胡椒、蘇木、布等實物亦不能為食，須販賣後再購回米糧。品秩愈高的官員，折色比例愈高，蒙受的損失亦愈高。後來再改為無論官員品秩高低，每個月皆領一石俸米，其餘折為錢鈔與銀兩，形同俸祿全面折色，對於官員的生計更是雪上加霜。所以顧炎武便認為明代俸祿的弊病在於將米折成鈔，再將鈔折成布，又將布折成銀，使得俸祿愈折愈輕。

官拜內閣首輔的李賢，正統年間初入官場時，就為此打抱不平，他發現高居三品的京衛指揮使實領一石月俸米，而朝廷招撫的塞外降人卻享受十七石五斗月俸米，大嘆：「一個降人可抵京官十七個半啊！」建議英宗將降人遷出京城外，以減少冗費開支。英宗否決了李賢的建議，因為給予降人厚俸是出於政治攏絡，英宗曾向戶部尚書劉中敷說：「來降的韃人官員生活過得艱苦，自宣德元年以後來降者，都讓他們支領京倉的糧食，以慰藉他的順化之心。」初露頭角的李賢僅站在節省朝廷經費的角度，要求降低降人的待遇，建議當然不被採納。

官員薪水太少，只好用外快貼補

京衛指揮使畢竟是高級官員，雖然月俸米一石，但錢鈔、絹、布、胡椒、蘇木等折色俸還是不少。且月俸米無論品秩高低，皆支領一石，李賢為何會以三品官舉例呢？或許與另一項改革有關，前文提及楊士奇身兼多職，可支領多俸，但正統朝以後，即使兼了三、四個職位，也只能支領最高品級的官俸，官員不得不用「柴薪皂隸銀」（簡稱柴薪銀或皂隸銀）的名目來貼補，即將朝廷配給的皂隸（衙門裡的差役）折為銀兩，讓沒意願當差的皂隸納銀代役。

皂隸銀始於宣德年間，也和只領一份俸祿的楊士奇有關係。宣德三年，都御史劉觀因貪汙被罷黜，楊士奇推薦了品行高操的顧佐繼任，顧佐嚴厲地糾舉不適任的官員，因此得罪了不少人，便有人舉報顧佐接受皂隸的賄賂，私自將皂隸放回家。宣宗得知此事後，私下詢問楊士奇：「你不是說顧佐是個廉潔的官員嗎？」楊士奇回答道：「在朝的官員俸祿微薄，僕從、馬匹、糧草的費用都是皂隸自行負擔，所以讓一半的皂隸交錢換取免役，皂隸得以回家耕作，官員則可以獲得資費，在朝的官員都是這樣，臣也是如此。」

由於楊士奇坦率地告知皇帝，因此皂隸銀遂成為一項正式的制度，連在衙門當差的皂隸也可以折銀代役，成為官員俸祿的一部分。成化年間的官員陸容說：「我未中式以前，曾聽聞京官索取皂隸銀，便打從心裡鄙視這種官員。直到我在京任官後，才知道不能沒有皂隸銀。」

弘治初年，刑部侍郎彭韶曾上奏將百官皂隸銀減半，引起群臣譁然，紛紛說道：「現在俸祿不能實領全額本色，已較前朝微薄，全仰賴著皂隸銀，而彭韶要減少皂隸銀，叫我們要如何養廉呢？」兵部尚書馬文升也上奏反對，才維持了舊制。官員不能理解彭韶怎麼會想扣自己的俸祿呢？打探緣由後，才知道原來彭韶不是真心要減少皂隸銀，只是要批判宦官，所以才在奏疏中先提議減少皂隸銀，以表示自己公正無偏。倒是嘉靖年間，世宗在詔書中表示冗員太多，使柴薪俸隨之增多，增加了民眾的負擔，命吏部遇缺填補前，先考慮有無必要性。

官員為了多賺錢，竟違法經營商業、索賄

《尚書．洪範》記載：「凡厥正人，既富方穀。」意思是國家要昌盛，便要經常給予官員豐厚的待遇。顯然明朝並沒有做到這一點，官員的俸祿從支領全額俸米，演變成本色俸與折色俸，再變成全部折色，只能支領一、二石月俸米。且國都北遷之後，兩京的官俸折色不同，南京官員又比北京官員略低一些，使得官員得自己找門路掙錢。山東監察御史曹泰在正統六年的奏疏中提到了為官薄俸的困難與風險，他說：

> **文臣要離開故鄉，前往遙遠的外地赴任，妻子隨行，然而俸祿豐厚的官員不過有三石月米，薄俸的官員僅有一石、二石而已，且多折為錢鈔，在緊急的時刻**

難以救濟。九年之間，供養父母，養育妻兒的開支、道路往來的花費、餽贈親友的費用、閒居以待官職時的開銷，俸祿不足以顧贍，所以官員不免失去操守，淪落至從事非法的勾當。

非法的勾當是指什麼呢？江西巡撫趙新在宣德六年向皇帝回報地方的弊端，當中列舉了若干事例，其說道：「各處軍事衛所的官員，廉潔者少，貪虐者多。他們將軍丁當做自己的差役來使喚、霸占民田、畜養蓄僮、販賣私鹽、奪取民眾財貨，憑藉著特權負販經商。」官員或從事商業交易，或與商賈合謀獲取不法利益，都是很常見的事情。京師的人們把依附官府賺人財貨的行為稱為「撞太歲」，士大夫平常也會關說，所以能夠容忍這種事情。在鄉里中有名望的退休官員，能夠不進官府關說者，那真是少之又少了。

前文提及將北方兩稅折銀的戶部尚書李敏，因為主持崇文門稅關事務，遭御史陳瑤抨擊為聚斂，李敏不甘清譽染瑕，有意退休還鄉，獲皇帝慰留後，李敏在謝恩的奏疏中為自己辯白，他說：「遭課稅者多為有勢權要之人，在京的官員讓親戚經營買賣，或與富商結交，經過稅關皆不繳稅，一旦讓官差嚴厲地稽查稅務，那些人不能滿足私利，必定咬牙切齒，記恨於臣，臣已與權豪結怨了。」

在李敏生活的成化、弘治年間，官員即使有心做生意，還不敢明目張膽。接著在正德年間，官員競營產牟利，朝中有御史、主事、員外郎等人積累了十餘萬財產。到了嘉靖、萬曆年間，在山多田少的徽州一帶，士大夫家庭與商賈結交，在四方作買賣，涉足鹽業、畜產業、竹木業。無論是高昂的珠璣、犀角、象牙、玳瑁，或是低賤的水酒、油脂，凡是天下的都會所在，皆有徽州人開設商鋪，身穿華美的衣裳，身旁盡是美艷的女僕，完全忘記了自己是個以詩書為本分的讀書人。

而在手工業發達的江南地區，士大夫家庭則從事紡織業。嘉靖朝末期，高居內閣首輔的徐階蓄養一批織婦替他工作，據說松江府的賦稅都得先送入徐階的宅第中，他又找了一批技藝精良的工匠，將金銀摻入雜質重鑄，再上繳至中央，連戶部尚書都不能辨別真偽，徐階家族就是這樣致富的。西漢名臣貢禹主張官員不得經商，避免與民爭利，凡是觸犯此禁者，則免官削爵，不得再擔任官職。但在萬曆時期，各個行業多被豪紳把持，人們也覺得這是稀鬆平常的事情。

巧立名目各種撈油水：常例錢

明代官員還有介於合法與非法間的收入，稱為「常例錢」（即陋規）。相傳這項陋習始於元朝，不知廉恥的色目人總是找各種理由向人討錢，初次見面討「拜見錢」、過節送禮討「追節錢」、迎送諸事討「人情錢」、無事白討錢稱「撒花錢」、管一事而索錢稱「常例錢」。常例錢就是各級衙門中管事的官吏無中生有地向人索討一點錢，漸漸地成為慣例，亦衍伸出繁多名目，衙門用印收「印規」、學官向學生收「學規」、獄官向探監家屬收「監規」，僅是清代檔案遺存的名目就有五百餘種，可謂不可勝數。

當賦稅折銀後，民眾繳納正賦銀兩外，地方官府往往會再徵收相當於附加稅的耗羨銀（俗稱火耗銀），由民眾承擔傾煎銀錠的損耗費用。這也給官吏上下其手的空間。嘉靖二十八年有一道新的政令，命令各地的巡撫、巡按御史嚴加查弊，在布政使司每年徵收錢糧的時候，前去頒示：「不許以火耗、公用為名，多扣留、侵吞銀兩。」這正說明了侵收耗羨銀的氾濫。歸有光在為友人立傳時，讚許他為官清明，只收取一%火耗，免去了催收租稅給民眾帶來的害處。

有「不怕死、不愛錢」之稱的忠臣海瑞，將擔任淳安知縣的改革經驗寫成〈興革條例〉，其中列舉知縣的常例錢有二十一項之多，包括：夏絹銀一百六十兩、秋糧長銀二十兩、折色糧銀四兩、農桑絹銀十兩、催甲每里銀一兩、造黃冊每里銀一兩等等。知縣以下的官吏，如縣丞、主簿、典史、教諭、訓導、齋膳夫、陰陽官、醫官也都有多寡不一的常例錢，全被海瑞革除了。其實新官上任，往往也與海瑞一樣，希望有個新氣象，禁止饋送、禁止關說、禁止常例、禁止奢靡，但是往往不能持之以恆，自禁而自犯，所以不能清除積弊。

學者柏樺將海瑞列舉的常例名目進行估算，推測每年收入約達兩千兩，這些錢不是全進了知縣的荷包，一大部分要交給上層，因此人們總說：「朝覲年就是京官的收租之年。」吳敬梓在《儒林外史》故事中，讓知府由自己口中說出：「三年清知府，十萬雪花銀。」意思是指就算是個清廉的知府，在三年的任期中也能撈到不少油水，前文提到「知縣是掃箒，太守是拚斗」，說的便是這種情形。

薪水已經很少了，還動不動就要罰俸、捐錢

儘管明代官員的正規俸祿偏低，得靠皂隸銀、常例銀彌補收入，但官員處理公務還得小心翼翼，若稍有不慎，便會遭到罰俸處分。《大明會典》裡面記載了三十餘項罰俸的條文，例如朝會的時候，官員行禮出差錯，要罰俸半個月，負責糾察的官員若未舉報，也要罰半個月。各層官員未能熟讀律令，被監察官員發現了，要罰俸一個月。負責捕盜的官員，未在期限內將盜賊緝拿歸案，則罰俸一至兩個月。負責糧倉的官員經盤點後，發現糧食有短缺，則要罰俸半年至一年。除此之外，若官員犯了更重的罪過，皇帝有意寬宥，也會用罰俸的方式處理。

當皇帝要重建宮殿、籌措軍餉時，便會有奉承的官員替皇帝分憂，上奏請群臣捐出俸祿幫助大工，稱為「捐俸助工」（或捐俸助餉）。皇帝表面上會拒絕，以體恤群臣的辛勞，倘若官員仍執意捐俸，也只好欣然接受。但官員的俸祿本已不多，就算心裡頭願意，恐怕也沒有能力承擔，所以打著皇帝的名號，四處去開礦、抽稅。崇禎初年的兵科給事中魏呈潤在奏疏中一針見血地說道：「巡撫、巡按御史等官員助餉，大抵是從民間搜刮錢糧，以博取慷慨為國的美名。在上位者層謀得好處，卻是來對自下層的剝削，不可不嚴厲禁止。」

崇禎朝十七年間，首輔頻繁更替，在位最久的溫體仁，只知迎合皇帝，在政治上缺乏遠見，《明史》記載：「皇帝擔憂軍糧緊急時，溫體仁只會倡議大臣捐俸協助購買戰馬、修砌城牆而已。」大明王朝傾覆之際，思宗想到的還是讓各地藩王、宦官、文武諸臣捐俸救助，命內閣首輔蔣德璟草擬詔書，他卻不願意寫，說道：「現在各地王府自守不暇，就算要捐錢，也不會有太多幫助的。」思宗這才作罷，將目標轉向外戚，命太監徐高向國丈周奎討錢，希望他至少捐兩萬兩，周奎勉為其難地捐了一萬兩，並向女兒周皇后求助，周皇后拿出了五千兩，但周奎竟然只交出其中三千兩。

隨後太監王永祚捐三萬兩、曹化淳捐五萬兩、最富有的王之心只捐一萬兩，其他宦官見狀，紛紛在家門口貼上「此屋急售」，將古玩、器皿擺在地上，裝出一副沒錢的樣子。內閣首輔魏藻德首捐五百兩，剛卸任首輔的陳演也被召回宮中索錢，他卻向思宗哭窮。百官禁不起皇帝一催再催，共計捐款了二十萬兩。當明末民變領袖李自成率領的農民軍攻入京師後，擄獲了一幫降臣，王之心被農民軍追贓十五萬兩，而周奎的家被抄出五十二萬兩白銀，以及價值數十萬的珍寶，反倒是官倉已沒有多少錢了，李自成悵然道：「貴為天子，所蓄不過二十萬，何以不亡？」但農民軍為了攏絡民心，遂散布謠言，將這些從勛戚、宦寺搜刮來的錢財，都說是從內帑搬出來的，知道真相的人，皆感到氣憤不已。

朝廷也不是一味地索錢，捐俸助餉的官員與藩王會獲得名譽上的回報，例如下詔褒揚、編製嘉獎名錄、特遣使者慰勞、建坊旌表、藩王進爵、官員升職。而在明朝承平的時代，皇帝也經常賞賜官員，在元旦、元宵、佛誕、端午、重陽、臘日、冬至等節慶，設宴款待群臣，賞賜錢鈔、銀幣、胡椒等物。在夏天賞扇子；冬天賜冬衣與華麗的絹帛，都屬額外的收入。當官員屆齡退休時，皇帝依據其表現加官，授予象徵名譽的散官虛銜，以及田產、退休俸，並免除徭役。若任官地離本籍太遠，則允許官員不必回鄉，可入籍當地。

官員特權：不必納稅、減免勞役

其中免除官員徭役，稱為「優免」，起初作為一種特別的恩賜，只給予朱元璋故鄉鳳陽的百姓、孔孟聖賢的後裔，以及政績傑出的官員，後來適用於全體官員。朱元璋認為士大夫與庶民應該存有貴賤之別，於洪武十年下令現任官員只需要繳納田土的稅糧，不必負擔每年的徭役，洪武十二年八月，朱元璋又說：「從現在開始，在外或在京的官員退休返家，免除他們的徭役，終身都不必再應付了。」至嘉靖二十四年頒布「優免則例」，對於各層官員的優免進行限制，議定京官一品，免糧三十石、人丁三十丁；二品，免糧二十四石、人丁二十四丁……依官品向下遞減，外官則為京官優免的一半，退休官員為京官的十分之七。

這意味著優免的浮濫遠遠不只如此，新訂的優免則例也如同一紙空文，沒有發揮應有的拘束力。一條鞭法實施後，徭役是依據田土多寡進行攤派，而江南地區進士出身的官員完全不必擔負徭役，舉人出身的官員，最少也可優免千畝田地。有許多佃戶本質上是自耕農，只是畏避徭役，所以將田產寄託至官員的名下，憑藉官員免役的特權獲得庇蔭。鄉里間，一旦聽聞某人中式，便有上千個奴僕帶著自己的田產來投靠，聽候差遣。這意味著成為官員後也就躍升為地主階級，這些兼併而來的田產與田租，才是官員的主要收入來源。

翻閱明人的傳記，經常看到某官員仕宦四、五十年，卻家無資產，甚至子孫難以自存。觀察這些人清貧的原因，有的人是生性淡泊，有的人是居官清廉，有的人則視金如土，倒不一定是薄俸造成的。天啟初年，官至廣西布政使的謝肇淛曾說：

> 官至九卿，俸祿自然豐厚，即使住在豪宅，享用珍饈，擁有千金家產，也不是過分的事情，不必再強取於民。而朝廷養廉之資，已經不薄了。現在外官七品以上，每年收入達百金，四品以上官員，又多加一倍。養家餬口之外，自然還

剩餘不少，為何要過著清苦的生活，穿著破舊的衣服，以博取廉吏的美名呢？

謝肇淛是從現實層面分析官員的待遇，儘管俸祿折色使得官員薪俸比帳面低，但明代中期的官員，擁有為數可觀的俸外收入，薄俸已不成問題。只是有些士大夫追求名聲，仍然過著勤儉的生活，讓人產生了明朝俸祿太薄，不足以養廉的感覺。

官場苦海中，幸好還有休假與退休福利

明代官員的休假，竟是歷代以來最少？

歷代官員皆有定期的例假，各代略有差異，大致上隋代以前為五日一休的「公沐」，唐至元代為十日一休的「旬假」。明清時代則取消例假，只剩元旦、上元（元宵節）、冬至、萬壽聖節賜長短不一的連假。清朝另有一段長假，欽天監於十二月底選擇一日作為「封印日」，並於一個月後開印，官員在這段時間不必到官署辦公，一般的司法案件也停止受理，[19]所以明朝官員的假期是歷朝最少的，端午、中秋、重陽、臘八等節日不放假，改賜宴及鈔幣，而元旦、冬至、萬壽聖節雖為節假，京官仍得朝賀，元旦後幾日，亦得出席郊祭、慶成宴。唯獨上元節十日連假較為愜意，這是永樂七年新增的節假，成祖體恤軍民，與禮部的大臣說：

太祖開基創業，平定天下，四十餘年，禮樂政令，都已備具。朕即位以來，務

19. 《大明會典》的三個假日是元旦、冬至，以及永樂七年後的元宵連假，萬壽聖節雜陳於各章中，應當可確認有放假。至於寒假的部分，楊聯陞在〈帝制中國的作息時間表〉概括地說封印日是明清時期的制度，然此制始於順治朝，明朝沒有這樣的規定。

遵成法，如今風調雨順，軍民樂業，今年上元節正月十一日至二十日，這幾日官人每都與節假，著他閒暇休息，不奏事。有要緊的事，明白寫了封進來。民間放燈，從他飲酒作樂快活，兵馬司都不禁，夜巡著不要攪擾生事，永為定例。恁官人每更要用心守著太祖皇帝法度，愛恤軍民，永保富貴，共享太平。

自永樂十年起，成祖賜宴文武百官，邀請臣民到午門外賞花燈，花燈堆疊成鰲狀，像山一樣高聳，稱為「鰲山」，十分壯觀，真是太平盛世才有的榮景。晚明文人王廳遴有首〈長安燈市〉詩略云：「千官休沐逐良期，不見牙牌掛阿誰。」就是形容官員們俱不辦公，歡度燈會的情景。但逢辰、戌、丑、未年，是考核官員績效的年分，吏部、都察院、吏科，及入京朝覲的官員不可休假，官民放燈時，亦不可妨礙到他們辦公。這些官員豈捨得錯過佳節？紛紛改著便服，私下觀賞燈會。且這幾年也是科舉會試之年，考生們暫且拋下書冊，聚在一起飲酒高歌，與妓女歡度良宵。以下介紹明朝官員的節假風俗及娛樂活動。

熱鬧過新年，歡喜吃湯圓

元旦一早，家家戶戶敲鑼打鼓、焚香放炮接迎灶神，掛上新裱的鍾馗、福神、門神等畫與紅春帖。據說朱元璋特別重視春聯，曾囑咐公卿士庶家門外應張掛春聯，待他微行出觀時，見到各處洋溢著新年的氣象，便覺得開心極了。有次朱元璋見到某屠戶家門上沒有春聯，竟御筆親書一副氣勢磅礴的對聯：「雙手劈開生死路，一刀割斷是非根。」後來又經過屠戶家，仍不見春聯，才知道屠戶捨不得貼在門上，高懸於中堂，燃香供奉。朱元璋聽聞了原委，更加高興，賜銀五十兩，讓屠戶從事比較體面的行業。

接下來幾天，上至官員，下至平民，四處串門子，在街上與親友叩頭，稱之為「拜年」。京官退朝後，便結伴飲酒，酣醉而返，到了初三、初四，才有空拜見自己的父母。親友之間的祝賀多為真心，官員則是別有用心，北京東西長安街住著許多大官，便有人挨家挨戶敲門遞名片，或者不親自拜訪，只命奴僕交付名片，稱之為「飛帖」，而對方也僅派家僕招呼，甚至關門不應，僅在門貼「概不賀節」，仍無法阻止他們上門，因此有首戲謔詩，略云：「爭門投刺亂如煙，轣轆衝風亦可憐。」嘲笑那些胡亂遞名片的投機之徒，卻不知道此是宋代既有的傳統，連文壇大家文徵明也不能免俗，其〈拜年〉詩云：「不求見面惟通謁，名紙朝來滿敝廬。我亦隨人投數紙，世情嫌簡不嫌虛。」

年節的氣氛延續至元宵節，約在初九，皇宮裡的宦官就開始吃著糯米揉成的元宵（江南稱為湯圓），張羅元宵花燈，鐘鼓司太監在乾清宮、壽皇殿等處搭棚布置燈飾，其蠟燭、火炮各具巧思，皇宮內的鰲山高十餘層，如同星辰羅布，極其侈靡。明朝初期，製作煙火是用舊紙，後來改用昂貴的榜紙，不惜耗費鉅資，只為娛樂皇帝、太后。而皇親貴戚亦仿效皇宮，在居所搭建華麗的花燈，有首〈燈市詞〉略云：「元夜誰家燈最多，五侯七貴席嵯峨。」是指達官顯貴的花燈高聳，一點也不遜於皇家。元宵鰲山至清朝則更為壯觀，皇宮燈樓前有舞者三千人，列隊高唱「太平歌」，手執綵燈，依序排出「太平萬歲」等字。舞蹈結束，擊發的煙火，聲如雷霆，火光照亮夜空，只見天上有千萬紅魚跳躍於雲海。

京城的人們都喜愛遊樂，尤其是婦女，在元月十六日結伴出門走橋摸釘，摸門釘有「添男丁」之意，走橋則為度厄，認為可以祛除疾病，又說：「不過橋者，不得長壽。」稱為「走三橋」或「走百病」。夜晚的街上攤販輻輳，販賣奇巧的石頭，觀賞元宵燈市及雜技的人潮絡繹不絕。這幾天沒有宵禁，城門俱不閉，隨民往來，民眾爭相窺探士女遊春，欣賞他們身上華美的玉珮金貂，在柔和的晚風中漫步，伴著一輪明月，真可謂帝京勝景！午門外也張掛各式花燈，任憑遊人觀賞，以示與民同樂之意。雖然鼇山花燈發生過幾次嚴重的火災，民眾仍不減遊興，官員帶著父母親一同賞燈，皇帝感到開心，便賞賜獎勵予諸臣。宣德年間，宣宗數次將十日連假延長至二十日，召群臣至御苑觀賞皇宮內的花燈。

京城的燈市在十八日晚上結束，城中頓時寂靜了下來。翌日清早，士女把握假期的尾聲，駕著馬車到城郊的白雲觀遊覽，手拉著手嬉戲，或坐在地上飲酒，弘治年間的禮部尚書吳寬有詩描繪京城的人們在白雲觀作樂的情景，略云：「京師勝日稱燕九，少年盡向西城走。白雲觀前作大會，射箭擊毬人馬吼。」人們稱此為「燕九」，但不知道「燕」的由來，衍生了很多種寫法，或說是皇帝金殿「筵宴」；或說是取元宵「煙火」之意；或說是捨不得元宵佳節，取「淹留」的意思；或說紀念白雲觀供奉的全真道人邱元清在此日「就閹」。燕九日之後，天氣漸漸暖和，京師士人有機會便四處出遊，直至盛夏端午前後才罷休。

吃完湯圓，出門賞花燈

元宵節是明人最愉快的節假，文人為此留下豐富的詩文，且總將家鄉的花燈比擬為天下第一，例如萬曆時期的官員謝肇淛認為全天下的花燈都比不過福建，福建話的「燈」與「丁」同音，添燈便有象徵添丁之意。從元月十一日晚上，陸續張羅燈籠，至十三日時，家家戶戶點起燈來，黑夜如同白晝。富貴之家，從客廳到臥房，無不點燈。一般民眾的門口有兩架燈，每隔十戶設有一個彩棚，燈上掛著各式彩珠，繪有各種動物、水果，有的人把花燈堆疊得像山一樣高，場面非常壯麗。士女盡情狂歡直至深夜，連名門閨秀都搭著肩輿（兩人抬的便轎）體驗氣氛，活動持續至元月二十二日才結束，比其他地方多了五日。不過萬曆十三年的燈會不慎發生火災，延燒千餘家，地方官府漸漸禁止大型花燈。謝肇淛感慨地說：「火災自有天數，而士女遊觀燈會，也是一種昇平之象，何必要禁止呢？」

紹興龍山的張氏家族是書香門第，自張岱的高祖張天復以下，三代進士，曾祖張元忭更是隆慶五年辛未科狀元。衣食無虞的張岱過著紙醉金迷的生活，他喜好玩樂，認為家鄉的燈會才是天下之盛，因為紹興的竹子、花燈、蠟燭價格低廉，各戶人家都有能力製作，大道至小巷，沒有一處不掛花燈。從巷口望去，花燈繁複堆疊，令人眼花撩亂。十字街上掛的大燈繪有民間故事與燈謎，讓經過的遊人動腦筋。寺廟門口掛的燈籠寫著「慶賞元宵」、「與民同樂」等字。有人吹奏樂器、有人施放煙火，有人在空地跳舞，鑼鼓聲交錯，人們或到處看熱鬧，或坐在門前嗑瓜子，直至深夜才散去。

張岱回憶五歲時，叔父在龍山放燈，不只掛於燈架，連道路旁與樹枝也到處張掛，從山上往下看，漫山燈火就像是天上的星河傾注人間，又像是隋煬帝夜遊時，螢火蟲在山谷中紛飛的美景，吸引了無數人參觀，而身在其中只能隨著人流移動，不知道會被推向哪裡。

燈會結束後，清理出來的果核、魚骨堆成一座小山，而婦女遺落的繡鞋，如同秋葉般不計其數。

不只賞燈，張岱對花燈也頗有涉獵，他想起幼時跨坐在家僕的肩上，燈景盡收眼底，花燈雖華美豐富，但亮度不足，人們行走還是得提一盞燈，所以張岱專門收藏各式鮮豔奪目的花燈，自豪地說，江南的人們論起燈事之盛，必定會誇讚他家的「世美堂燈」。

士大夫的春季：踏青賞花，清明祭祖

《爾雅・釋天》：「二月為如。」是指萬物順應自然的規律，充滿著生命力，所以將二月稱為如月、杏月、花月，形容繁盛的花景。不只是植物繁盛，蚊蟲也在此時滋長，民眾用煙燻床炕，並將煙灰撒在廚房、水缸附近，防止蚊蠅、蟲蟲，稱為「引龍」。二月十二日相傳為花王誕日，故為「花朝節」，皇子的講學放假一天，京城的幽人韻士在這天賦詩唱和，城郊天壇、永定門附近的牡丹花開最盛。嶺南人則沒有這種風俗，所謂「花到嶺南無月令」，北方寒冬時，南方的花兒已綻放，至初春僅剩綠葉及果實，故唐人韓愈有詩：「南方二月半，春物亦已少。」

三月清明前後，京城各門車水馬龍，都是要出城的民眾，他們盛裝打扮，攜帶酒盒祭祀祖先，據說這幾天的茶葉需求特別大，價格飛漲十倍，竟要三十至五十金。人們懷抱著不同的心情緬懷先祖，墳場充斥哭聲、歌聲與歡笑聲。祭拜完畢，便在松樹下團坐，吃著餐點，酒足飯飽才返家。有些人醉到不省人事，歸途中從驢背摔下，倒臥在地上，不知道該怎麼回去。許多人甚至不掃墓，只是結群閒步，到附近的景點遊覽，稱之為「踏青」。

江南人的清明節是在享樂中度過，彷彿重視生活比追思先人還重要。杭州流行搭船遊湖，士女精心打扮，穿著綺麗的華服，結伴在船上暢飲高歌，然後到附近的寺廟、士大夫園林遊玩。暮春的西湖，桃柳芳菲，湖光掩映，沿路都是歡愉的簫鼓聲，遊人笑傲於春風秋月中，流連忘返，宛如走入美麗的圖畫裡，真是極樂世界。喝醉的人哼著沒有歌詞的小曲，在船上胡亂揮拳，差點與同伴打起架來，這種熱鬧情景從二月初延續到夏至，日日都是如此。

據謝肇淛觀察，南方人多把掃墓活動當成出外踏青的理由，還沒燒紙錢，就脫鞋野餐，在墳墓旁醉倒的人不少。反觀北方的山東地區，每逢清明時節，郊外總會聽到此起彼落的哭聲，或是吟唱白居易〈寒食野望吟〉之類的詩歌，充滿了哀戚的氣氛，旁人聽到後也忍不住流淚。

說北方比南方重視掃墓，或許只是一種粗略的見解，前已略述北京的掃墓風俗，江北的揚州亦是哀喜交並。揚州人重視掃墓，即使家有數墓，也必定會攜帶祭品、紙錢一一掃墓。沿途大批的往返人潮，吸引小販擺攤販售骨董、衣裳、瓷器、水果等各式商品。祭祖儀式結束後，大家便坐下來共食祭品。外地人、商人、妓女等各種好事之徒趁機聚集在一起，有人在水草豐茂的地方把玩鷹鳥，有人在高處鬥雞、踢球，也有人在幽靜的樹旁彈琴。浪子比賽角力，小孩忙著放風箏，老和尚對著遊人講因果道理。當天空布滿繽紛的晚霞時，人們才意猶未盡地踏上歸途，名家閨秀乘車離去，婢女將採集的山花隨意插在草叢，爭先恐後地湧進城內，連綿的人潮長達三十里，彷彿畫家的長卷，惟有最熱鬧的西湖、秦淮、虎丘才能與此比擬。

士大夫的夏季：吃冰、熱鬧過端午

清明節過後，北京城開始有商販叫賣冰品，他們將兩隻「冰盞」（即裝盛冰品的銅碟）夾在手上敲打，發出叮噹清脆的節奏。民眾聽到聲音，便知道冰販來了。因為冰塊碰到水就會消融，所以商販最怕下雨。若遭逢雨天，便用棉衣護在容器外頭，才能保存冰塊。這些冰品的來源，可能是向宦官私下購買的，因為每年十二月，皇家命人將冰塊放置城外的冰窖封存，冰窖深達二丈，堆砌的冰磚像是小山一樣高，而這些事務都是由宦官經手，宦官總會夾藏一些私貨，到了春天就能拿出來販賣，例如有一種名為「蘋婆果」的水果，冰藏後如同初摘般新鮮，入口即化為泥，十分可口。到了立夏，皇帝命人打開冰窖，分賜冰塊予文武大臣消暑。

四月初八是佛誕日，各寺廟僧尼在這天擺設香花燈燭，置銅佛於盆中澆水，稱為「浴佛」。宮中的太監多篤信佛教，必定至寺廟布捨錢財，而鄉下老婦也爭相在這天誦念佛號，或結眾購買龜、魚、螺蚌，口唸往生咒，將買來的動物放生，據說僧人因此成為巨富。不崇信佛教的士大夫只把這幾天當作熱鬧的廟會節慶，到北京近郊的西湖（昆明湖）、高梁橋、玉泉山、憫忠寺遊玩，此時天下游僧與商販匯聚至京，景點沿途設有茶棚酒肆，雜以妓樂，洋溢著人聲歌聲，一點也不見佛門的清淨。

京師俗諺云：「善正月，惡五月。」五月又稱惡月，禁忌最多。因此謝肇淛認為所有節日中，保留最多古代風俗者，便是五月五日的端午節，包括龍舟競渡、包粽子、掛艾草與菖蒲、用蘭湯（熏香的浴水）洗澡、喝雄黃酒、張貼儀方（驅除蚊蟲的字聯），以及替小孩繫五色絲、香包等等。尤其是龍舟競渡，特別盛行於江南、四川、福建等南方地區。

各地舉辦的競渡是端午節最盛大的活動，張岱在西湖、無錫、秦淮、瓜洲（今揚州市瓜洲鎮，與金山寺一江之隔）等地觀賞過十餘次，他說西湖與無錫的人潮比船好看，秦淮只有燈船無龍船，而瓜洲的龍船最華麗，船身雕刻出龍凶猛的神態，船內兩旁坐著二十個持槳的大漢，各個都顯露出剽悍的表情，船頂搭有彩色棚子，前後則有繡旗與兵器，展現必勝的氣勢。從五月初一到十五日，每天都有比賽，有時甚至還會看到龍船捲入漩渦的驚險場面。

秦淮的端午節始於夜幕低垂時，南京城的士女都競相到河畔看燈船，好事的人集結上百艘小船，將各船首尾相連，掛上羊角燈與聯珠，看起來像一條蜿蜒的火龍盤據於河上，燈火與水色相映，令人目不暇給。河船上樂隊敲鑼打鼓，放聲歌唱，聲音震耳欲聾，直至午夜才結束。

北方不如南方流行競渡，士女攜酒果，相約遊天壇松林、高粱橋柳林，德勝門內水關等名勝踏青及比賽射箭。皇帝於端午節賜宴文武群臣，宴後邀文臣至皇宮御苑欣賞武官擊毬、射柳。射柳原為金、元時代的胡俗，盛行於京師及邊鎮，曾到北平就藩（治理封地）

的明成祖朱棣將這項活動引入宮廷，勇士馳馬射箭，稱為「走驃騎」，皇子與諸王大臣也得擊射，射中者給予賞賜。永樂十一年，皇太孫（即宣宗）連發皆中，成祖大為驚喜，特賜馬、錦綺、羅紗及蕃國布等物，而翰林官於端午賦詩，獲得的獎賞也比其他節令優厚。與諸臣的聚會結束後，皇帝陪同太后觀賞龍舟賽，賽場陣陣炮響，為佳節增添熱鬧的氣氛。但成化二年的端午節，竟沒有發炮，官員們皆感到疑惑不已，後來聽聞宦官要放炮，遭憲宗制止，他說：「酸子聞之，便有許多議論也。」憲宗口中食古不化的「酸子」，大概是御史、給事中之類的言官吧！成化晚期的兵部尚書馬文升亦有類似的勸諫，他說：「元宵鼇山、端午競渡諸戲，皆不要讓太子看見。」以免迷惑太子的心志。禁止競渡的另一個用意，應是擔心皇帝的安危，天啟五年端午，熹宗划舟翻覆，兩名宦官溺斃，一位管事太監匍匐赴救，扶駕出水，才化解了危機。

暑氣逼人的六月，較少特別的節日。六月六日，官府將列朝實錄、御製文集等書冊及鑾駕（帝王的座車）、袍服拿出來曬太陽。士庶之家亦是如此，曝曬衣冠帶履、書籍。一年中最熱的「三伏日」（初伏），錦衣衛在宣武門外洗大象，池邊盡是看熱鬧的民眾，詩云：「吸浪雲初卷，噴波雨忽絲。」象鼻吸納吸吐池水，頗有蛟龍之勢。爍石流金之際，仍不減士人的玩興，攜帶酒菜，在園林或名勝內的涼亭避暑，稱為「乘涼風」，喝酒玩牌，作為消遣。

宮中嬪妃最重七夕，設宴於星河下，兒女對銀河作拜，並將巧針投入水中，觀察水底日影，稱為「乞巧」，若影子過細或過粗，象徵笨拙，婦女便會感到沮喪，老醜的婦女乾脆就不做這些儀式。歷代騷人墨客為七夕寫下不少浪漫的詩句，謝肇淛卻批評牛郎織女的故事只是汙蔑星宿的妄言。

接著到來的是七月十五日中元節，皇帝派遣官員祭拜陵寢，民間則雜揉了佛教與道教的習俗，寺廟設「盂蘭會」以紀念目連救母。士人放水燈，掃墓，亦如清明，省墓也順道旅遊，赴寺院內觀賞佛骨舍利，或遊覽廟會搭建的高臺、鬼王棚座。萬曆年間的吏部尚書張瀚說：「七月十五日的祀典，釋家稱為盂蘭齋，俗云鬼節。說地獄放假五日，真是沒有根據的說法。」張岱在〈西湖七月半〉提到七月十五日，杭州盡是遊湖的旅客，張岱與朋友喝酒吟唱直至天明，將小舟駛向荷花叢邊，沉浸在荷花的芬芳中酣然入眠。

士大夫的秋季：中秋節賞月，重陽節登高

八月十五日中秋節，若適逢科舉的年分，正是第三場測驗的日子，清代的考場會提早開門，才思敏捷的人於當日交卷，便能出場賞中秋夜月。皇帝照例賜宴文武官員，士庶之家各置月宮符像（繪有月照菩薩或玉兔的符紙），供瓜果於庭，肅拜燒香。並作圓形麵餅互贈，稱為「月餅」，既可口又富團圓之意，受到民眾的喜愛，市場販售的月餅包有果餡，有些能賣至數百錢。士大夫於最喜於中秋遊湖賞月，招邀良友，舉觴把玩，至夜涼人靜，欣賞月色湖光，悠然樂而忘人世。

蘇州虎丘的中秋夜，不論本地人，或是異鄉客，上至士大夫家庭，下至奴僕、妓女，甚至是流氓地痞，紛紛聚集在一起，在生公臺、千人石、鵝澗、劍池等著名景點鋪席而坐，從高處往下望，人們像是成群的雁鳥落在沙地。當月亮升起時，成百上千的人們吹奏樂器，聲音此起彼落。晚上八點左右，鼓聲漸漸停緩，取而代之的是管弦樂器，演奏耳熟能詳的民謠，民眾合聲齊唱。直至夜深，人潮紛紛散去，僅稀稀落落地剩下百餘人，以及一輪高掛的明月。

九月九日重陽節，皇帝賜宴文武官員。士庶攜帶酒具、茶壚、餐盒至城郊登高，何謂

登高？北京遊人各有不同選擇，有人登香山，是為登高山；有人登法藏寺，是為登高塔；有人登顯靈宮、報國寺，是為登高閣。沿途市場販售各類雜果糕餅，「糕」與「高」同音，民眾爭相購買，無家不食。此時亦為菊花綻放之時，酒肆茶館多栽黃菊，在街巷張貼告示：「某館肆新堆菊花山可觀。」吸引文人雅客前去消費。所謂「菊花山」，是將菊花摘下，放入器皿中，花梗纏繞鐵線，堆疊成山，時有詩云：「堆得菊山高復高，銅瓶瓷碗供周遭。酒邊燈下花成厄，笑倒柴桑處士陶。」意指菊花山僅是附庸風雅，若讓愛菊陶的淵明看見了，必會遭其嗤笑。

士大夫的冬季：年終歲末，臘月祭神

十月初一，皇帝遣官員祭拜陵寢，朝廷也大約會在這個時候頒發來年曆書，大小書肆很快地就翻印出售，街巷間可見背著箱子叫賣曆書的商人。而士民家祭掃墓，並以五色綵帛製作衣冠履帶，在門外奠祭後焚燒，稱為「送寒衣」。亦如清明與中元，遊人在掃墓時出遊，觀看祭祀大會。十月十五日的「下元節」，士大夫則不特別關心，謝肇淛即稱《道經》所謂的三官大帝根本是胡扯。有田之家，會在十月擇日開倉收租，北京人將工人稱為「年作」，待農務告一段落，便將他們辭退，故俗諺云：「家家去了年作的，關了門兒自家吃。」

十一月冬至，京官穿著吉服入朝稱賀，官員互拜，享用皇帝賞的大宴。有時皇帝賜百官煖耳，退朝後便拿去市場賣錢，保暖品的需求大，故能賣個好價格。但京城只有官員較重視冬至，民間反倒沒什麼慶祝活動。其他地方可就不一樣，俗諺云：「冬至大如年。」又云：「肥冬瘦年。」江南地區的百姓似乎重視冬至更勝年節，親朋好友互相餽贈禮物，歸寧的婦女都必須回到夫婿家，各種儀式，比其他節日還要繁複。

十二月又稱臘月，「臘」的原意是指歲終合祭諸神，故本月有許多祭祀慶典，包括跳鍾馗、送灶神、迎玉帝等等。初八為臘八，皇帝賜百官粥，民眾將五穀米雜以果子煮成粥，分送親友，而僧寺作浴佛會，亦送臘八粥予門徒。至二十四日送灶神，相傳灶神回到天上後，會將一年中所見的善惡諸行上奏，因此男女俱持齋茹素，謝肇淛笑道：「平日不修行，而在這天吃素，灶神與玉帝有這麼容易受欺瞞嗎？」高官毋須擔憂這些庸碌事，便穿著絢麗的衣裝，駕馬在雪中打獵。富貴人家不待新年就換上新衣，以示有餘。

袁宏道對士大夫好遊的感觸

以上略述明代節令風俗及士人娛樂，不難發現一個特色，無論什麼節日，士大夫一有機會，便出外旅遊。萬曆中期擔任吳縣知縣的袁宏道，有句形容蘇州人好遊的詩：「中秋無月虎丘山，重陽有雨治平寺。」在看不到明月的中秋節，以及下著雨的重陽節，蘇州人仍要出遊，真是一件奇異的事情。袁宏道翻閱舊志，亦見宋代《吳郡志》記載：「多奢少儉，競節好遊。」就連尺雪層冰、悲風苦雨的二月天，虎丘仍是遊者不絕，袁宏道遂感慨道：「俗奢必蕩，蕩則窮；民泰必驕，驕則僭。民窮而僭，亂從生焉。」

袁宏道也是個喜愛旅遊的人，但心目中理想的遊樂應當是循分守理，選擇合適的時間與地點，若過度追求享樂，就會亂象叢生。約同一時期的張瀚亦有類似的見解，說道：「反思我們浙江的風俗，燈市綺靡，甲於天下，人們視為理所當然的事。當官者不去禁止，且對燈市奢侈華麗感到高興，認為可以刺激感官，增添宴遊的樂趣。若注重農業的漢代名臣賈誼生於今日，不知道會發出怎樣的嘆息聲！」這類批評縱欲享樂的言論，正是士大夫好遊，禁之不絕的寫照。

袁宏道擔任知縣期間，兩年內六度遊覽虎丘，可惜虎丘唱歌的藝人害怕官吏橫暴，聽聞知縣到來，紛紛避去，真是掃興極了。袁宏道遂向明月起誓，辭去官職後，作個「吳客」，還要再來虎丘聽曲。袁宏道稱病去職，病癒復起後，轉任順天府學教授、國子監助教、禮部主事、吏部員外郎等官，因自命風雅，好談詩文的個性使然，又數度以疾辭官。其為故友作傳時，寫道：「我自壬辰年得官，宦途已邁十三年，然而統計居官的日子，僅僅才五年，放情在山林鳥花的日子，比起當官多了一倍有餘。」

袁宏道與友人的往來書札，屢次提到健康狀況不佳，包括腸胃絞痛、胸悶欲吐等病徵，可見他是真的積勞成疾。而許多官員卻是裝病，嘉靖初年的吏部尚書廖紀提到當朝的怪象，指出正德以來，士大夫多追求虛名，而希圖美官，假意淡泊謙讓以達到目的，或因赴任的地點不佳、或因官職不理想，就辭職養病，以躲避繁雜的差務，盤算異日復出，致使士風大壞。世宗聽聞後，相當贊同，嚴令檢核辭職官員的健康，杜絕假託養病之人，京官七十歲以上、地方大員六十歲以上，衰老不能任事，才准退休。而生病辭者，病癒之後，仍照舊職，不許改調其他職位。後來張璁任首輔，更創了一個新制度，京朝官病滿三年者，直接免職，一位名為柯維騏的讀書人，剛考中進士就生了重病，遭到罷免，從此潛心著書。

官員退休之後有什麼福利？

歷朝多將七十歲視為官員的退休年齡，源於《禮記》記載：「大夫七十而致事，若不得謝，則必賜之几杖。」是指士大夫到了七十歲就得將祿位還給君主，歸鄉養老，若君主不不允，則賜予憑几、手杖，方便士大夫入坐出行，因此退休又稱之為「致仕」。明朝的退休年齡亦以七十歲為基準，又幾經變革，洪武朝曾短暫降為六十歲，弘治朝甚至改為不分年歲。或許是因為科舉制度提供穩定的人才來源，總有許多人等著授職，朝廷大多未很嚴格地審查官員的退休年齡。有的官員覺得在偏遠的地方當官不愉快，五十歲就早早退休，回到家鄉過著清閒的日子。更有些官員，未屆耳順之年，卻已力不從心，不堪辦事，被朝廷革退，能夠在凶險的宦海中屆齡退休的官員，可謂寥若晨星。

中國自漢代以來就有發放退休俸的傳統，唐宋時代的退休俸相當豐厚，高層的文官享有半俸，受到皇帝特恩者甚至可享全俸。但明朝的退休俸俱為特恩，包括升秩給俸、襲廕子孫、給與誥敕、驛馬、白金文綺等優禮，起初只賜予功績顯赫的官員，或者是沒有子嗣、不能自存的清苦官員，直到開國一百餘年後的成化十五年，功垂竹帛的戶部尚書楊鼎屢次請求退休，皇帝特別安排驛舟送他還鄉，並撥月米二石與四名差夫供其使喚，以表優老敬賢之意，此後朝廷才開始有退休官員領月廩。[20]

雖然沒有優厚的退休俸，但朱元璋強調士庶身分的區別，給予退休官員終身免除徭役

20. 趙翼在《陔餘叢考》提到在楊鼎之前，其實亦有零星的退休俸案例，如宣德年間的顧佐、成化年間的魏驥。

的特權，並規定鄉里的筵宴，須為官員安排上座，不可坐於無官者的下位，而庶民應以官禮謁見。這種鄉里聚會稱為「鄉飲酒禮」，是禮部參考《儀禮》，以及唐宋時代的禮樂制度後改良的儀式，於洪武五年推行至全國。官員退休後擔任糧長、里長等職務（免除徭役僅免除雜役，里甲正役是不可免的），協助徵收稅糧，他們被奉為「鄉飲大賓」，每年春、秋兩季受邀至鄉飲酒禮。這可不是單純的飲酒會，場面隆重而嚴肅，鄉飲大賓得宣讀律令、申明戒諭，使民知禮知律。筵宴上每個人按年紀就坐聽訓，「盜賊之家」於筵宴的臺階前長跪，結束後才放回。[21]朱元璋明白說道：「朕本不才，不過申明古先哲王教令而已。所以舉辦鄉飲酒禮，敘長幼、論賢良、別奸頑、異罪人。」

朱元璋另賦予德高望重的里老人處理詞訟之權，除強盜、殺人等重罪外，凡民間戶婚、田土、鬥毆等小事，不許動輒告官，先由里甲、里老人在「申明亭」議決。里老人雖不許拘禁人犯，但可用竹篦（用竹片紮成的刑具）荊條（荊木的枝條），量情決打。除簡易的司法裁決外，里老人亦擔負勸民為善、勸課農桑的重任，指導農民修築水利設施。

可惜事與願違，至明代中期，社會風氣已不再純樸，朱元璋的理想社會俱化為泡影。竟有胥吏靠請託行賄成為鄉飲介賓，列席的生員亦不注重禮節，鄉飲酒禮淪為鋪張的酒席，官府與士大夫皆不以此為重，失去了朝廷化民厚俗之本意。至於里老人也是由姦猾之徒擔任，倚勢欺凌百姓。而糧長包攬詞訟、把持官府，明初維持鄉里秩序的制度早已名存實亡。

退休官員拿著朝廷給的特權，欺壓鄉里百姓？

退休官員與民眾愈來愈疏遠，從鄉里的模範變成了只顧利益、刻薄寡恩的鄉紳，或許與他們的生活方式改變有關。明初的官員大多居住在鄉里間，與民眾共同生活。到了正德、嘉靖年間，富有的官員（尤其江南地區）紛紛修築園林宅第，遷居到城市裡，豢養戲班、購買骨董，過著奢靡的生活。並轉變了經營型態，由土地開發改變為從事商業活動，及培養子弟以科舉為目標，鄉間的田產則交付奴僕代為打理，與民眾的關係遂變得淡薄。

許多投靠鄉紳的奴僕並不屬於賤民階級，僅是遊手好閒的市井無賴，而佃戶也非單純承租土地的農民，他們甚至擁有田產，只是畏避傜役，憑藉官員的優免特權，將產業寄託至鄉紳戶下。由於主僕間純粹以利益相結，不存在恩義情誼，遂使雙方關係漸趨緊張。主家有權勢時，奴僕仗勢巧取豪奪小民資產，一旦主家失勢，便掀起「奴變」，反占主家資產。生活在萬曆年間的沈德符以地主的姿態感嘆刁民蜂起，不見尊卑秩序，屢有以賤凌良，以奴告主之事。

21. 竊盜罪之人，家門上就會被官府寫上「竊盜之家」四字。

前文已揭示楊士奇、梁儲、錢溥、徐階等官員及其子弟在鄉里作惡，不堪欺虐的民眾亦群起反抗，為人所知的例子是萬曆四十三年的「民抄董宦案」，以藝術創作聞名的董其昌閒賦在家時，覬覦生員陸兆芳的婢女，他的兒子董祖常乃承父意，擄人劫去婢女，此事經由兩名鄉紳勸解，本已告終。卻有好事者作小說《黑白傳》，第一回標題云：「白公子夜打陸家莊，黑秀才大鬧龍門里。」董其昌號思白，閒住龍門寺，如此明顯的影射，令其難堪不已。

董其昌懷疑《黑白傳》是生員范昶所作，先逼死了范昶，又羞辱登門哭鬧的范母與范妻。松江士民義憤填膺，揭帖大書：「獸宦董其昌」、「梟孽董祖常」，並傳誦：「若要柴米強，先殺董其昌。」相率將董家宅第付之一炬。有人將事件經過詳細寫成《民抄董宦事實》一書，雖命名為「民抄」，實為士紳所發起「士抄」，這是因為受董家凌辱的人等多為生員。

可喜的是，仍有士大夫寧願放棄朝廷給予的特權，選擇與民眾站在一起。萬曆二十九年，告假返回浙江湖州府侍奉老母的朱國禎，不樂見鄉紳將傜役的負擔轉嫁至小民，遂倡議一種名為「均田均役」的賦役改革，此舉引起鄉紳譁然。這時的朱國禎已高中進士十二年，但在翰林院緩慢的培訓中，他尚未於官場嶄露頭角，影響力十分有限。均田均役的改革概念是通過限制優免，按田土面積分派傜役，以實現賦稅公平。這樣的理念亦非朱國禎所發明，遠慮深謀的地方官都知道賦役改革刻不容緩，浮濫的優免只會造成民怨與階級對立，並陷入徵稅困難的惡性循環。

儘管均田均役受到民眾的支持，卻為朱國禎招來謗言與生命危害，他在南潯鎮的家屋遭到焚毀，令他想起了一件弘治年間發生的慘案，當時湖南澧州同知甘玉聲建議剿平猺獞（少數民族），甘家立刻就遭到劫掠，差點滅族。朱國禎亦不免流露懊悔之意，說道：「我近日主張均田與甘玉聲剿獞酷似，只是提出建言就遭致禍端。唉！現在要引以為戒也為時已晚！」

明代中期在江南地區推行的均田均役，為日後的賦役改革奠定了基石。但官方纂修的國史與地方志對些改革者的記述少之又少，究竟是國史編纂者認為無關宏旨，又或者是鄉紳對自身不光彩的汙點有意掩蓋呢？諷刺的是，明末李自成集團與清軍為鼓吹農民加入隊伍，紛紛以「均田免糧」為號召，當時有位名為朱之瑜的思想家，分析民眾叛亂的原因，沉痛地寫道：「莫大之罪，盡在士大夫。」他認為明朝覆滅是咎由自取，因為士人只知追求名利，失去了讀聖賢書的初衷，居鄉欺壓小民，百姓自然會被均田的口號所迷惑，起而響應逆賊。

朱之瑜在抗清失敗後東渡日本，許多士大夫也避居山林，發出類似的感慨。但並沒有維持太久，清朝在漢人降臣的幫助下，完全掌握了統治方法，很快地就重新舉辦科舉了。那些隱居山林不仕新朝的讀書人，聽說朝廷特別開了一科「博學鴻詞科」招募隱逸之人，乃相率而至，當時有一首詩略云：「一隊夷齊下首陽，幾年觀望好淒涼。早知薇蕨終難飽，悔殺無端諫武王。」伯夷、叔齊本為商朝舊臣，後來投靠周部落，當武王決定討伐紂王時，兩人曾勸諫其不要出兵。但武王心意已決，所以周朝建立後，伯夷、叔齊不食周粟，隱居在首陽山，以蕨菜為食。這首詩便是諷刺那些讀書人確認科舉制度不變後，便不再懷念故國了，準備上京當官去了。

附錄

補充資料

明代度量衡換算

◆米一石＝二斛＝十斗＝一百升

◆肉一斤＝十六兩

◆銀一兩＝十錢＝一百分＝一千釐＝一萬毫

◆鈔一貫＝十串＝一千文錢

◆地一頃＝一百畝

◆高一丈＝十尺＝一百寸

明代年號

廟號	名諱	年號	起年	迄年	備註
太祖	朱元璋	洪武	1368	1398	
惠宗（惠帝）	朱允炆	建文	1399	1402	朱元璋嫡長孫。
成祖（太宗）	朱　棣	永樂	1403	1424	朱元璋四子，「靖難之役」即位。
仁宗	朱高熾	洪熙	1425	1425	
宣宗	朱瞻基	宣德	1426	1435	
英宗	朱祁鎮	正統	1436	1449	
代宗（景帝）	朱祁鈺	景泰	1450	1457	「土木之變」即位。
英宗	朱祁鎮	天順	1457	1464	「奪門之變」復辟。
憲宗	朱見深	成化	1465	1487	
孝宗	朱祐樘	弘治	1488	1505	
武宗	朱厚照	正德	1506	1521	
世宗	朱厚熜	嘉靖	1522	1566	藩王入繼大統。
穆宗	朱載坖	隆慶	1567	1572	
神宗	朱翊鈞	萬曆	1573	1620	
光宗	朱常洛	泰昌	1620	1620	
熹宗	朱由校	天啟	1621	1627	
思宗（莊烈帝）	朱由檢	崇禎	1628	1644	兄終弟及。

※ 不含追尊、藩王稱帝及南明政權

本書大事記

西元	年號	事件
1368	洪武元年	朱元璋在南京登基。
1369	洪武二年	增修南京國子監學舍、各地設立官學。
1370	洪武三年	開設科舉，連續三年舉行鄉試。
1371	洪武四年	禁止胥吏應科舉。
1372	洪武五年	全國舉行鄉飲酒禮。
1373	洪武六年	暫停科舉。
1378	洪武十一年	文武官於早朝時，須懸掛牙牌，並在門口簽到。
1380	洪武十三年	爆發胡惟庸謀反案，後裁撤丞相及中書省。
1381	洪武十四年	推行「黃冊」與「里甲」制度。
1382	洪武十五年	1. 擬定歲貢制度，州縣生員經禮部徵選可入國子監。 2. 設置大學士，作為皇帝顧問，此為內閣制度的雛型。
1383	洪武十六年	推行試職制度，在京官員皆須先試職一年，考核稱職才實授，不稱職者黜降，至洪武二十六年停止。
1384	洪武十七年	復辦科舉。
1387	洪武二十年	戶部重定官員薪俸，所有層級的官員皆遭到減俸，卻成為明朝的定制。
1395	洪武二十八年	禮部官員以供給困難為由，停罷朝參宴。
1397	洪武三十年	朱元璋認為考官取人多為南人，於是重新拔擢了六十一名進士，皆為北方人，史稱「南北榜案」。
1403	永樂元年	北京設立國子監。
1409	永樂七年	元宵賜假十天。

西元	年號	事件
1415	永樂十三年	會試改在行在（北京）禮部舉行。
1421	永樂十九年	遷都北京。
1427	宣德二年	會試實行南北卷。
1429	宣德四年	禁止文武官員挾妓飲宴。
1436	正統元年	1. 設立提學官，督察教育事務。 2. 早朝只象徵性地上奏八件事。
1449	正統十四年	王振慫恿英宗親征瓦剌部，慘敗被俘，史稱「土木之變」。
1450	景泰元年	實行捐納制度，起初僅授予冠帶，後來開放交納米糧入國子監。
1457	景泰八年	英宗在武將石亨、宦官曹吉祥等人的幫助下，發動政變，復辟奪回皇位，史稱「奪門之變」。
1463	天順七年	禮部貢院大火，造成近百位考生死亡，會試延後至八月補試。
1479	成化十五年	戶部尚書楊鼎退休後，朝廷普遍賜予官員退休俸。
1519	正德十四年	寧王朱宸濠在南昌發動叛亂。
1542	嘉靖二十一年	若干宮婢趁世宗熟睡時，合謀用繩子將其勒斃，行兇未遂，史稱「壬寅宮變」。
1572	隆慶六年	早朝改為每月三、六、九日舉行。
1582	萬曆十年	張居正逝世，太監馮保及張家財產陸續遭神宗抄沒。
1586	萬曆十四年	皇長子朱常洛四歲、三子朱常洵剛出生，群臣開始了國本之爭，遲至萬曆二十九年，才將朱常洛立為太子。
1589	萬曆十七年	大理寺評事雒于仁上〈酒色財氣四箴疏〉，大罵神宗。

西元	年號	事件
1609	萬曆二十九年	朱國禎倡議在浙江湖州府推行「均田均役」改革。
1615	萬曆四十三年	1. 發生「梃擊案」，張差入宮意圖行刺太子。 2. 發生「民抄董宦案」，民眾將董其昌宅第付之一炬。
1620	泰昌元年	光宗服用鴻臚寺丞李可灼進獻的紅丸，旋即暴卒，在位僅一月餘，史稱「紅丸案」。
1640	崇禎十三年	科舉恢復射箭測驗，兵部尚書楊嗣昌取消考生回鄉路費補貼。
1644	崇禎十七年	大明王朝覆滅。

各章段落主要徵引來源

第一章

登基天氣（吳晗，2009）／國子監建置（林麗月，1978）／科舉不由學校（郭培貴，2009）／吏員應舉（繆全吉，1969；和洪勇，2014）／族學（梁其姿，2010）／冬學（楊聯陞，2002）／蒙學課程（宮崎市定，2018）／八股取士（本杰明・艾爾曼，2010）／學習作對（鄭天挺，2011）／學童習詩（王鴻泰，2005）／戚繼光（黃仁宇，2006）／館師收入（張仲禮，2001；徐梓，2006）／官學建置（吳宣德，2000）／生員數量（陳寶良，2005）／儒學教官（吳智和，1991）／國子監作息（吳晗，1956）／國子監生任務（吳晗，1956）／皿字號卷（林麗月，1992）。

第二章

社會流動（何炳棣，2013）／考試地獄（宮崎市定，2018）／士人睡眠（張藝曦，2002）／科舉流程（郭培貴，2009）／宋朝廷試（梁庚堯，2015）／告殿（陳長文，2008）／合會（楊聯陞，1961；蕭公權，2014）／會館（何炳棣，1966）／公車見聞錄（大木康，2015）／奉旨會試（宮崎市定，2018）／南人政權（檀上寬，1995）／宋代解額（裴淑姬，2000）／解額分期及變化（林麗月，1992；汪維真，2009；吳宣德，2009）／科舉競爭程度（吳宣德，2009）／南北卷（檀上寬，1989；林麗月，1992）／江南善於科舉（夏維中、范金民，1997；吳宣德，2009）／號舍命名（商衍鎏，2014）／號舍優劣（吳晗，1961）

／貢院搜檢（吳晗，1961；宮崎市定，2018）／商籍與客籍（曹永憲，2002）／狀元夢（陳建守，2008）／考官遇鬼（宮崎市定，2018）／廷試改期（陳長文，2008）／瞞報年齡（宮崎市定，2018）／蒲松齡心境（宮崎市定，2018）／上馬納粟（伍躍，2008；方志遠，2013）／納貢（郭培貴、趙永蘭，1997）／國子監生來源（林麗月，1978）／異途監生的地位（伍躍，2008）／舉業以外職業（本杰明 · 艾爾曼，2010）／士大夫與城市文化（宮崎市定，1993）／山人（趙軼峰，2001）／陳繼儒與馮夢龍的出版業（大木康，2014）／世醫式微（邱仲麟，2004）／入門醫書（梁其姿，2003）／訟師綽號（邱澎生，2008）／張四維與王崇古（小野和子，2006）／新城王氏家訓（何炳棣，2013）。

第三章

恩榮宴（宮崎市定，2018）／職前培訓概述（關文發、顏廣文，1995）／觀政進士（章宏偉，2008）／庶吉士人數（郭培貴，2011）／庶吉士地域限制（王尊旺，2006）／散館（張婷婷，2014）／庶吉士教習官（郭培貴、劉明鑫，2015）／國子監積分（林麗月，1978）／歷事監生（關文發、顏廣文，1995）／監生聽選（吳宣德，2000）／試職（劉利平，2007；邱仲麟，2010）／官員銓選（潘星輝，2005）／考滿（張德信，1988）／考語（高壽仙，2010；柏樺，2017）／訪單（柏樺，2017）／陞官圖（卜永堅，2011）／迴避制度（關文發、顏廣文，1995）／宗室應舉（陳長文，2009）／官年（陳長文，2008）／講官口音（卜正民，2016）／吏部掣籤（張榮林，1960；潘星輝，2005）／傳奉官（方志遠，2007；王迪，2010）。

第四章

翰林官職掌（張治安，1999；吳琦、唐金英，2006）／經筵日講（包詩卿，2017）／擲錢賜講官（陳時龍，2013）／票擬（張治安，1999）／通政史司與鴻臚寺（劉政賢，2010）／奏疏流程（那思陸，2001）／文書房（胡丹，2012）／宦官教育（包詩卿，2013）／陸深教習宦官（梁紹傑，2015）／宦官與內閣的關係（張治安，1999）／鎮守中官（方志遠、歐陽琛，2002）／史官評價明亡之因（陳永明，2010）／山呼萬歲（邱仲麟，1998）／早朝概述（胡丹，2009）／明中葉失朝情況（邱仲麟，1998）／早朝奏事（胡丹，2009）／濫發牙牌（高壽仙，2008）／朝堂暴力（邱仲麟，1998）／稱病註籍（高壽仙，2008）／官員失朝懲處（邱仲麟，1998）／朱元璋勸誡武臣（胡丹，2009）／午朝奏事（邱仲麟，1998）／皇帝的作息（邱仲麟，1998）／朝後曠職（邱仲麟，1998）／官員祈雨（王斯福，2000）／催科（胡鐵球，2013）／勾攝公事（岩井茂樹，2011）／養濟院（梁其姿，2005）／官府救荒及物價（卜永堅，2010）／訟師教唆詞訟（邱澎生，2008）／地方官折服刁徒（邱澎生，2004）／鄉紳（寺田隆信，1982）／官員施政的阻礙（柏樺，2003）／官員離任（山本英史，2011）／王升家書（濱島敦俊，2008）。

第五章

俸祿增減（王興亞，1991；李新峰，2014）／濫發紙鈔（黃仁宇，2001）／支領實物（王興亞，1991）／金花銀（唐文基，1987；萬明，2003）／夏稅秋糧（梁方仲，2008）／一條鞭法（樊樹志，1982）／皂隸銀（胡鐵球，2012）／常例錢（夏邦、黃阿明，2008；柏樺，2010）／優免（濱島敦俊，1993；吳金成，2005）／明代假期（楊聯陞，2002）／元宵玩樂（陳熙遠，2004）／北京天然冰（邱仲麟，2005）／端午競渡（陳熙遠，2008）／退休待遇（王興亞，1990；蕭慧媛，2009）／士庶之別（濱島敦俊，2013）／鄉飲酒禮（邱仲麟，1995）／從鄉居到城居（濱島敦俊，2008）／奴變（濱島敦俊，2013）／主僕關係（吳振漢，1982）／民抄董宦案（王家範，2012；蔡惠琴，2016）／朱國禎賦役改革（濱島敦俊，2015）／均田均役（濱島敦俊，1993、2003、2015、2018）／均田口號（南炳文，2008）。

徵引書目

古籍文獻

1. [明]于慎行，《穀山筆麈》，北京：中華書局，1991。
2. [明]不著撰者，《董氏族譜》，上海：上海圖書館藏刻本。
3. [明]不著撰者，《民抄董宦事實》，收入《叢書集成續編》，臺北：新文豐出版社，1988。
4. [明]不著撰者，《初仕要覽》，收入《官箴書集成》，合肥：黃山書社，1997。
5. [明]不著撰者，《居官必要為政便覽》，收入《官箴書集成》，合肥：黃山書社，1997。
6. [明]不著撰者，《居官格言》，收入《官箴書集成》，合肥：黃山書社，1997。
7. [明]不著撰者，《牧民政要》收入《官箴書集成》，合肥：黃山書社，1997。
8. [明]不著撰者，《新官到任儀註》，收入《官箴書集成》，合肥：黃山書社，1997。
9. [明]不著撰者，《新官軌範》，收入《官箴書集成》，合肥：黃山書社，1997。
10. [明]不著撰者，《新編對相四言》，香港：香港大學出版社，1967。
11. [明]王士性，《廣志繹》，北京：中華書局，2006。

12. [明] 王世貞，《觚不觚錄》，收入《叢書集成初編》，上海：商務印書館，1937。
13. [明] 王世貞，《弇山堂別集》，北京：中華書局，1985。
14. [明] 王世貞纂撰；董復表彙次《弇州史料》，據中央研究院漢籍電子文獻資料庫。
15. [明] 王材、郭鎜，《皇明太學志》，華盛頓特區：美國國會圖書館藏刻本。
16. [明] 王錡，《寓圃雜記》，北京：中華書局，1997。
17. [明] 王臨亨，《粵劍編》，北京：中華書局，1987。
18. [明] 王鏊，《震澤先生別集》，北京：中華書局，2014。
19. [明] 丘濬，《大學衍義補》，北京：京華出版社，1999。
20. [明] 田藝蘅，《留青日札》，上海：上海古籍出版社，1992。
21. [明] 朱元璋，《御製大誥》、《御製大誥續編》、《御製大誥三編》、《大誥武臣》、《教民榜文》，收入《中國珍稀法律典籍集成》，北京：科學出版社，1994。
22. [明] 朱元璋敕定，《諸司職掌》，收入《玄覽堂叢書初輯》，臺北：正中書局，1981。
23. [明] 朱長祚，《玉鏡新譚》，北京：中華書局，1997。
24. [明] 朱國禎，《湧幢小品》，上海：中華書局上海編輯所，1959。
25. [明] 朱國禎，《朱國禎詩文集》，杭州：浙江古籍出版社，2015。
26. [明] 朱舜水，《朱舜水集》，北京：中華書局，1981。
27. [明] 朱權等著，《明宮詞》，北京：北京古籍出版社，1987。
28. [明] 江盈科，《江盈科集》，長沙：嶽麓書社，2008。
29. [明] 艾南英，《天傭子集》，收入《四庫禁燬書叢刊補編》，北京：北京出版社出版，2005。

30. 〔明〕何良俊，《四友齋叢說》，北京：中華書局，1997。
31. 〔明〕佘永麟，《北窗瑣語》，收入《中華野史》，西安：三秦出版社，2000。
32. 〔明〕佘自強，《治譜》，收入《官箴書集成》，合肥：黃山書社，1997。
33. 〔明〕佘懷，《板橋雜記》，收入《叢書集成初編》，上海：商務印書館，1937。
34. 〔明〕佘繼登，《典故紀聞》，北京：中華書局，1997。
35. 〔明〕佚名，《出像僧尼孽海》，東京：早稻田大學圖書館藏抄本。
36. 〔明〕吳遵，《初仕錄》，收入《官箴書集成》，合肥：黃山書社，1997。
37. 〔明〕吳應箕，《留都見聞錄》，南京：南京出版社，2009。
38. 〔明〕呂坤，《新吾呂先生實政錄》，收入《官箴書集成》，合肥：黃山書社，1997。
39. 〔明〕呂毖，《明朝小史》，收入《玄覽堂叢書初輯》，臺北：正中書局，1981。
40. 〔明〕李中馥，《原李耳載》，北京：中華書局，1987。
41. 〔明〕李延昰，《南吳舊話錄》，上海：上海古籍出版社，1983。
42. 〔明〕李東陽等奉敕撰；申時行等奉敕重修，〔萬曆〕《大明會典》，臺北：國風出版社，1963。
43. 〔明〕李東陽，《東里文集》，北京：中華書局，1998。
44. 〔明〕李清，《三垣筆記》，北京：中華書局，1982。
45. 〔明〕李紹文，《皇明世說新語》，臺北：明文書局，1991。
46. 〔明〕李詡，《戒庵老人漫筆》，北京：中華書局，1997。
47. 〔明〕李樂，《見聞雜記》，上海：上海古籍出版社，1986。
48. 〔明〕沈周，《沈周集》，杭州：浙江人民美術出版社，2013。

49. 〔明〕沈榜，《宛署雜記》，北京：北京古籍出版社，1980。
50. 〔明〕沈德符，《萬曆野獲編》，北京：中華書局，1997。
51. 〔明〕沈瓚，《近事叢殘》，收入《明清珍本小說集》，北京：廣業書社，1928。
52. 〔明〕谷應泰，《明史紀事本末》，北京：中華書局，1977。
53. 〔明〕周玄暐，《涇林續紀》，收入《續修四庫全書》，上海：上海古籍出版社，1995。
54. 〔明〕周復俊，《涇林雜紀》，收入《續修四庫全書》，上海：上海古籍出版社，1995。
55. 〔明〕周暉，《金陵瑣事》，南京：南京出版社，2007。
56. 〔明〕林烴，〈林氏雜記摘錄〉，收入《明史資料叢刊》，南京：江蘇古籍出版社，1986。
57. 〔明〕況鍾，《況太守集》，南京：江蘇人民出版社，1983。
58. 〔明〕皇甫錄，《皇明紀略》，收入《續修四庫全書》，上海：上海古籍出版社，1995。
59. 〔明〕胡應麟，《少室山房筆叢》，上海：上海書店出版社，2001。
60. 〔明〕范濂，《雲間據目抄》，收入《筆記小說大觀》，南京：江蘇廣陵古籍刻印出版社，1983。
61. 〔明〕計六奇，《明季北略》，北京：中華書局，1984。
62. 〔明〕郎瑛，《七修類稿》，上海：上海書店出版社，2001。
63. 〔明〕凌濛初，《二刻拍案驚奇》，臺北：三民書局，1993。
64. 〔明〕徐咸，《西園雜記》，收入《叢書集成初編》，上海：商務印書館，1937。
65. 〔明〕徐復祚，《花當閣叢談》，收入《筆記小說大觀》，臺北：新興書局，1977。
66. 〔明〕徐開禧，《兩闈類記》，北京：中國科學院藏抄本。
67. 〔明〕徐學聚，《國朝典匯》，北京：北京大學出版社，1993。

68. [明] 海瑞，《海瑞集》，北京：中華書局，1962。
69. [明] 袁宏道，《袁宏道集箋校》，上海：上海古籍出版社，1981。
70. [明] 高拱，《高拱全集》，鄭州：中州古籍出版社，2006。
71. [明] 張五典，《大司馬張海虹先生文集》，北京：國家圖書館藏刻本。
72. [明] 張合，《宙載》，收入《叢書集成續編》，臺北：新文豐出版社，1988。
73. [明] 張次仲，《海昌張待軒先生遺集》，北京：國家圖書館藏刻本。
74. [明] 張位、于慎行等撰，《詞林典故》，收入《四庫全書存目叢書》，濟南：齊魯書社，1996。
75. [明] 張岱，《瑯嬛文集》，長沙：嶽麓書院，1985。
76. [明] 張岱，《陶庵夢憶》，北京：中華書局，2007。
77. [明] 張袞，《水南翰記》，收入《叢書集成續編》，臺北：新文豐出版社，1988。
78. [明] 張朝瑞輯，《皇明貢舉考》，收入《貢舉志五種》，武漢：武漢大學出版社，2009。
79. [明] 張萱，《西園聞見錄》，收入《中華文史叢書》，臺北：華文書局，1968。
80. [明] 張瀚，《松窗夢語》，北京：中華書局，1997。
81. [明] 戚繼光，《止止堂集》，北京：中華書局，2001。
82. [明] 許浩，《復齋日記》，收入《中國野史集成》，成都：巴蜀書社，1993。
83. [明] 都穆，《都公談纂》，收入《明代筆記小說大觀》，上海：上海古籍出版社，2005。
84. [明] 陳子龍等編，《明經世文編》，北京：中華書局，1962。
85. [明] 陳宏謀，《養正遺規》，收入《續修四庫全書》，上海：上海古籍出版社，1995。
86. [明] 陳良謨，《見聞紀訓》，收入《叢書集成初編》，上海：商務印書館，1937。

87. [明] 陳洪謨，《治世餘聞》、《繼世紀聞》，北京：中華書局，1997。
88. [明] 陳鼐，《百可漫志》，收入《筆記小說大觀》，臺北：新興書局，1979。
89. [明] 陳繼儒，《太平清話》，收入《四庫全書存目叢書》，濟南：齊魯書社，1996。
90. [明] 陸容，《菽園雜記》，北京：中華書局，1985。
91. [明] 陸啟浤撰；邱仲麟點校，〈陸啟浤《客燕雜記》標點并序〉，《明代研究》，15（臺北，2010）。
92. [明] 陸深，《金臺紀聞》、《春雨堂隨筆》，收入《叢書集成初編》，上海：商務印書館，1937。
93. [明] 陸深，《儼山集》，收入《景印文淵閣四庫全書》，臺北：臺灣商務印書館，1983。
94. [明] 陸粲，《庚巳編》，北京：中華書局，1987。
95. [明] 傅維鱗，《明書》，收入《叢書集成初編》，上海：商務印書館據京輔叢書本排印，1937。
96. [明] 焦竑，《玉堂叢語》，北京：中華書局，1981。
97. [明] 焦竑編，《國朝獻徵錄》，臺北：明文書局，1991。
98. [明] 馮夢龍，《馮夢龍全集》，江蘇：鳳凰出版社，2007。
99. [明] 黃佐，《南廱志》，收入《四庫全書存目叢書》，濟南：齊魯書社，1996。
100. [明] 黃佐，《翰林記》，收入《翰學三書》，瀋陽：遼寧教育出版社，2003。
101. [明] 黃尊素，《說略》，收入《涵芬樓祕笈》，上海：上海商務印書館，1917。
102. [明] 黃景昉，《國史唯疑》，上海：上海古籍出版社，2002。
103. [明] 黃景昉，《館閣舊事》，廈門：鷺江出版社，2017。
104. [明] 黃溥，《閒中今古錄摘抄》，收入《叢書集成新編》，臺北：新文豐出版社，1985。
105. [明] 黃瑜，《雙槐歲鈔》，北京：中華書局，1999。

106. [明]楊士聰，《玉堂薈記》，北京：燕山出版社，2013。
107. [明]楊循吉，《蘇談》，收入《蘇州文獻叢鈔初編》，蘇州：古吳軒出版社，2005。
108. [明]葉子奇，《草木子》，北京：中華書局，1997。
109. [明]葉盛，《水東日記》，北京：中華書局，1980。
110. [明]葉夢珠，《閱世編》，北京：中華書局，2007。
111. [明]葉權，《賢博編》，北京：中華書局，1987。
112. [明]劉侗、于奕正，《帝京景物略》，北京：北京古籍出版社，2001。
113. [明]劉若愚，《酌中志》，北京：北京古籍出版社，1994。
114. [明]蔣一葵，《堯山堂外紀》，收入《四庫全書存目叢書》，濟南：齊魯書社，1996。
115. [明]鄧士龍輯，《國朝典故》，北京：北京大學出版社，1993。
116. [明]鄭仲夔，《耳新》，收入《四庫全書存目叢書》，濟南：齊魯書社，1996。
117. [明]鄭曉，《今言》，北京：中華書局，1984。
118. [明]鄭嶽，《莆陽文獻列傳》，據中國基本古籍庫萬曆刻本。
119. [明]戴冠，《濯纓亭筆記》，收入《四庫全書存目叢書》，濟南：齊魯書社，1996。
120. [明]薛岡，《天爵堂文集》，收入《四庫未收輯刊》，北京：北京出版社，2000。
121. [明]謝肇淛，《五雜組》，上海：上海書店出版社，2001。
122. [明]歸有光，《震川先生集》，上海：上海古籍出版社，1981。
123. [明]顧祖訓彙編，《明狀元圖考》，劍橋：哈佛大學燕京圖書館崇禎增刻本。
124. [明]顧起元，《客座贅語》，北京：中華書局，1987。

125. [清] 丁柔克，《柳弧》，北京：中華書局，2002。
126. [清] 方大湜，《平平言》收入《官箴書集成》，合肥：黃山書社，1997。
127. [清] 王又槐，《辦案要略》，收入《官箴書集成》，合肥：黃山書社，1997。
128. [清] 王士禛，《分甘餘話》，北京：中華書局，1989。
129. [清] 王士禛，《香祖筆記》，上海：上海古籍出版社，1982。
130. [清] 王士禛，《池北偶談》，北京：中華書局，1982。
131. [清] 王士禛，《古夫于亭雜錄》，北京：中華書局，1997。
132. [清] 王應奎，《柳南隨筆》、《柳南續筆》，北京：中華書局，1983。
133. [清] 伊桑阿奉等纂修，[康熙]《大清會典》，收入《近代中國史料叢刊》，臺北：文海出版社，1992。
134. [清] 呂化龍修；董欽德纂，[康熙]《會稽縣志》，紹興：紹興縣修志委員會，1936。
135. [清] 朱彝尊，《明詩綜》，北京：中華書局，2007。
136. [清] 吳肅公，《明語林》，合肥：黃山出版社，1999。
137. [清] 吳敬梓，《儒林外史》，臺北：桂冠圖書有限公司，1994。
138. [清] 吳熾昌，《續客窗閑話》，長春：時代文藝出版社，1987。
139. [清] 李漁，《李漁全集》，杭州：浙江古籍出版社，1991。
140. [清] 汪輝祖，《學治臆說》、《學治續說》、《學治說贅》、《佐治藥言》、《續佐治藥言》，收入《官箴書集成》，合肥：黃山書社，1997。
141. [清] 阮葵生，《茶餘客話》，北京：中華書局，1960。
142. [清] 屈大均，《廣東新語》，北京：中華書局，1985。

143. [清] 延昌，《知府須知》，收入《四庫未收輯刊》，北京：北京出版社，2000。
144. [清] 林柏桐，《公車見聞錄》，收入《叢書集成三編》，臺北：新文豐出版社，1997。
145. [清] 金埴，《不下帶編》，北京：中華書局，1982。
146. [清] 俞正燮，《癸巳存稿》，瀋陽：遼寧教育出版社，2003。
147. [清] 查慎行，《人海記》，北京：北京古籍出版社，1989。
148. [清] 查繼佐，《罪惟錄》，杭州：浙江古籍出版社，1988。
149. [清] 侯元棐等修；王振孫等纂，[康熙]《德清縣志》，收入《中國方志叢書》，臺北：成文出版社，1983。
150. [清] 孫承澤，《春明夢餘錄》，北京：北京古籍出版社，1992。
151. [清] 徐珂，《清稗類鈔》，北京：中華書局，1984。
152. [清] 徐錫齡，《熙朝新語》，收入《筆記小說大觀》，臺北：新興書局，1979。
153. [清] 崑岡等奉敕著，《大清會典事例》，北京：中華書局，1991。
154. [清] 張廷玉等撰，《明史》，北京：中華書局，1974。
155. [清] 張怡，《玉光劍氣集》，北京：中華書局，2006。
156. [清] 張泓，《漱華隨筆》，收入《叢書集成新編》，臺北：新文豐出版社，1985。
157. [清] 曹家駒，《說夢》，收入《筆記小說大觀》，臺北：新興書局，1979。
158. [清] 梁章鉅，《歸田瑣記》，北京：中華書局，1981。
159. [清] 梁章鉅，《浪跡叢談》，北京：中華書局，1981。
160. [清] 梁紹壬，《兩般秋雨盦隨筆》，上海：上海古籍出版社，1982。
161. [清] 畢槐，《公車日記》，收入《歷代日記叢鈔》，北京：學苑出版社，2006。

162. [清] 章有謨，《景船齋雜記》，臺北：大華印書館，無出版年。
163. [清] 陳其元，《庸閒齋筆記》，北京：中華書局，1997。
164. [清] 陳康祺，《郎潛紀聞》，北京：中華書局，1997。
165. [清] 陳尚古，《簪雲樓雜說》，收入《筆記小說大觀》，臺北：新興書局，1978。
166. [清] 陸文衡，《嗇菴隨筆》，臺北：廣文書局，1969。
167. [清] 陸以湉，《冷廬雜識》，北京：中華書局，1984。
168. [清] 陸隴其，《三魚堂日記》，北京：中華書局，2016。
169. [清] 富察敦崇，《燕京歲時記》，北京：北京古籍出版社，1981。
170. [清] 粟奉之，《粟賡笣日記》，收入《歷代日記叢鈔》，北京：學苑出版社，2006。
171. [清] 鈕琇，《觚賸》，上海：上海古籍出版社，1986。
172. [清] 黃六鴻，《居官福惠全書》，收入《官箴書集成》，合肥：黃山書社，1997。
173. [清] 董含，《三岡識略》，瀋陽：遼寧教育出版社，2000。
174. [清] 箇中生，《吳門畫舫續錄》，收入《蘇州文獻叢鈔初編》，蘇州：古吳軒出版社，2005。
175. [清] 蒲松齡;楊海儒標點，〈聊齋遺文《教書詞》《辭館歌》《先生論》《討青蠅文》〉，《文獻》，1987：1（北京，1987）。
176. [清] 蒲松齡;楊海儒輯錄標點，〈蒲松齡遺文《塾師四苦》《訓蒙訣》《卷堂文》〉，《文獻》，1983：4（北京，1988）。
177. [清] 蒲松齡，《聊齋志異會校會注會評本》，北京：中華書局，1962。
178. [清] 褚人獲輯，《堅瓠集》，收入《清代筆記小說大觀》，上海：上海古籍出版社，2007。

179. [清]趙翼，《廿二史劄記校證》，北京：中華書局，1984。
180. [清]趙翼，《陔餘叢考》，石家莊：河北人民出版社，1990。
181. [清]趙翼，《簷曝雜記》，北京：中華書局，1982。
182. [清]齊周華，《名山藏副本》，上海：上海古籍出版社，1987。
183. [清]劉大鵬，《退想齋日記》，太原：山西人民出版社，1990。
184. [清]劉璋，《斬鬼傳》，太原：北嶽文藝出版社，1989。
185. [清]劉衡，《州縣須知》，收入《官箴書集成》，合肥：黃山書社，1997。
186. [清]劉衡，《蜀僚問答》，收入《官箴書集成》，合肥：黃山書社，1997。
187. [清]劉聲木，《萇楚齋三筆》，北京：中華書局，1998。
188. [清]劉獻廷，《廣陽雜記》，北京：中華書局，1957。
189. [清]歐陽昱，《見聞鎖錄》，長沙：嶽麓書社，1986。
190. [清]潘榮陛，《帝京歲時紀勝》，北京：北京古籍出版社，1981。
191. [清]談遷，《國榷》，北京：中華書局，1988。
192. [清]談遷，《棗林雜俎》，北京：中華書局，2006。
193. [清]鄭端，《為官須知》，收入《古人云叢書》，長沙：嶽麓書院，2003。
194. [清]鄭燮，《鄭板橋集》，上海：上海古籍出版社，1962。
195. [清]錢泳，《履園叢話》，北京：中華書局，1979。
196. [清]錢謙益，《列朝詩集小傳》，上海：上海古籍出版社，1983。
197. [清]龍文彬，《明會要》，北京：中華書局，1966。

198. [清] 戴璐，《藤陰雜記》，上海：上海古籍出版社，1985。
199. [清] 顧公燮，《消夏閑記摘抄》，收入《涵芬樓祕笈》，上海：上海商務印書館，1917。
200. [清] 顧炎武，《顧亭林詩文集》，北京：中華書局，1983。
201. [清] 顧炎武，《日知錄集釋》，上海：上海古籍出版社，2006。
202. [清] 顧張思，《土風錄》，上海：上海古籍出版社，2015。
203. [清] 顧祿，《清嘉錄》，北京：中華書局，2008。
204. [清] 龔煒，《巢林筆談》，北京：中華書局，1984。
205. 中央研究院歷史語言研究所校勘，《明實錄》，臺北：中央研究院歷史語言研究所，1966。
206. 李興盛主編，《吳兆騫楊瑄研究資料匯編》，哈爾濱：黑龍江大學出版社，2014。
207. 徐梓、王雪梅編，《蒙學要義》，太原：山西教育出版社，1991。
208. 黃彰健編著，《明代律例彙編》，臺北：中央研究院歷史語言研究所，1979。
209. 寧波市天一閣博物館整理，《天一閣藏明代科舉錄選刊．會試錄》，寧波：寧波出版社，2007。
210. 臺灣學生書局編輯部，《明代登科錄彙編》，臺北：臺灣學生書局，1967。
211. 駱承烈匯編，《石頭上的儒家文獻——曲阜碑文錄》，濟南，齊魯書社，2001。

專書論著

1. 卜正民，《掙扎的帝國：氣候、經濟、社會與探源南海的元明史》，臺北：麥田出版社，2016。
2. 卜永堅，《遊戲官場：陞官圖與中國官制文化》，香港：中華書局，2011。
3. 大木康，《明末江南的出版文化》，上海：上海古籍出版社，2014。
4. 小野和子，《明季黨社考》，上海：上海古籍出版社，2006。
5. 本杰明．艾爾曼，《經學．科舉．文化史：艾爾曼自選集》，北京：中華書局，2010。
6. 何炳棣，《中國會館史論》，臺北：臺灣學生書局，1966。
7. 何炳棣著；徐泓譯注，《明清社會史論》，臺北：聯經出版公司，2013。
8. 吳宣德，《中國教育制度通史》，第四卷，濟南：山東教育出版社，2000。
9. 吳宣德，《明代進士的地理分布》，香港：中文大學出版社，2009。
10. 吳晗，《朱元璋傳（1948年本）》、《明史簡述》，收入《吳晗全集》，北京：中國人民大學出版社，2009。
11. 吳晗，《燈下集》，北京：三聯書店，1961。
12. 吳智和，《明代的儒學教官》，臺北：學生書局，1991。
13. 汪維真，《明代鄉試解額制度研究》，北京：社會科學文獻出版社，2009。
14. 岩井茂樹，《中國近代財政史研究》，北京：社會科學文獻出版社，2011。
15. 昌彼得等編，《明人傳記資料索引》，臺北：國立中央圖書館編印，1978。
16. 林麗月，《明代的國子監生》，臺北：私立東吳大學中國學術著作獎助委員會，1978。
17. 柏樺，《明代州縣政治體制研究》，北京：中國社會科學出版社，2003。

18. 宮崎市定，《科舉》，杭州：浙江大學出版社，2018。
19. 商衍鎏，《清代科舉考試述錄》，北京：紫禁城出版社，2014。
20. 張仲禮，《中國紳士的收入——《中國紳士》續篇》，上海：上海社會科學出版社，2001。
21. 張治安，《明代政治制度》，臺北：五南圖書出版公司，1999。
22. 梁方仲，《明清賦稅與社會經濟》，北京：中華書局，2008。
23. 梁其姿，《施善與教化：明清的慈善組織》，臺北：聯經出版公司，2005。
24. 梁庚堯，《宋代科舉社會》，臺北：國立臺灣大學出版中心，2015。
25. 郭培貴，《明代科舉史事編年考證》，北京：科學出版社，2008。
26. 陳長文，《明代科舉文獻研究》，濟南：山東大學出版社，2008。
27. 陳寶良，《明代儒學生員與地方社會》，北京：中國社會科學出版社，2005。
28. 黃仁宇，《十六世紀明代中國之財政與稅收》，北京：三聯書店，2001。
29. 黃仁宇，《萬曆十五年》，北京：中華書局，2006。
30. 董康，《曲海總目提要》，北京：人民文學出版社，1959。
31. 歐陽琛、方志遠，《明清中央集權與地域經濟》，北京：中國社會科學出版社，2002。
32. 潘星輝，《明代文官銓選制度研究》，北京：北京大學出版社，2005。
33. 蕭公權，《中國鄉村：論 19 世紀的帝國控制》，臺北：聯經出版公司，2014。
34. 魏斐德，《大清帝國的衰亡》，臺北：時報出版，2011。
35. 繆全吉，《明代胥史》，臺北：嘉新水泥公司文化基金會，1969。
36. 關文發、顏廣文，《明代政治制度研究》，北京：中國社會科學出版社，1995。

期刊論文

1. 卜永堅，〈1708年江南饑荒的政治經濟學〉，《河北大學學報（哲學社會科學版）》，35：2（保定，2010）。
2. 大木康，〈赴考之旅——林柏桐《公車見聞錄》〉，收入《明清文人的小品世界》（上海：復旦大學出版社，2015）。
3. 山本英史，〈從地方官的「表演」論明清地方統治的實態〉，收入《明朝在中國史上的地位》（天津：天津古籍出版社，2011）。
4. 方志遠，〈「冠帶榮身」與明代國家動員——以正統至天順年間賑災助餉為中心〉，《中國社會科學》，2013：12（北京）。
5. 方志遠，〈「傳奉官」與明成化時代〉，《歷史研究》，2007：1（北京，2007）。
6. 王迪，〈成化時期的「傳奉官」〉，《歷史教學》，603（天津，2010）。
7. 王家範，〈明清史料感知錄（十）〉，《歷史教學問題》，2012：5（上海，2012）。
8. 王國良，〈從《解慍編》到《廣笑府》——談一部明刊笑話書的流傳與改編〉，《漢學研究集刊》，6（雲林，2008）。
9. 王尊旺，〈明代庶吉士考論〉，《史學月刊》，2006：8（開封，2006）。
10. 王斯福，〈學宮與城隍〉，收入《中華帝國晚期的城市》（北京：中華書局，2000）。
11. 王興亞，〈明代官員的致仕制度〉，《許昌師專學報（社會科學版）》，1991：3（許昌，1991）。
12. 王興亞，〈明代官員的致仕制度〉，《駐馬店師專學報（社科版）》，1990：1（駐馬店，1990）。
13. 王鴻泰，〈迷路的詩——明代士人的習詩情緣與人生選擇〉，《中央研究院近代史研究所集刊》，50（臺北，2005）。
14. 包詩卿，〈明代宦官教育新析〉，《史學月刊》，2013：10（開封，2013）。
15. 包詩卿，〈明代經筵制度新探〉，《史學集刊》，2017：2（吉林，2017）。
16. 伍躍，〈明代的社會：納貢與例監——中國近世社會庶民勢力成長的一個側面——〉，《東吳歷史學報》，20（臺北，

2008）。
17. 寺田隆信，〈關於「鄉紳」〉，收入《明清史國際學術討論會論文集》（天津：天津人民出版社，1932）。
18. 吳金成，〈國法與社會慣行——以明代紳士「優免則例」為中心——〉，收入《東亞傳統家禮、教育與國法（二）：家內秩序與國法》（臺北：國立臺灣大學出版中心，2005）。
19. 吳振漢，〈明代的主僕關係〉，《食貨月刊》，12：4、5（臺北，1982）。
20. 吳晗，〈明初的學校〉，收入《讀史劄記》（北京：三聯書店，1956）。
21. 吳琦、唐金英，〈明代翰林院的政治功能〉，《華中師範大學學報（人文社會科學版）》，45：1（武漢，2006）。
22. 李新峰，〈釋明初官俸序列〉，收入《明代制度研究》（杭州：浙江大學出版社，2014）。
23. 那思陸，〈明代內閣與司法審判〉，《法制史研究》，2（臺北，2001）。
24. 和洪勇，〈明代吏員入試諸問題考辨〉，收入《明代制度研究》（杭州：浙江大學出版社，2014）。
25. 林麗月，〈《蒹葭堂稿》與陸楫「反禁奢」思想之傳衍〉，收入《明人文集與明代研究》（臺北：明代學會，2000）。
26. 林麗月，〈科場競爭與天下之「公」：明代科舉區域配額問題的一些考察〉，《國立師範大學歷史學報》，20（臺北，1992）。
27. 邱仲麟，〈明太祖的任官理念與洪武朝的文官試職制度〉，收入《明太祖的治國理念及其實踐》（香港：中文大學出版社，2010）。
28. 邱仲麟，〈明代世醫與府州縣醫學〉，《漢學研究》，22：2（臺北，2004）。
29. 邱仲麟，〈敬老適所以賤老——明代鄉飲酒禮的變遷及其與地方社會的互動〉，《中央研究院歷史語言研究所集刊》，76：1（臺北，1995）。
30. 邱仲麟，〈燕地雨無正——明代北京城的雨災與官方的善後措施〉，《明清論叢》，13（北京，2014）。

31. 邱仲麟，〈點名與簽到——明代京官朝參、公座文化的探索〉，《新史學》，9：2（臺北，1998）。
32. 邱仲麟，〈天然冰與明清北京的社會生活〉，《中央研究院近代史研究所集刊》，50（臺北，2005）。
33. 邱澎生，〈十八世紀清政府修訂〈教唆詞訟〉律例下的查拿訟師事件〉，《中央研究院歷史語言研究所集刊》，79：4（臺北，2008）。
34. 邱澎生，〈以法為名——訟師與幕友對明清法律秩序的衝擊〉，《新史學》，15：4（臺北，2004）。
35. 南炳文，〈李自成起義軍深得民心的政策分析——兼論李自成起義軍「均田」口號非「平分土地」〉，《求是學刊》，35：2（黑龍江，2008）。
36. 柏樺，〈明代的考語與訪單〉，《西南大學學報（社會科學版）》，43：3（重慶，2017）。
37. 柏樺，〈明清州縣官陋規收入芻議〉，《明清論叢》，10（北京，2010）。
38. 胡丹，〈明代司禮監文書房考〉，《歷史檔案》，2012：4（北京，2012）。
39. 胡丹，〈明代早朝述論〉，《史學月刊》，2009：9（開封，2009）。
40. 胡適，〈《西遊記》考證〉，收入《胡適文集》（北京：北京大學出版社，1998）。
41. 胡鐵球，〈明代官俸構成變動與均徭法的啟動〉，《史學月刊》，2012：11（開封，2012）。
42. 胡鐵球，〈新解張居正改革——以考成法為中心討論〉，《社會科學》，2013：5（上海，2013）。
43. 唐文基，〈明代「金花銀」和田賦貨幣化趨勢〉，《福建師範大學學報（哲學社會科學版）》，1987：2（福州，1987）。
44. 夏邦、黃阿明，〈明代官場常例錢初探〉，《史林》，2008：4（上海，2008）。
45. 夏維中、范金民，〈明清江南進士研究之二——人數眾多的原因分析〉，《歷史檔案》，1997：4（北京，1997）。
46. 宮崎市定，〈明代蘇松地方的士大夫和民眾〉，收入，《日本學者研究中國史論著選譯：明清》（北京：中華書局，1993）。

47. 徐梓，〈明清時期塾師的收入〉，《中國社會經濟史研究》，2006：2（廈門，2006）。
48. 高壽仙，〈明代北京三種物價資料的整理與分析〉，《明史研究》，16（北京，2017）。
49. 高壽仙，〈明代京官之朝參與注籍〉，《故宮博物院院刊》，2008：5（北京，2008）。
50. 高壽仙，〈從《興革條例》《考語冊式》看海瑞的實政精神〉，收入《明長陵營建600周年學術研討會論文集》（北京：社會科學文獻出版社，2010）。
51. 張勃，〈《北京歲華記》手抄本及其歲時民俗文獻價值〉，《文獻》，2010：3（北京，2010）。
52. 張婷婷，〈明代庶吉士散館授職考〉，《西南大學學報（社會科學版）》，40：1（重慶，2014）。
53. 張榮林，〈「掣籤法」考〉，收入《宋元明史研究論集》（臺北：大陸雜誌社，1960）。
54. 張德信，〈明代銓選制度述論〉，《史林》，1988：2（上海，1988）。
55. 張藝曦，〈明代士人的睡眠時間與睡眠觀念──關於睡眠史的初步研究〉，《明代研究通訊》，5（臺北，2002）。
56. 曹永憲，〈明代徽州鹽商的移居與商籍〉，《中國社會經濟史研究》，2002：1（廈門，2002）。
57. 梁其姿，〈明清中國的醫學入門與普及化〉，收入《法國漢學》，第8輯（北京：中華書局，2003）。
58. 梁其姿，〈十七、十八世紀長江下游的蒙學〉，收入《新近海外中國社會史論文選譯》（天津：天津古籍出版社，2010）。
59. 梁紹傑，〈明代內書堂的設立與祖制〉，收入《趙令揚教授上庠講學五十周年紀念論文集》（香港：中華書局，2015）。
60. 章宏偉，〈明代觀政進士制度〉，《吉林大學社會科學學報》，48：5（吉林，2008）。
61. 郭培貴，〈明代庶吉士群體構成及其特點〉，《歷史研究》，2011：6（北京，2011）。
62. 郭培貴，〈關於明代科舉研究中幾個流行觀點的商榷〉，《清華大學學報（哲學社會科學版）》，2009：6（北京，2009）。

63. 郭培貴、趙永蘭，〈明代「納貢」起始時間考〉，《昭烏達蒙族師專學報（漢文哲學社會科學版）》，18：2（赤峰，1997）。
64. 郭培貴、劉明鑫，〈明代的庶吉士教習官〉，《安徽師範大學學報（人文社會科學版）》，43：3（蕪湖，2015）。
65. 陳永明，〈從「為故國存信史」到「為萬世植綱常」——清初的南明史書寫〉，《新史學》，21：1（臺北，2010）。
66. 陳長文，〈明代宗科進士輯考〉，《魯東大學學報（哲學社會科學版）》，26：3（煙臺，2009）。
67. 陳建守，〈《明狀元圖考》：明代科舉考生的夢文化〉，《歷史教育》，13（臺北，2008）。
68. 陳時龍，〈天啟皇帝日講考實〉，《故宮學刊》，10（北京，2013）。
69. 陳熙遠，〈中國夜未眠——明清時期的元宵、夜禁與狂歡〉，《中央研究院歷史語言研究所集刊》，75：2（臺北，2004）。
70. 陳熙遠，〈競渡中的社會與國家——明清節慶文化中的地域認同、民間動員與官方調控〉，《中央研究院歷史語言研究所集刊》，79：3（臺北，2008）。
71. 楊聯陞，〈科舉時代的赴考旅費問題〉，《清華學報》，2：2（新竹，1961）。
72. 楊聯陞，〈帝制中國的作息時間表〉，收入《國史探微》（臺北：聯經出版公司，2002）。
73. 萬明，〈明代白銀貨幣化的初步考察〉，《中國經濟史研究》，2003：2（北京，2003）。
74. 裴淑姬，〈論宋代科舉解額的實施與地區分配〉，《浙江學刊》，2000：3（杭州，2000）。
75. 趙軼峰，〈山人與晚明社會〉，《東北師大學報（哲學社會科學版）》，2001：1（吉林，2001）。
76. 劉石吉，〈小城鎮經濟與資本主義萌芽：綜論近年來大陸學界有關明清市鎮的研究〉，《人文及社會集刊》，1：1（臺北，1988）。
77. 劉利平，〈明代文官試職制度考論〉，《明史研究》，10（北京，2007）。

78. 劉志強，〈明代的交阯進士〉，收入《北大東南亞研究論文集》（北京：北京大學，2009）。
79. 劉政賢，〈明代通政使司之發展困境〉，《史匯》，14（中壢，2010）。
80. 樊樹志，〈一條鞭法的由來與發展——試論役法變革〉，《明史研究論叢》，第一輯（南京：江蘇古籍出版社，1982）。
81. 蔡惠琴，〈從《民抄董宦事實》看明末鄉宦與無賴集團之關係〉，《暨南史學》，19（埔里，2016）。
82. 鄧拓，〈從萬曆到乾隆——關於中國資本主義萌芽時期的一個論證〉，《歷史研究》，1956：10（北京，1956）。
83. 鄭天挺，〈清代考試的文字——八股文和試帖詩〉，收入《清史探微》（北京：北京大學出版社，2011）。
84. 蕭慧媛，〈明代官員的致仕制度〉，《南亞學報》，29（桃園，2009）。
85. 檀上寬，〈明代南北卷的思想背景——克服地域性的論理〉，《思與言》，27：1（臺北，1989）。
86. 檀上寬，〈明王朝成立期的軌跡——洪武前期的疑獄事件與京師問題〉，收入《日本中青年學者論中國史：宋元明清卷》（上海：上海古籍出版社，1995）。
87. 濱島敦俊，〈土地開發與客商活動：明代中期江南地主之投資活動〉，收入《中央研究院第二屆國際漢學會議論文集》（臺北：中央研究院，1989）。
88. 濱島敦俊，〈方志和鄉紳〉，《暨南史學》，6（埔里，2003）。
89. 濱島敦俊，〈江南三角洲圩田水利雜考〉，《明代研究》，25（臺北，2015）。
90. 濱島敦俊，〈明末蘇松常三府的均田均役〉，《第九屆明史國際學術研討會暨傅衣凌教授誕辰九十週年紀念論文集》（廈門：廈門大學出版社，2003）。
91. 濱島敦俊，〈鳥眼抑或蟲眼？——王朝與地域社會〉，《明史研究》，16（北京，2018）。
92. 濱島敦俊，〈明代中後期江南士大夫的鄉居和城居——從「民望」到「鄉紳」〉，《明代研究》，11（臺北，2008）。

93. 濱島敦俊，〈農村社會——研究筆記〉，收入《明清時代史的基本問題》（北京：商務印書館，2013）。

94. 濱島敦俊，〈圍繞均田均役的實施〉，收入《日本學者研究中國史論著選譯：明清》（北京：中華書局，1993）。

數位資源

1. China Historical GIS 中國歷史地理信息系統（復旦大學歷史地理研究中心）
2. 上海圖書館藏家譜全文數據互聯網（上海圖書館）
3. 中國方志庫（北京愛如生數字化技術研究中心）
4. 中國國家圖書館中華古籍資源庫（中國國家圖書館）
5. 中國基本古籍庫（北京愛如生數字化技術研究中心）
6. 中國歷代人物傳記資料庫（哈佛大學）
7. 中國歷史地名查詢系統（中央研究院歷史語言研究所）
8. 漢籍電子文獻資料庫（中央研究院歷史語言研究所）

我要上京當官

明朝一點都不鐵飯碗之公務員人生

作　者 | 陳一中
發 行 人 | 林隆奮 Frank Lin
社　長 | 蘇國林 Green Su

出版團隊
總 編 輯 | 葉怡慧 Carol Yeh
主　編 | 鄭世佳 Josephine Cheng
企劃編輯 | 楊玲宜 Erin Yang、黃莀肴 Bess Huang
責任行銷 | 黃怡婷 Rabbit Huang
封面裝幀 | 周家瑤 Yao Chou
內頁插畫 | 齊
版面構成 | 張語辰 Chang Chen

行銷統籌
業務處長 | 吳宗庭 Tim Wu
業務主任 | 蘇倍生 Benson Su
業務專員 | 鍾依娟 Irina Chung
業務秘書 | 陳曉琪 Angel Chen・莊皓雯 Gia Chuang
行銷主任 | 朱韻淑 Vina Ju

發行公司 | 悅知文化　精誠資訊股份有限公司
105台北市松山區復興北路99號12樓
訂購專線 | (02) 2719-8811
訂購傳真 | (02) 2719-7980
專屬網址 | http ://www.delightpress.com.tw
悅知客服 | cs@delightpress.com.tw
ISBN：978-986-510-105-3
建議售價 | 新台幣380元　　　首版一刷 | 2020年11月

國家圖書館出版品預行編目資料

我要上京當官：明朝一點都不鐵飯碗之公務員人生 / 陳一中著. -- 初版. -- 臺北市 : 精誠資訊, 2020.11
面；　公分
ISBN 978-986-510-105-3(平裝)
1.科舉 2.明代

573.4416　　109014201

悅知夥伴們有好多個為什麼，
想請購買這本書的您來解答，
以提供我們關於閱讀的寶貴建議。

請拿出手機掃描以下 QRcode
或輸入以下網址，即可連結至本書讀者問卷

https://bit.ly/35DlUAY

填寫完成後，按下「提交」送出表單，
我們就會收到您所填寫的內容，
謝謝撥空分享，
期待在下本書與您相遇。